| 양산의 흙수저 기부천사 이야기

파도는 나를 삼키지 못했다

글마당&아이디얼북스

| 양산의 흙수저 기부천사 이야기

파도는 나를 삼키지 못했다

| 지은이 | 윤종운
| 만든이 | 최수경
| 만든날 | 2025년 11월 10일
| 펴낸날 | 2025년 11월 22일
| 만든곳 | 글마당 앤 아이디얼북스(출판등록 제2008-000048호)
　　　　　서울 종로구 삼봉로 95 대성스카이 102/603
　　　　　부산사무소/ 부산시 해운대구 해운대로 790
　　　　　대림아크로텔 513호
| 전　화 | 02)786-4284
| 팩　스 | 02)6280-9003
| 이　멜 | madang52@naver.com

| I S B N | 979-11-93096-14-7(03300)

책값 18,000원

** 본문에 인용된 최민식 사진작가의 사진은 유족의 저작권사용 승인을
　　받았으며, 눈빛출판사 이규상 대표님에게 감사를 드립니다.
** 허락없이 부분 게재나 무단 인용은 저작권법의 저촉을 받을 수 있습니다.

| 프롤로그 |

책을 내면서

바다와 육지가 맞닿은 선.
해안선의 모양은 제각각이다.
큰 굴곡 없이 단조로운 곳도 있고 복잡다단하게 굽이치는 곳도 있다.
하루 약 75만 번의 파도가 해안으로 밀려오고 부서지며 만들어 놓은 모양이다.
해안을 향해 부지런히 왔다가 다시 바다로 돌아가는 파도는
끊임없는 침식과 퇴적을 반복하며
오랜 세월에 걸쳐 해안선의 모습을 바꾸어 놓는다.

마찬가지로, 우리 삶의 지형을 바꾸는 것 역시

인생에 들이닥치는 크고 작은 파도일 것이다.

내 인생에 밀려온 파도는 나의 모습을 깎아놓았을지언정 삼키지는 못했다.

거센 파도와 모진 바람 속에서 방향을 잃지 않으려 몸부림치던 그 시간이 오늘의 내 모습을 만들었다.

이 책은 그 자취를 가슴으로 풀어낸 기록이다.

고단한 세월 동안 나를 지탱해준 이들의 이야기이기도 하다.

책 속 한 인간의 굴곡이 누군가의 항해에 도움이 될 수 있다면 더할 나위 없겠다.

나는 아직 바다 위에 있으니 파도는 언제든 다시 몰아칠 것이다.

그러나 이제는, 그것이 두렵지 않다.

▶ "대한민국의 근대미술사를 대표하는 1세대 화가인 이수억 화백은 붓으로 우리나라의 격동기를 기록했다. 특히 1952년 작〈구두닦이 소년〉은 전쟁이 훑고 간 세상의 민낯을 있는 그대로 표현하며 시대의 아픔을 그렸다.
이 작품을 보는 순간 나는 나의 옛 시절이 떠올랐다. 그 가엾은 아이의 심정이 고스란히 나에게로 왔다. 그 소년과의 확실한 공통분모는 내 가슴 속에 어떤 동질감이 피어오르게 했다. 그 공통분모는 가난, 그리고 '구두닦이'…." – 본문중에서

CONTENTS

1부 • 유년기
빛바랜 추억의 조각들

1. 시간이 내려앉은 마을	11
2. 팔자 위를 걷는 법	13
3. 굽은 다리, 곧은 사람	16
4. 가난은 금을 타고 들어왔다	24
5. 빵 한 덩이에 담긴 마음	28
6. 해발 구천 미터 위에서	33
7. 추억보다 배부른 건 없다	38
8. 세상에 없는 아이	48
9. 거울 저편의 누님들	57
10. 벌레 먹은 잎의 사랑	64

2부 • 사춘기
가난의 늪에서

1. 흰 고무신과 까만 운동화	81
2. 봄을 기다리는 아이	88
3. 행복은 아주 작은 것들로부터	95
4. 가난이라는 죄목	104
5. 볕이 머문 자리	114
6. 구두닦이 소년	124
7. 젖은 신발을 신고	134
8. 그날, 바람이 불었다	144
9. 푸름은 남는다	152
10. 평범의 비범함	162

3부 • 청년기

생의 한복판

1. 암순응暗順應	181
2. 기적은 두 발로부터	192
3. 코스모스 그녀	201
4. 우리	209
5. 그럼에도 불구하고	217
6. "운이 좋았습니다"	226
7. 봉투 속의 마음	236
8. 당신의 작은 손을 잡고	244
9. 삶, 그 간절함	252
10. 본전 인생	258

4부 • 중년기

바람에 버텨서다

1. 오래 달리기	267
2. 갈대는 바람을 품고 산다	275
3. 구방심求放心	281
4. "만다꼬"	285
5. 젖은 낙엽	289
6. 맞바람의 힘	294
7. 다시, 시작	301
8. '욕심'과 '본심'	307
9. 그들의 신발을 신고	313
10. 뿌리의 마음	318

유년기

1부

빛바랜
추억의 조각들

1. 시간이 내려앉은 마을
2. 팔자 위를 걷는 법
3. 굽은 다리, 곧은 사람3
4. 가난은 금을 타고 들어왔다
5. 빵 한 덩이에 담긴 마음
6. 해발 구천 미터 위에서
7. 추억보다 배부른 건 없다
8. 세상에 없는 아이
9. 거울 저편의 누님들3
10. 벌레 먹은 잎의 사랑

> 나의 과거는 산다는 것
> 자체가 정성인 시절이었다.

01.
시간이 내려앉은 마을

　

　산비탈을 따라 자리 잡은 형형색색의 집들과 미로 같은 골목길. 자연과 어우러진 그림 같은 마을 풍경. 그곳에 녹아든 다양한 예술작품들. 복닥복닥하지만 앞집이 뒷집의 조망을 가리는 법이 없다. 궁핍한 세월을 함께 헤쳐 온 이웃들의 따뜻한 배려일 것이다.

　부산광역시 사하구 감천동. 척박하고 힘겨웠던 삶의 터전은 어느새 사람들의 발길을 끄는 아름다운 문화마을이 됐다. 이곳은 산자락을 따라 나 있는 좁은 골목길과 오래된 집들이 다닥다닥 붙어있는 전형적인 달동네였다. 전쟁 직후 산비탈에 지어진 자그마한 판잣집 천여 동. 삶은 척박했고, 또 힘겨웠다. 대부분 방 한 칸에 주방 한 칸, 열 평이 채 되지 않는 집에 일고여덟의 가족이 모여 살았다. 집집이 화장실과 수도를 설치할 여건이 안 돼 수천 명의 사람이 공동화장실과 공동 우물을 사용했다. 일터와 학교에 가기 위해서 끝이 보이지 않는 아득한 계단과 가파른 언덕길을 수도

▶ 7살때 영세를 받고서(1969년)

없이 오르내렸다.

그 시절을 떠올리며 감천동 비탈길을 오른다. 이런저런 상념에 잠기니 힘든 줄도 모른다. 높은 지대에 위치한 덕분에 마을 곳곳에서 파란 바다가 보인다. 저물녘 붉게 물든 하늘이 바다 위에 반짝거리는 윤슬을 수놓는다. 그 모습이 꼭 그림 같다. 바다라면 지겹게 보고 자랐지만, 감상을 내놓을 여유는 이제야 생겼다.

나의 과거는, 산다는 것 자체가 정성인 시절이었다.

없이 살기로 둘째가라면 서러운 감천동. 그중에서도 참 한스럽게 가난했던 절름발이 목수네 집. 하루 밥 한 끼 배불리 먹는 것이 소원이었던 그 집의 막내아들이, 바로 나였다.

02.
팔자 12위를 걷는 법

 방 안에서 두 명의 남자가 두런두런 이야기를 나눈다. 무엇이 그리 즐거운지 웃음꽃이 질 생각을 안 한다. 오랜만에 만나 그간의 회포를 푸는 듯 서로의 입 모양에만 집중한다. 그들 옆으로는 두 살 난 남자아기가 누워있다. 남자들의 떠들썩한 말소리가 성가실 법도 한데 울지도, 보채지도 않고 손장난만 친다. 이야기를 끝마친 두 남자가 작별 인사를 한다. 개중 하나가 몸을 일으키는 순간 균형을 잃고 기우뚱한다. '크게 넘어져 머리가 깨지는 불상사는 피해야지!'

 남자는 반사적으로 바닥으로 손을 뻗는다. 그것으로 남자는 불상사를 피했다. 그러나 남자가 피한 그 불상사는 가엾은 두 살배기에게 넘어갔다. 남자의 손이 내려 닿은 곳은 바닥이 아닌 아기의 무릎. 아기의 연한 근육과 약한 뼈가 바닥에 찌부러지면서 아기는 꼭 숨이 넘어갈 듯 자지러진다. 온몸이 발개진 채 악을 쓰며

운다. 평생을 절름발이로 살아야 할 자신의 앞날을 예견했다는 듯이 말이다.

이 황당하고도 기막힌 이야기는 우리 아버지가 겪은 실화이자 비극이다. 겨우 몇 초 사이 벌어진 찰나의 불상사로 아버지는 장애인 됐다. 그 자리에서 한 달을 꼬박 앓던 아기는 얼마 살지 못하고 죽을 거라는 어른들의 비관에도 불구하고 여봐란듯이 신통하게 일어났다. 그러나 이미 뭉개져 버린 연한 근육과 뼈는 몸에 알맞게 자라지를 않았고 결국 무릎이 한껏 굽은 채 뼈가 굳어버렸단다.

꼭 남 일 이야기하듯 담담히 그 일을 털어놓는 아버지의 모습이 아직도 생생하다. 당시 내 나이 일곱 살. 철모르는 가슴에도 열불이 번졌다. 내가 다 억울했다.

이제 와 생각해보건대, 아버지는 그 비극이 콕 집어 누구 하나의 탓은 아니라고 생각하셨던 것 같다.
굳이 헤아려 들자면, 그 남자의 탓이 3할.
병원은 언감생심, 돌팔이의원조차 부를 수 없었던 가난 탓이 또 3할.
그 외 나머지는 전부 팔자소관이라 생각하지 않으셨을까. 아버지는 운명이 정해놓은 길에 억울함을 더하거나 분노를 얹지 않고 그저 묵묵히 자신의 길을 걸었다.

> 그 외 나머지는 전부 팔자소관이라 생각하지 않으셨을까. 아버지는 운명이 정해놓은 길에 억울함을 더하거나 분노를 얹지 않고 그저 묵묵히 자신의 길을 걸었다.

어릴 땐 그게 이루 말할 수 없이 답답했다. 한 번쯤은 세상을 향해 바락바락 따지고 들며 주먹을 휘둘러 볼 만도 하건만…. 모든 일에 그저 순응하는 것. 모든 결핍을 당연한 운명으로 포장해버리는 일. 어쩌면 그 체념은 당신을 지키는 유일한 방법이었을지도 모르겠다.

아버지를 이해하기까지는 오랜 시간이 걸렸다. 자신의 불행을 남 탓 혹은 세상 탓으로 돌리지 않으려는 그 단단한 마음을 이제는 알 것 같다.

언젠가 아버지가 하셨던 말씀이 귓가에 선하다.
"이게 다 내 팔자다…."
그 줄임표 뒤에는 아무도 들을 수 없는 한 문장이 숨어있었다.
"나는 이 속에 갇혔지만, 너만큼은 그 밖에서 살아야 한다."

03.
굽은 다리, 곧은 사람

나무로 만든 마루나 기둥에는 근사한 무늬가 있다. 그 무늬는 '나이테' 혹은 '옹이'일 것이다. 나이테는 1년에 한 줄씩 그어지는 자국이고 옹이는 나무가 상처를 극복한 흔적이다. 옹이는 톱질이 힘들 정도로 딱딱하다. 병충해나 비바람이 더는 들어오지 못하도록, 나무 스스로 상처 부위를 똘똘 뭉쳐놓기 때문이다. 그래서 옹이 있는 나무는 보통 단단한 버팀목으로 사용한다. 굽고 갈라지고 상처 입고 닳아빠진 몸으로 세월의 지붕을 떠받치고 있는 기둥을 보면 여기저기 옹이 자국이 뚜렷하다.

잠이 오지 않는 밤이면 공방에 나가 옹이가 박힌 나무를 만진다. 누구에게나 옹이처럼 딱딱하게 굳은 상처가 있을 것이다. 그 상처 때문에 참 많이도 아팠지만, 그 상처 덕분에 단단해지기도 했다. 연륜이라는 주름과 함께 견디는 힘을 쌓아가는 나무는 꼭 사람의 인생 같다.

▶ 나의 유일한 안식처이자 휴식공간인 청해공방

　옷장, 서랍장, 의자, 책상, 도마…. 나무로 만들 수 있는 것이면 무엇이든 가리지 않는다. 바라만 봐도 어여쁜 나무라 되도록 못질은 피한다. 그 대신 정교한 설계로 목재 사이를 단단히 맞물린다. 아주 미세한 오차로도 전체가 어긋난다. 이 복잡한 퍼즐에 몰두하는 시간이 나에게는 무엇과도 바꿀 수 없는 행복이자, 마음을 단단하게 하는 일종의 수련이다. 그러니 이 일은 결코 지루해질 수 없다. 죽을 때까지 해도 그저 좋을 것 같다.

　틈만 나면 나무의 모양을 다듬고 그 고요한 시간에 마음을 기대는 것은 아버지로부터 물려받은 기질이 아닐까 추측한다. 아버지는 목수셨다.

  학교 문턱조차 밟아본 적 없는 무학 無學의 아이는 산에 땔감용 나뭇가지를 주우러 다니거나 들판을 하릴없이 쏘다니며 하루를 보냈다고 한다. 글을 배우고 싶다는 마음은 굴뚝같았지만 당장 끼니를 걱정해야 하는 형편에서 학교는 감히 꿈도 꿀 수 없는 사치였다. 아버지는 결국 열두 살이 되던 해, 동네 목수 밑으로 들어갔다. 손에 쥐어진 톱은 어린아이에게는 너무나도 무거웠고, 대패질을 할 때면 여린 손바닥에 물집이 잡혔다.

  그러나 그보다 더 견디기 힘든 것은 뾰족한 시선이었다고 한다. "저런 다리로 무슨 일을 하겠다고⋯." 아이는 그런 구박을 받을 때마다 고개를 더 숙이고 톱질하는 손에 힘을 세게 주었다. 남들보다 두 배는 일찍 작업장에 나갔고, 세 배는 늦게 돌아왔다. 불편한 다리로 비틀거리면서도 무거운 목재를 날랐고, 밤이면 초라한 기름 등 아래에서 어른들의 손놀림을 떠올리며 배운 것을 복기했다. 그렇게 아버지는 거친 어른들 속에서 눈칫밥을 먹으며 어깨너머로 기술 하나라도 더 익히려 무척 애를 썼다고 했다.

  그러나 아버지가 일하는 모습은 좀체 볼 수가 없었다.

  바다로부터 전해진 눅눅한 공기와 오래된 흙집의 쿰쿰한 냄새가 가득했던 방안. 아버지는 늘 그 속에 누워계셨다. 마른기침이 끊이질 않았고 기침이 터질 때마다 얄팍한 가슴이 들썩이며 억눌린 숨이 새어 나왔다. 그 기침 소리는 밤마다 더 크게 울렸다. 잠결에 들려오는 그 고통의 소리가 때때로 성가시기도 했고 문득 무섭기도 했으며 가끔은 안쓰럽기도 했다.

아버지는 결핵을 앓고 계셨다. 당시 결핵과 가난은 악순환의 고리를 형성하고 있었다. 주로 가난한 사람들이 영양실조로 인한 결핵을 앓았으며, 결핵을 앓는 동안 일을 할 수 없으니 살림은 더 궁핍해졌다. 아버지는 이 지겨운 굴레를 끊기 위해 부단히도 노력하셨다. 기침이 한결 잦아든 날이나 기운이 조금 받쳐주는 날이면 아버지는 손을 바삐 놀려 무언가를 만들기 시작하셨다. 장에 내다 팔 수 있는 작은 나무 소품, 예를 들어 국자, 주걱, 그릇, 빨랫방망이, 반짇고리 상자 등 종류도 가리지 않았다. 가끔은 품삯을 받을 요량으로 마을 어귀까지 나서곤 하셨다. 어린 나는 그런 아버지의 뒤를 졸졸 따라나섰다.

아버지의 어기적거리던 걸음, 땀으로 흠뻑 젖어있던 가슴팍과 등판을 기억한다. 나는 그의 손끝에서 세상을 배웠다. 눈에 띄지 않을 만큼 기운 못 하나도 다시 뽑아 바로 세우던 아버지. 그의 세상은 늘 곧았다.

대나무는 쪼개질지언정 휘어지지는 않는다. '대쪽 같다'라는 말도 거기서 나왔다. 아버지는 참으로 대쪽 같은 성정의 소유자였다. 하늘을 향해 꼿꼿하게 자라나는 대나무처럼, 아버지 역시 절개가 곧고 타협하는 법이 없었다. 그 강직한 성품은 존경받아 마땅할 기개였으나 아버지를 가장으로 둔 식구들에게 그것은 종종 고약한 고집으로 비쳤다.

하루는 외가로부터 기별이 왔다. 외할아버지의 부고였다. 아버지에게 외할아버지는 은인이셨다. 무남독녀, 애지중지 기른 딸을 내준 것만으로도 이미 큰 은덕을 받은 것이었다. '우야든 잘살아 보겠습니다.' 어른 앞에서 한 약속은 병과 가난에 찌들어 빛을 잃은 지 오래였다. 사랑하는 아내의 고생은 이루 말할 수 없었고 은덕을 베푼 어른의 임종조차 지키지 못했다. 그래도 외할아버지는 마지막 순간까지도 못난 사위를 원망하지 않으셨다. 아니, 어쩌면 원망은커녕 사위를 마음속 깊이 이해하고 계셨는지도 모른다. 가난과 장애를 타고난 사위가, 그럼에도 불구하고 묵묵히 가족을 지켜온 그 세월을… 외할아버지는 알고 계셨을 것이다.

그래서였을까. 외할아버지는 아버지 앞으로 그럭저럭 되는 양의 재산을 남기셨다. 당신의 외동딸과 그 가족의 숨통이 조금이나마 트이기를, 평생 고생만 한 사위가 잠시나마 마음이 편해지길 바라셨던 것이리라.

우리 집은 돈이 절실했다. 하루 밥 한 끼를 걱정해야 하는 날이 부지기수였다. 외할아버지께서 남기고 가신 그 재산이 있다면 당장의 끼니 걱정에서는 벗어날 수 있을 터였다. 누가 보아도 그 돈을 받는 것이 당연했고, 또 마땅했다. 외할아버지께서 직접 사위에게 물려주신다고 하신 것이 아니던가. 그러나 아버지의 기준은 달랐다. 아버지에게 그것은 받아서는 안 되는 돈이었다.

"장인어른께 제대로 된 효도 한 번 못했는데…."
아버지는 그 말을 연신 되뇌셨다. 외할아버지 생전에 변변한 용돈 한 번 드려본 적 없고, 제대로 된 음식 한 상 대접해 드린 적이 없었다. 오히려 외할아버지께서 쌀 한 가마니, 보리 한 섬을 보내주시며 우리 가족을 돌봐주신 날들이 더 많았다. 사위로서 해야 할 도리는 다하지 못하고, 이제 와 재산만 받는다는 것이 아버지의 마음에는 견딜 수 없는 부끄러움이자 배은망덕이었을 것이다.

"이 돈을 받는다 한들, 우리 형편이 하루아침에 달라지겠소? 조금 편해지다가 결국 다 써버리고 말 것이오. 그럼 그 후에는? 장인어른의 제사상이나 제대로 차려드리겠소?"
아버지는 외할아버지의 기일이 돌아올 때마다 제대로 된 제사상을 차려드릴 수 있을지, 그 제사가 끊어지지 않고 이어질 수 있을지를 염려하셨다. 당장의 배고픔은 참을 수 있어도, 돌아가신 어른을 제대로 모시지 못하는 것은 참을 수 없는 불효라는 것이, 아버지의 생각이었다.

> *떳떳함, 그것은 당신이 평생 지키고 물려준 유산이었다. 나는 그것을 배웠기에 세상 앞에 고개 숙이지 않을 수 있었다. 겨우 돈 몇 푼과는 바꿀 수 없을 만큼 값지고 귀한 상속인 것이다.*

아버지는 그 재산을 한사코 거절하셨다.

주변 사람들은 미쳤다고 했다. 그깟 자존심이 뭐 그리 큰 대수냐고 어리석은 무지렁이를 보듯 혀를 끌끌 찼다. 그 돈이면 자식들 끼니 걱정이나 학비 걱정은 당분간 털어버릴 수 있을 것이고, 낡은 흙집도 고칠 수 있으며, 아버지가 달고 사는 몹쓸 결핵도 제대로 치료받을 수 있지 않느냐고 했다. 그러나 아버지는 요지부동이었다.

"내가 받을 수 있는 돈이 아니오."

어머니는 아버지를 이해한다는 듯 아무런 말도 얹지 않으셨다.

아버지는 결국 그 재산을 외할아버지의 고향으로 보내기로 하셨다. 충청북도 보은군 보은읍 장신리, 외할아버지께서 나고 자라신 곳. 아버지는 그 마을에 외할아버지가 남기고 간 재산을 고스란히 기부하며 이런 말씀을 하셨다.

"대신 장인어른의 제사를 지내주시오. 부디 거르는 일 없이 해마다 정성껏 모셔야 하오."

그렇게 외할아버지의 이름은 당신의 고향 땅에 남았다. 아버지가 대신 외할아버지의 이름을 남겨드린 것이다. 돈은 언젠가 다 사라지지만, 이름은 사람들의 기억 속에 남는다는 것을 아버지는 아셨던 것 같다.

지금도 그 마을에서는 해마다 외할아버지의 제사를 지낸다. 마을 어른들이 제사상을 정성껏 차리고, 외할아버지의 이름 앞에 절을 올린다. 비록 피로 연결된 인연은 아니지만, 그들은 외할아버지를 마을의 은인으로 기억하고 있다. 아버지는 그 소식을 듣고, 이제야 장인어른께 조금이나마 도리를 한 것 같다고 말씀하셨다. 그때 아버지의 얼굴에는 희미한 미소가 걸려있었다.

우리는 여전히 가난했다. 그 재산이 있었다면 상황이 조금 달라졌을까?

떳떳함, 그것은 당신이 평생 지키고 물려준 유산이었다. 나는 그것을 배웠기에 세상 앞에 고개 숙이지 않을 수 있었다. 겨우 돈 몇 푼과는 바꿀 수 없을 만큼 값지고 귀한 상속인 것이다.

04.
가난은 금을 타고 들어왔다

　　아버지는 손수 집을 지으셨다. 뒤뜰에서 퍼 나른 황토와 소금물, 볏짚, 닥나무 껍질을 섞어 알맞은 끈기와 강도가 될 때까지 이불 빨래하듯 잘 밟아줬다. 소금물은 흙을 단단하게 했고 벌레가 스는 것을 막아주었다. 볏짚과 닥나무 껍질은 섬유질로, 흙에 끈기를 더해주고 마르면서 생기는 균열을 방지하는 역할을 했다. 반죽이 끝나면 나무틀에 흙을 채워 벽돌을 찍어냈다. 하나하나 정성껏 만든 흙벽돌을 바닥에 가지런히 널어놓고, 보름 정도 햇볕과 바람에 말렸다. 너무 빨리 말리면 쩍쩍 갈라지고, 너무 천천히 말리면 곰팡이가 생겼다. 아버지는 날씨를 살피며 벽돌이 제대로 마르고 있는지 수시로 확인하셨다. 흙의 반죽, 흙벽돌의 강도와 두께가 적절해야 튼튼한 흙집을 지을 수 있었다.

　　그러나 제아무리 정성껏 지은 흙집이어도 태생적인 약점은 있었다. 물과 습기에 약했고 이곳저곳 균열이 생기기 일쑤였다. 시간이

> 허기진 막내아들을 품는 어머니의 마음은 어땠을까. 그저 토닥이며 달래는 것밖에 할 수 없는 무력함 앞에서, 어머니는 얼마나 가슴이 미어지셨을까.

지나면서 벽면 이곳저곳에 가느다란 금이 가기 시작했다. 작은 금은 점점 커졌고, 새로운 금이 생겨났다. 배가 고파 잠들지 못하는 날이면 나는 어둠에 익숙해진 눈으로 천장과 벽에 새겨진 금을 하나둘 세어 나갔다. 하나, 둘, 셋, 넷…. 금을 세다 보면 배고픔을 잠시나마 잊을 수 있었다. 벽의 금은 마치 나뭇가지처럼 뻗어나가 있었고, 어떤 금은 천장까지 이어져 있었다. 나는 그 금들이 어디서 시작해서 어디로 끝나는지 손가락으로 허공에 그려보곤 했다. 그러면 어머니는 뒤척이는 나를 꼭 끌어안고 등을 토닥여주셨다. 손길은 투박하고 거칠었지만 품은 따뜻했다. 허기진 막내아들을 품는 어머니의 마음은 어땠을까. 그저 토닥이며 달래는 것밖에 할 수 없는 무력함 앞에서, 어머니는 얼마나 가슴이 미어지셨을까.

보릿고개를 넘던 1960년대였다. 땅 한 뼘 없는 여성이 어린 자식 다섯과 병약한 남편을 굶기지 않는다는 것은 불가능에 가까웠으나 우리 가족의 생계는 고스란히 어머니의 어깨에 얹혀 있었다. 그래서 어머니는 할 수 있는 일이라면 무엇이든 하셨다.

어느 날은 새벽같이 일어나 시장에서 값싼 물건을 떼어다가 동네를 돌며 팔았다. 날마다 바위처럼 무거운 보따리를 이고 골목골목을 누비셨다. 구멍가게 하나 장만할 밑천도 없이, 있는 것이라고는 약해진 몸뚱이와 병약한 남편, 둥지의 새끼 새처럼 입만 벌리고 빽빽 울어대는 오남매뿐이었던 어머니의 무겁고 고단한 길이었다. 어둠이 지천으로 깔리고 나서야 돌아온 어머니에게서는 여름이든 겨울이든 땀에 찌든 냄새가 났다. 흘리는 땀으로도 사는 게 보이는 날들이었다. 그러나 어머니의 고군분투에도 장사는 늘 시원치 않았다. 모두가 가난한 시절, 모두가 가난한 동네였기 때문이다.

어떨 때는 식당 일을 하셨다. 새벽부터 밤늦게까지 그릇을 닦고, 바닥을 쓸고, 손님 시중을 들었다. 식당 일이 없으면 마을 밖 여유 있는 집에서 허드렛일하셨다. 쌓여 있는 빨래를 하고, 청소를 하고, 부엌일을 거들었다. 남의 집 아이들이 먹을 음식을 만들고, 남의 집 아이들의 빨래를 해주며 어머니는 당신의 가엾은 자식들을 쉬지 않고 떠올렸을 것이다. 때로는 간병인 일도 하셨다. 밤을 꼬박 새워 몸이 불편한 노인을 돌보고 간호했다. 그렇게 악착같이 벌어온 돈은 우리 형제의 입으로 들어왔다.

어머니는 그렇게 뭐 하나 가리지 않고 힘닿는 대로 일했다. 봄, 여름, 가을, 겨울 가릴 것 없이, 새벽부터 밤까지, 어머니는 쉬지 않고 일하셨다. 그러나 형편은 도통 피지를 않았다. 아니, 오히려

▶ 내가 살던 집터

더 악화하는 것 같았다. 자식들은 날로 커갔고, 그만큼 먹어야 입에 넣어줘야 할 양도 늘어갔다. 아버지의 몸은 점점 약해졌으니 약값까지 보태졌다. 세월이 흐를수록 약해져 가는 우리의 초라한 흙집처럼 생활은 이곳저곳이 무너져갔다. 메우고 고치려 안간힘을 써도 또다시 금이 갔다. 그래도 어머니는 포기하지 않으셨다. 쓰러질 듯 고단한 몸을 이끌고 동틀 무렵이면 어김없이 일어나 일터로 향하셨다. 퉁퉁 부은 다리로 생계라는 고독한 길을 걸으며, 그렇게 우리 가족을 지탱하셨다.

그러나 흙집 벽의 균열은 해가 갈수록 깊어졌다. 그 금은 우리 가족의 가난과 고난의 흔적이었다.

05.
빵 한 덩이에 담긴 마음

부산 서구 암남동. 송도 앞바다를 내려다보고 있는 '소년의 집'은 축구부와 오케스트라 활동으로 잘 알려진 아동·청소년 보육기관이다. 동시에 암남동은 '마리아수녀회'가 창설된 곳이기도 하다. 그래서 이곳은 한국 복지의 발원지로도 평가된다. 1957년, 전쟁의 포화가 멈춘 후 폐허가 된 한국 땅에 한 미국인 신부가 발을 디뎠다. 알로이시오 슈월츠, 그가 본 한국의 모습은 참혹했다. 거리에는 부모를 잃은 아이들이 넘쳐났고, 사람들은 굶주림에 허덕였다. 부산교구 소속 신부가 된 그는 적극적으로 빈민 구제 활동을 펼치기 시작했고, 그 중심지 가운데 하나가 암남동이었다. 그는 1992년 루게릭병으로 생을 마감하기까지 버림받고 배고픈 아이들에게 웃음과 희망을 주고, 몸소 가난 속에 살며 가난한 이들을 섬겼다. 그가 선교사로 일하며 가난과 질병으로부터 건져낸 빈민, 고아만 해도 수십만 명에 달했다.

1970년에는 마리아수녀회가 가난한 이들의 건강권 보장과 자선적 의료 실천을 목표로 병원을 설립했다. 독실한 가톨릭 신자셨던 어머니는 알로이시오 기념병원, 즉 '구호병원'에서 일하기 시작하셨다. 병원 내에는 작은 식당이 있었다. 환자들과 직원들을 위한 식당이었는데, 어머니는 그곳에서 소정의 품삯을 받으며 허드렛일하셨다. 설거지를 하고, 바닥을 닦고, 식재료를 나르고, 쓰레기를 버렸다. 궂은일, 힘든 일, 남들이 꺼리는 일도 마다하지 않으셨다. 자선 병원인 만큼 품삯은 형편없이 적었다. 우리 가족의 생계를 이어가기에는 턱없이 모자랐다. 그러나 어머니는 정기적이고 안정적인 일터라는 것만으로도 크게 만족하셨다. 언제 끊길지 모르는 막일, 날품팔이와는 달랐다. 내일도, 모레도, 다음 주에도 일거리 걱정 없이 갈 수 있는 일터가 있다는 것. 우리 가족에게는 그것만으로도 참 다행스러운 일이었다.

　동시에 나는 순진한 기대를 품었다. 먹을 것으로 넘쳐나는 식당에서 일하시니, '어머니께서 아주 큰 식당에서 일하시니 이제 밥 굶는 일은 없겠구나! 매일 두 손 가득 맛난 것을 가져오실 거야! 하얀 쌀밥, 아니, 모래가 섞인 밥이어도 좋다. 밥을, 국을, 반찬을…. 어쩌면 고기를 가져오실지도 모르지!' 철없는 막내아들은 그런 상상을 하며 입안 가득 고이는 침을 꿀꺽 삼켜냈다.

　그러나 현실은 아이의 기대를 잔인하게 두 동강 냈다. 그곳 역

▶ 국민학교 졸업 할때의 모습.

시 자선 단체의 기부로 운영되는 병원이라 넉넉하지 않았다. 아니, 늘 부족했다. 가난한 이들이 필요로 하는 도움은 항상 기부액을 훌쩍 뛰어넘었다. 병원은 무료로 환자들을 돌봐야 했고, 식당은 최소한의 식사만을 제공할 수 있었다. 그러니 남는 것이 있을 리 만무했다. 배곯은 어린아이의 바람은 끝내 상상에 그쳐야만 했다.

그래도 떡을 만지면 콩고물이 손에 묻는 법이었다.

어머니는 가끔 '빵'이라는 것을 가져오셨다. 식당에서 직원들에게 간식으로 나눠주는 빵이었다. 어린애 손바닥만 한 빵 한 조각. 그것은 고된 노동에 지친 이들에게 작은 위안이었을 것이다. 그러나 어머니는 빵을 본 순간, 둥지 속 어린 새처럼 입을 벌리고 빽빽 울어대는 막내 생각부터 났다고 하셨다. 어머니가 품속에서 꺼낸 빵은 둥근 모양이 약간 찌그러진 채 미지근한 온기가 품고 있었다. 나는 그 빵을 두 손으로 받아서 들고 신기한 듯 한참을 바라보았다. 마치 소중한 보물을 대하듯 말이다.

그리고 조심스럽게 한 입 베어 물었다. 그 맛은 그야말로 황홀경이었다. 요즘 빵처럼 부드럽진 않아도 나름 폭신하고 달콤했다. 희한하게도 씹을수록 단맛이 났다. 조금 더 음미하고 싶었는데 침을 따라 목구멍으로 넘어가 버리는 밀가루 잔해들이 야속했다. 여물을 게워 내어 다시 씹는 소처럼 되새김질이라도 하고 싶었다. 최대한 오래오래 씹었다. 부러 삼키지 않았다. 입안 구석구석에 남은 부스러기까지 혀로 찾아 모았다. 그런데도 얼마 남지 않은 빵조각을 보니 서운해서 눈물이 다 날 지경이었다. 내가 이 빵이라는 걸 또 맛볼 수 있을까. 어쩌면 지금, 이 순간이 처음이자 마지막이 아닐까. 그렁그렁 맺혀있던 눈물이 볼을 타고 뚝 떨어지는 걸 본 어머니는 약속하셨다.

"기회가 된다면 또 가져다주마."

그 이후로 나는 더울 때나 추울 때나 마을 어귀로 나가 어머니를 기다렸다. 해가 뉘엿뉘엿 기울 무렵이면 골목 끝에 서서 먼 길을 응시했다. 조금 더 정직하게 말하자면, 어머니를 기다린 것이 아니라, 어머니가 품속에 넣어 오실지 모를 빵을 기다리고 있었던 것이다. 나중에 가서는 어머니의 걸음걸이나 표정만 봐도 빵이 있을지, 없을지를 점칠 수 있었다. 자식에게 내어줄 것이 있을 때, 어머니의 표정은 한결 산뜻했고 발걸음 역시 가뿐했다.

물론 빈손으로 돌아오시는 날이 더 많았다. 그때마다 나는 실망을 숨길 수 없었다. 가끔 심통이라도 나면 입술이 댓 발은 나왔다. 어머니가 원망스럽기도 했다. 아직 어렸으니까. 세상을 몰랐으니까. 어머니의 마음을 헤아리지 못했으니까…. 그때마다 어머니는

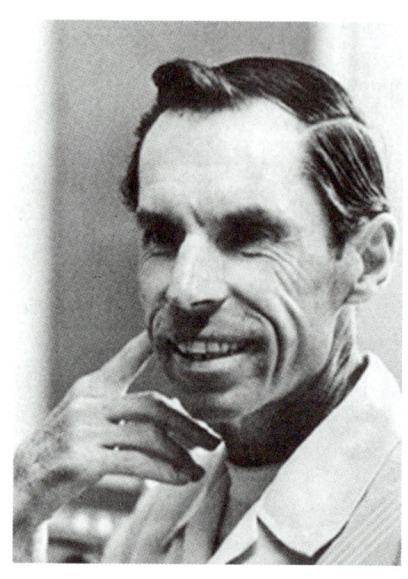

▶ 알로이시오 몬시뇰 신부는 생전에 한국, 필리핀, 멕시코의 6개 도시에 의료시설과 정규 교육기관을 갖춘 6곳의 소년/소녀의집을 설립하여 수많은 불우 어린이와 청소년을 돌보았다. 1983년에는 아세아의 노벨평화상이라 일컫는 필리핀 '라몬 막사이사이상'을 수상하고, 1984년과 1992년 2월, 2회에 걸쳐 노벨 평화상 후보에 올랐다. (ⓒ 소년의집)

아무 말 없이 시무룩해진 아들의 머리를 쓰다듬으셨다. 그렇게 한참을 달래주시고는 나지막이 말씀하셨다.

"오늘도 빵이 없구나. 미안하다."

어머니의 그 짧막한 사과 안에는 자식에게 아무것도 해줄 수 없는 당신에 대한 자책이 담겨있었다. 돌이켜보면 그 시절, 어머니를 가장 힘들게 한 것은 고된 육체노동이나 가난 그 자체가 아니라 자식에게 빵 한 조각 마음껏 먹이지 못한다는 자책이 아니었을까.

이제야 비로소 보인다.
물 마를 날이 없어 늘 발갛던 어머니의 손가락 마디마디가….
이제야 비로소 느낀다.
어머니가 가져오신 빵보다 더 달았던 당신의 사랑이….

06.
해발 구천 미터 위에서

　세상에서 가장 높은 고개의 이름은 뭘까. 문학적 표현을 빌리자면 답은 '맥령麥嶺'이다. 흔히 '보릿고개'라 불린다. 원로시인 황금찬 선생은 〈보릿고개〉를 이렇게 읊었다.

　　에베레스트는 아시아의 산이다
　　몽불랑은 유럽
　　와스카라는 아메리카의 것
　　아프리카엔 킬리만자로가 있다
　　이 산들은 거리가 멀다
　　우리는 누구도 뼈를 묻지 않았다
　　그런데 코리아의 보릿고개는 높다.
　　한없이 높아서 많은 사람이 울며 갔다가 굶으며 넘었다
　　얼마나 한 사람은 죽어서 못 넘었다.
　　코리아의 보릿고개

안 넘을 수 없는 운명의 해발 구천 미터...

　시인은 보릿고개를 세계 최고봉 에베레스트보다 높은 해발 구천 미터로 표현했다. 넘다가 죽은 사람도 많은 그 고개는 일제강점기와 전쟁을 거친 이 땅에 분명히 존재했던 무형의 고개다. 춘궁기春窮期라고도 불린 그 고개를 넘기 위해 사람들은 초근목피로 연명하고, 학교에서는 허기진 배를 물로 채우는 학생들이 많았다. 소화가 안 되는 풀뿌리, 나무껍질로 배를 채우다 보니 심각한 변비에 시달리는 일도 다반사였다. '똥구멍이 찢어지게 가난하다'는 말은 보릿고개 때 심한 변비로 항문이 찢어져 피가 날 정도로 고생하던 데서 비롯된 말이다.

　내 고향 부산 사하구 감천동은 매 계절이 춘궁기였다. 모두 비슷한 모양으로 궁핍했고, 모두 비슷한 정도로 배가 고팠으며, 모두 비슷한 방식으로 버텨가고 있었다. 마을의 인사말은 '안녕하세요.'나 '어디 가세요?'가 아니었다. "아침 잡쉈습니까?" 끼니를 챙겼는지가 가장 중요하고도 절실한 문제였기 때문이다. 아침에 무엇으로든 배를 채웠다면 그날 하루는 조금 더 수월하게 시작됐고, 아침 식사를 굶은 날은 고된 하루가 예견된 것이나 마찬가지였다. 서로의 뱃속 사정을 챙기는 것. 그것이 가난한 이들이 모여 사는 감천동의 아침이었다.

> '똥구멍이 찢어지게 가난하다'는 말은 보릿고개 때 심한 변비로 항문이 찢어져 피가 날 정도로 고생하던 데서 비롯된 말이다.

학교에 들어가기 전에는 '삼시 세끼'라는 관용어가 있는지조차 몰랐다. 하루에 세 끼를 먹는다니! 그런 일이 가능한 집은 본 적이 없었다. 하루에 한두 끼 겨우 찾아 먹는 게 이 세상의 당연한 이치인 줄로만 알았다. 보통 아침을 먹으면 점심은 굶고, 점심을 먹으면 저녁은 굶었다. 그마저도 주식은 옥수숫가루로 만든 죽이었다.

어머니는 늘 어딘가에서 옥수숫가루를 얻어오셨다. 지금 와 생각해보면 사람 먹을 것은 아니었다. 아마 소나 돼지, 닭의 사료로 쓰이는 가루였을 것이다. 가루가 담긴 마대 자루를 열면 쿰쿰한 냄새가 코를 찔렀다. 그뿐인가. 누렇고 꿈틀거리는 것들이 가루 속을 유영했다. 구더기였다. 어머니는 집 앞, 볕 잘 드는 곳에 돗자리를 펼치고 그 위에 그 가루를 넓게 펼쳐놓으셨다. 그러면 대부분의 구더기는 말라 죽거나 움직임이 현저히 둔해졌다. 한나절이 지나면 어머니는 큰 채를 가져와 가루를 걸렀다. 죽은 구더기, 옥수숫대의 부스러기, 돌멩이, 먼지 같은 것들을 한 번, 두 번, 세 번 솎아내면 한결 맑은 노란색의 옥수숫가루만 남았다. 어머니는 그걸로 죽을 끓이셨다.

커다란 가마솥에 물을 붓고, 옥수숫가루를 조금씩 풀어 넣으셨다. 나무 주걱으로 쉬지 않고 저어야 했다. 양을 늘리기 위해 물은 많이 넣고 가루는 적게 넣으니 꼭 국처럼 묽었다. 숟가락으로 떠 보면 이게 물인지 죽인지 구분이 안 될 정도였다. 조금이라도 걸쭉하게 만들기 위해서는 그저 열심히 휘젓는 수밖에 없었다. 없는 살림에 귀한 소금도 얼마 넣지 못했다. 그렇게 끓여낸 죽은 멀겋고 맹숭맹숭했다. 우리는 그것을 강냉이죽이라 불렀다. 갓 끓여 밥그릇에 퍼담으면 허연 김이 모락모락 났다. 옥수수 특유의 고소한 냄새와 약간의 쉰내도 함께 올라왔다.

빈속에 소주를 마시면 알싸한 것이 식도를 타고 내려가 위에 안착한 다음 속을 데워주는 것이 또렷이 느껴지지 않는가. 그 시절 강냉이죽이 그랬다. 너무 배가 고픈 나머지, 갓 끓인 죽을 제대로 식히지도 않고 한 숟가락 퍼먹으면 식도에서부터 위까지 짜르르한 느낌이 퍼졌다. 맛있고 맛없고를 따질 처지도 아니었다. 그저 뜨뜻한 것으로 배를 채운다는 만족감이 특별할 뿐이었다. 건더기 없이 묽은 죽은 먹고 돌아선 지 한 시간만 지나도 다시 허기가 졌다. 배고픔을 잊으려 일찍 잠을 청해도 배가 고파 잠이 오지 않는, 서러운 밤의 연속이었다.

앞서 인용한 시 〈보릿고개〉는 이렇게 끝을 맺는다.

소년은 풀밭에 누웠다.

하늘은 한 알의 보리알.

지금 내 앞에 아무것도 보이는 것이 없다.

뱃속을 조여오는 허기에 지쳐 아무것도 보이지 않던 시절이었다.

07.
추억보다 배부른 건 없다

 행복과 불행을 놓고 보면 불행이 두 배는 더 커 보인다. 한 작가는 그 이유를 이렇게 설명했다. '웃음은 흔적을 남기지 않지만, 눈물은 뺨에 자국을 남기기 때문에….' 그래서 우리는 웃었던 날은 까맣게 잊은 채 눈물이 마른 자국만 더듬고 있는지도 모른다. 작가의 말처럼 웃음은 별다른 흔적을 남기지 않지만, 그 속엔 묘한 힘이 담겨있다. 찰나의 순간일지라도 마음 어딘가에 오래 살아있고, 작고 가벼워 보여도 무거운 감정을 가뿐히 들어 올린다. 그래서 마음이 한없이 가라앉는 날이면 나는 불행의 자국을 더듬는 대신, 내 생애 가장 천진난만하게 웃었던 그날을 회상한다.

 그날은 이상할 정도로 눈이 일찍 떠졌다. 창호 사이를 비집고 들어온 새벽빛과 콧속을 간질이는 냄새가 낯설었다. 기름이 달궈질 때 나는 소리가 귀 끝에 닿자 잠이 다 달아났다. 곧장 부엌으로 가보니 어머니께서 분주하게 움직이고 계셨다. 칼질하는 소리가 경쾌하게 울렸다. 가마솥에서는 뜨거운 김이 모락모락 올라오고 있었다. 무슨 일이 벌어지고 있는 거지? 혹시 꿈을 꾸고 있는 건 아닐까? 나는 부엌 문지방에 서서 눈을 동그랗게 뜨고 어머니를 지켜보았다. 간장 냄새와 기름 냄새, 어묵을 볶는 냄새, 밥을 짓는 냄새… 입안 가득 침이 고였다. 삼키고 삼켜도 또 고였다. 허기에 익숙했던 배도 놀라 아우성을 쳤다.

어머니는 침만 꼴깍 삼키고 있는 막내아들을 보고는 조용히 웃으셨다. 그리고는 가마솥 옆에 놓인 그릇에서 보리밥을 조금 떼어 내 손으로 잘 둥글린 후 내 입에 넣어주셨다. 입안에서 미끄덩한 보리밥이 부드럽게 풀어졌다. 따뜻했고, 구수했다. 알갱이가 있었다. 따라서 씹는 맛이 있었다. 나는 그것을 천천히, 아주 천천히 씹었다. 아까워서 삼킬 수가 없었다. 보리알이 입안 구석구석으로 퍼졌다. 그러면서도 나는 이 상황이 어리둥절하기만 했다.

그날은 1967년 감천국민학교의 가을 운동회 날이었다. 당시 학교에는 작은형님, 큰 누님, 작은 누님이 다니고 있었다. 매년 가을이 오면 운동회가 열렸고, 그때마다 다른 집 아이들은 집에서 도시락을 가져왔다. 그러나 우리 형제들은 한 번도 도시락을 싸갈 수 없었다. 운동회 날이면 형과 누나들은 아침 일찍 학교에 갔고, 점심시간이 되면 집으로 돌아왔다. 어머니는 그것이 못내 마음에 걸리셨을 것이다. 그래서 그날은 여기저기서 조금씩 아껴둔 돈을 과감히 꺼내 재료를 사고, 새벽부터 도시락을 준비하신 것이다.

대단치 않은 재료들로 만든 대단치 않은 음식이었지만 당시 우리 집 형편에서는 엄청난 사치였다.

어머니는 보자기에 싼 도시락 꾸러미를 형에게 건네셨다. 형은 떨리는 손으로 그것을 받았다. 한눈에 보기에도 묵직했다. 그 속에는 음식만 들어 있는 것이 아니었다. 어머니의 사랑이, 자책이 함께 들어 있었다. 우리 네 사람은 어머니께서 싸주신 도시락을 들고 학교로 향했다. 평소보다 훨씬 이른 시간이었는데도 발걸음은 가벼웠다. 운동회는 먹기 위한 구실일 뿐 전혀 중요하지 않았다. 얼른 가서 그 음식들을 맛볼 생각에 발걸음이 저절로 빨라졌다. 길을 걸으면서도 나는 형이 든 보따리를 계속 쳐다보았다. 저 안에 든 것들은 과연 어떤 맛일까. 빨리 먹고 싶다. 오늘은 배부르게 먹을 수 있을까. 형도, 누나들도 마찬가지였을 것이다. 우리는 말없이 걸었지만, 마음은 모두 같은 곳을 향하고 있었다.

당시 입학 전이었던 나는 그늘에 앉아 운동회를 구경했다. 운동장은 사람들로 가득했다. 학생들, 선생님들, 학부모들. 만국기가 펄럭였고, 확성기에서는 요란한 음악이 흘러나왔다. 달리기, 줄다리기, 이어달리기. 아이들은 땀을 흘리며 뛰어다녔고, 관중석에서는 응원 소리가 터져 나왔다. 하하 호호 떠드는 소리가 운동장을 메웠다.

그러나 내 머릿속엔 그런 것들이 들어올 자리가 없었다.

그저 언제 끝나나, 점심시간은 대체 언제 오나. 오늘따라 시간이 참 더디구나…. 온통 먹을 생각뿐이었다. 달리기 시합을 봐도, 줄다리기를 봐도, 내 머릿속에는 어머니가 건네주신 도시락만 가득했다. 해가 왜 이렇게 천천히 움직이지? 나는 몇 번이고 하늘을 쳐다보았다.

그리고 마침내!

마침내 점심시간이 왔다. 확성기에서 점심시간을 알리는 방송이 나왔다. 그 순간부터 내 심장은 미친 듯이 뛰었다. 드디어! 드디어 먹을 수 있다! 아이들은 우르르 몰려가 자기 자리를 찾았다. 부모들이 펼쳐놓은 돗자리로, 준비해온 도시락이 있는 곳으로. 우리도 운동장 한쪽 그늘진 곳으로 갔다. 큰 나무 아래 구석진 곳에 자리를 잡았다. 형은 조심스럽게 보따리를 풀었다. 마지막 매듭이 풀리고, 누런 양은 도시락의 뚜껑을 열자 그 안에 든 것들이 모습을 드러냈다. 김밥과 잡채, 그리고 사이다. 동그랗게 썰린 김밥의 자태를 잊을 수 없다. 노란 당면에선 반질반질한 윤기가 흘렀다. 사이다가 든 초록 유리병 표면에는 물방울이 맺혀있었다.

"먹어라."

형이 먼저 김밥을 하나 집는 동시에 나도 얼른 김밥을 하나 입에 넣었다. 소금 친 보리밥에 단무지, 데친 시금치만 겨우 들어간,

> 나는 그 귀한 어묵을 조심스럽게 집어 먹었다. 쫄깃했다. 짭짤했다. 어묵 특유의 비린 맛이 났다. 그게 그리 좋았다. 말캉하고 쫄깃쫄깃한 당면을 입안 가득 우적우적 씹을 때는 눈가가 뜨거워졌다. 왜 눈물이 나려고 하는지 나도 몰랐다.

참으로 부실한 김밥이었다. 짭짤했다. 소금과 간장 맛이 났다. 단무지는 아삭아삭 씹혔고, 시금치는 질깃했다. 보리밥은 찰기가 없어 금세 흩어졌고 김은 고소했다. 입안에서 그 모든 것이 어우러졌다. 곧장 다음 김밥을 집었다. 멈출 수가 없었다.

큰누나는 잡채 그릇을 막내인 내 앞으로 밀어줬다.
"막내야, 이것도 먹어봐."
나는 젓가락으로 당면을 집었다. 길쭉하고 반투명한 당면이 젓가락에 휘감겼다. 기름기 때문인지 젓가락 새를 금세 빠져나가려는 당면을 보곤 얼른 입에 넣었다. 입에서 전율이 일었다. 고기, 버섯, 시금치, 양파, 당근 같은 색색의 재료가 한데 뒤섞여 푸짐한 맛으로 먹는 요즘 잡채와는 달랐다. 당시 고구마 녹말로 만든 당면은 비교적 저렴한 식재료였다. 어머니는 그 당면을 삶아서 간장으로 간을 하고, 아주 약간의 기름을 둘렀을 것이다. 간장 당면이라 불러도 무방할 정도였다.

그래도 그 속을 잘 뒤져보면 어묵 몇 가닥이 보석처럼 숨어있었다. 밀가루에 생선 향만 겨우 첨가해 만든 어묵. 그것도 몇 가닥뿐이었다. 나는 그 귀한 어묵을 조심스럽게 집어 먹었다. 쫄깃했다. 짭짤했다. 어묵 특유의 비린 맛이 났다. 그게 그리 좋았다. 말캉하고 쫄깃쫄깃한 당면을 입안 가득 우적우적 씹을 때는 눈가가 뜨거워졌다. 왜 눈물이 나려고 하는지 나도 몰랐다. 맛있어서? 줄어드는 음식이 아쉬워서? 이 맛있는 것들을 입에 넣을 수 있는 것이 마지막이다 싶어서? 아마 전부였을 것이다. 모든 감정이 뒤섞여 목구멍을 막았다. 나는 말없이 당면만 계속 씹었다.

형이 어금니로 사이다 뚜껑을 땄다. 탁! 소리와 함께 김이 뿜어져 나왔다. 그 순간 우리는 모두 숨을 죽였다. 병 입구에서 거품이 부글부글 올라왔다. 형이 먼저 한 모금 마시고는 나에게 병을 건넸다. 나는 처음 마셔보는 사이다병을 두 손으로 꼭 잡고는 병을 입에 댔다.

그야말로 신세계였다. 미지근한 액체가 입안으로 흘러들었다. 그 순간 입안에서 기포가 톡톡 터졌다. 혀가 간질거리고 목구멍이 따끔했다. 꾹 참고 삼키니 그제야 혀가 아릴 정도로 단맛이 느껴졌다. 어찌나 맛있던지 눈앞에 별이 보일 지경이었다. 이런 게 세상에 존재한다니. 이렇게나 맛있는 게 있다니! 나는 한 모금 더 마셨다. 또 톡톡 터졌다. 또 따끔했다. 기분이 좋아져 저절로 웃음이 나왔다. 우리는 그저 묵묵히 먹었다. 하나 남은 김밥을 두고는 누가 먼저랄 것 없이 서로에게 양보했다.

"너 먹어."

"언니가 먹어."

"형이 더 먹어."

"막내를 주자."

참으로 자랑할 만한 우애였다.

지금 생각해보면 부실하기 짝이 없는 음식들이다. 딱히 재료랄 것도 없었으며 맛도 딱 그만큼 단조로웠다. 그러나 당시 우리 집 상황에서는 분에 넘치는 음식이었다. 철없는 나이였음에도 걱정이 될 정도였다. 우리가 이런 걸 먹어도 되나 싶었던 것이다. 그런 걱정이 들면서도 한편으로는 너무나도 행복했다. 그 순간만큼은 세상 모든 것을 가진 것 같았다. 배고픔도, 가난도, 강냉이죽도 모두 잊었다. 지금 이 순간, 내 손에는 사이다가 있고, 내 앞에는 김밥과 잡채가 있고, 내 옆에는 형제들이 있었다. 이 시간이 영원히 계속됐으면 좋겠다고 생각했다.

배가 부르니까 다른 것들이 보이기 시작했다. 사람들의 웃음소리, 높은 하늘에 뜬 하얀 뭉게구름, 삽상한 바람에 흔들리는 만국기…. 해가 조금씩 기울 무렵, 운동회가 끝났다. 집으로 돌아가는 길, 속이 뜨끈하고 묵직했다. 내 배 속에, 내 몸 안에 무언가가 가득 차 있었다. 태어나 처음 느껴보는 만족감이었다.

집에 도착하자 어머니가 문 앞에 서 계셨다.

빈 도시락통을 본 어머니는 아무 말 없이 내 머리를 쓰다듬으셨다. 그날 저녁은 역시 굶어야 했다. 당연히 불평하지 않았다. 오히려 감사했다. 점심에 그렇게 맛있는 걸 먹었는데, 저녁까지 바라는 건 염치가 없었다. 나는 그날 잠들기 전까지도 볼이 발개진 채 기쁨에 상기되어 있었다. 내 인생 최초의 행복이었다.

우리나라 사람은 언제 가장 행복할까?

한 칼럼을 보니, 자녀가 명문대에 합격했을 때, 생애 처음으로 내 집을 마련했을 때, 해외여행에 가서 색다른 풍경들을 마주했을 때…. 보통 이런 때를 행복한 순간으로 꼽았다고 한다. 분명 행복한 순간들임은 인정하나 그런 일이 일생에 몇 번이나 있을까? 그것들만 행복이라고 정의한다면, 어쩌면 우리는 평생 불행하기로 작정한 것인지 모르겠다.

한때 '소확행', 소소하지만 확실한 행복이라는 말이 유행했다. 행복의 척도는 강도가 아니라 빈도라서 작고 소소한 것에서부터 행복을 찾아야 한다는 것이다. 그러려면 훈련이 필요하다. 행복할 수 있는 힘은 거저 주어지는 것이 아니라 길러가야 하기 때문이다. 너무 큰 기쁨만 찾으려고 애써온 사람일수록 마음까지 반짝거릴 기쁨의 순간이 좀처럼 떠오르지를 않는다. 떨어진 빗방울이 시원해서, 기다리던 버스가 일찍 도착해서, 우연히 맛집을 발견해서…. 이렇게 작심하고 기뻐하다 보면 행복은 저절로 찾아올 것이다. 불행한 사람은 고통을 겪는 사람이 아니라, 기쁨을 제대로 느끼지 못하는 사람인 것이다.

그러나 말처럼 쉽지 않다. 하루에 한 번 작심하고 기뻐하려고 해도 딱히 좋았던 것들이 떠오르지 않는다. 그럴 때 나는 추억의 힘을 빌린다.

1967년 가을, 부엌에서 풍겨오던 구수한 냄새, 어머니가 입에 넣어줬던 보리 주먹밥, 묵직했던 양은 도시락, 형제들과 함께 학교로 향하던 길, 감천국민학교의 가을 운동회, 운동장 한쪽 그늘 아래서 먹었던 그 속이 부실한 김밥, 어묵만 몇 가닥이 섞여 있던 간장 당면, 톡 쏘는 사이다…. 엊그제 일도 까맣게 잊어버리기 일쑤인데 저 장면만큼은 또렷이 각인되어 있으니, 참 신기한 일이 아닌가. 추억은 세월이 흐르면서 조금씩 색이 바랠 수는 있으나, 그것이 영영 사라지는 법은 없다. 그날의 기억은 약 60여 년이 흐른 지금까지도, 나에게 행복이라는 든든한 포만감을 안겨주는 추억이 됐다.

현재(ⓒ 이남동)

▶ 1970년대의 내고향 감천동(ⓒ 최민식)

1부 • 유년기 • 47

08.
세상에 없는 아이

　　1960년대에는 생의 불씨가 참 쉽게도 꺼졌다. 가난, 굶주림, 병이라는 바람이 한 번씩 들이닥치면, 그 작은 불씨는 순간 연기가 돼 허공에 흩어졌다. 당시 우리나라의 평균 수명은 약 51세에서 53.7세. '인생은 육십부터'라고 입을 모으는 요즘 같아서는 어느 시골 마을의 청년회장도 못 될 나이다. 51이라는 숫자는 자료에 따른 통계에 의한 것이므로, 출생신고를 마치지 못한 채 세상을 뜬 아이들을 합치면 숫자는 아마 더 내려갈 것이다.

　　우리 풍습 중에 '백일잔치'가 있다. '백일'이라는 것은, 크게 보면 이것에서 저것으로 넘어가는 시간과 과정이며 작게는 어떤 다짐이 무르익거나 완성되는 지점이다. 가난했던 과거, '백일잔치'란 아기가 사망이라는 선을 넘어 생의 경계로 들어온 것을 축하하는 자리였다. 예방 접종이나 의료 시설, 영양 섭취가 부족했던 과거에는 영아 사망률이 무척이나 높았고, 아기가 살아서 백일을 채웠다는 것은 죽음의 공포에서 벗어났다는 것을 뜻했다. 부모들은 대개 백일이나 돌이 지날 무렵까지 자식의 출생신고를 미뤘다. 학교에 갈 나이인데도 출생신고가 되어 있지 않은 경우도 파다했다. 나 역시 거기에 속했다. 하루 벌어 하루 먹고 살 정도로 생계가 버거웠던 우리 집은 미처 막내의 출생신고를 챙길 겨를이 없었기 때문이다. 당장 오늘 먹을 것이, 내일 일할 곳이 급급했다.

그래서 나는 아홉 살이 되던 해까지 없는 아이였다.
이 세상에 존재하는 동시에 존재하지 않았다. 호적에도, 주민등록부에도, 어디에도 내 이름은 없었다. 그 때문에 나는 학교에 입학할 수 없었다. 형, 누나들이 학교에 가기 위해 집을 나설 때마다, 나는 대문 앞에 서서 그들의 뒷모습만 눈으로 좇았다. 그 뒷모습이 골목 끝을 돌아 사라지면 순식간에 텅 빈 집에 홀로 남는 것이다. 어머니는 아침 일찍 일터에 나가셨고 아버지는 마른기침을 토하며 누워계셨다. 하루가 무척이나 길었다. 동네에서 함께 어울리던 아이들도 다 학교에 갔으니 손바닥을 맞부딪힐 사람도, 할 일도 없었다. 나뭇가지를 주워 흙바닥에 그림 그리기, 돌 조각을 모아 성처럼 쌓아 올리기, 버려진 깡통으로 공놀이하기… 그렇게 하릴없이 동네를 쏘다니는 게 일과였다.

해가 다 질 때쯤 돌아온 어머니는 먼지와 흙이 뒤범벅된 내 얼굴과 된 손을 씻기며 "오늘 뭐 했나?" 물으셨는데, 나는 그때마다

"그냥."하고 짧게 대답했다. 그냥이라는 두 글자 속에 아무것도 할 수 없던 나의 하루가 통째로 들어있었다. 늦게나마 학교에 가려면 나의 존재를 증명할 여러 서류가 필요했다. 그러나 병원 기록은 물론 산파의 확인서조차 구할 수 없었다. 결국 나를 증명할 수 있는 것은 사람들의 기억뿐이었다. 마을 어르신들께서 인우보증, 즉 신원보증서를 작성해준 덕분에 나는 학교에 입학할 수 있었다. 내 나이, 아홉 살이었다.

'아이야 뛰지 마라 배 꺼질라.' 가수 진성의 노래 〈보릿고개〉의 애달픈 첫 소절이다. 주린 배 잡고 물 한 바가지로 배 채우던 그 세월에 대한 회한이 담겨있으니 과연 절창일 수밖에 없다. 그리고 저 가사는 국민학교 시절, 어른들에게 가장 많이 듣던 말 가운데 하나였다. 학교에 가면 주린 배도 잊고 뛰어다녔다. 뱃속에서 나던 벼락 치는 소리도 아이들의 웃음소리에 묻히기 일쑤였다. 그렇게 오전 시간을 신나게 보내고 나면 점심시간에는 기력이 없었다. 도시락을 싸 올 수 없는 형편의 아이들은 수돗가로 나가서 볼록한 올챙이 배가 될 때까지 물로 배를 채웠다. 그런 아이들에게도 가끔 세상의 단맛이 허락되는 날이 있었다. 미국에서 보내온 구호물자로 만든 옥수수빵이 배급되던 날이었다. 그 시절, 학교에 다니던 사람들이 공유하는 아련한 추억일 것이다.

일주일에 두 번, 정해지지 않은 날에 옥수수빵이 배송돼왔다.

선생님이 큰 자루를 들고 교실에 들어오시면 아이들의 눈빛이 달라졌다. 모두가 그 자루를 응시하며 숨소리조차 죽였다. 빵은 무작위로 주어졌다. 모두에게 돌아갈 수는 없었다. 빵의 개수가 절대적으로 부족했기 때문이다. 당시 한 반에 약 70명 정도의 아이들이 있었는데, 빵은 고작 스무 개 남짓뿐이었다. 분단마다 네다섯 개 정도. 운이 트인 아이만 받을 수 있었다.

"눈 감아라." 선생님이 신호탄을 쏘아 올리면 우리는 일제히 눈을 감았다. 눈을 감으니 귀는 더 예민해졌다. 선생님의 발소리가 들렸다. 책상 사이를 지나가는 소리. 그리고 무언가를 책상 위에 툭 내려놓는 소리. 누군가의 책상에 빵이 놓인 것이다. 누구지? 나일까? 나는 눈을 감은 채 간절히 기도했다. 제발 내 책상 위에 빵이 놓여 있게 해주세요. 제발요. 단 한 번만이라도요. 가슴이 두근거렸다. 온몸의 피가 심장으로 모이는 것 같았다. 쿵쾅쿵쾅 심장 소리가 귀에 들릴 정도였다. 손에 땀이 나서 주먹을 꽉 쥐었다. 선생님의 발소리가 점점 가까워졌다. 내 쪽으로 오시는 것 같았다. 가까이, 더 가까이. 내 책상 바로 앞. 나는 숨을 멈췄다.

"눈 떠라." 선생님의 말씀이 떨어지자마자 나는 재빨리 눈을 뜨고 내 책상을 봤다. 아무것도 없는 빈 책상이었다. 옆을 봤다. 짝꿍의 책상 위에는 노란색 빵이 놓여 있었다. 그 아이는 빵을 움켜쥐고 세상을 다 가진 듯 웃었다.

그렇게 일주일에 두 번, 몇 달 동안, 나는 내 책상 위에 옥수수빵이 놓여 있길 간절히 기도했다. 그러나 불행하게도, 학교를 졸업할 때까지 단 한 번도 그런 일은 일어나지 않았다. 확률의 문제였다. 70명 중 열몇 명. 확률 자체가 낮았다. 그러나 그 시간 동안 단 한 번도 빵을 받지 못했다는 것은, 지금 생각해도 참 희한한 일이 아닐 수 없다.

몇몇 행운아들이 빵을 먹는 모습을 나는 그저 지켜볼 수밖에 없었다. 옆자리 친구는 빵에 대뜸 코를 박고 냄새를 맡았다. 그리고는 한 입 크게 베어 물었다. 그 장면을 지켜보는 내 입안에는 군침이 가득 고였다. 저 빵은 무슨 맛일까? 달까? 고소할까? 부드러울까? 어머니가 가져오신 빵보다 더 맛있을까? 온갖 상상을 했다. 그러나 상상만으로는 배가 차지 않았다. 한 입만 달라고, 아주 적게 먹을 테니 딱 한 입만 달라고 눈물로 애원하고 싶었다. 그러나 끝내 그 말은 나오지 않았다. 이 아이 역시 빵 한 조각이 절실하다는 것을, 이 아이도 나처럼 배가 고프다는 것을, 이 아이에게도 지금 받은 빵이 유일한 끼니일 수 있다는 것을 그 어린 나이에도 알고 있었기 때문이다. 그래서 그저 지켜보기만 했다. 책상 위에 떨어진 빵 부스러기를 보고 저거라도 내가 먹으면 안 될까, 그런 생각까지 했다.

지금도 나는 그때 그 옥수수빵이 무슨 맛인지 모른다. 그저, 옥수수 맛이었겠지. 강냉이죽과 비슷했을지도 모르지. 죽보다는 조금 더 달지 않았을까. 퍽퍽하지만 씹는 맛이 있었겠지…. 그런 상상을 할 뿐이다.

빵을 받지 못한 채 터덜터덜 집으로 걸어가는 길…. 그날은 유난히 배가 고팠다. 아침에 먹은 강냉이죽 한 그릇은 뱃속에서 사라진 지 오래였다. 나는 기운 없이 땅만 보며 길가를 걷다가, 신작로에 떨어진 무언가를 발견했다. 주홍색. 선명한 주홍색이 길바닥에 떨어져 있었다. 나는 걸음을 멈췄다. 쪼그리고 앉아 그것을 가까이 들여다봤다. 꼭 헝겊처럼 생긴 조각. 울퉁불퉁하고, 주홍색. 나는 그걸 주워들었다. 안쪽은 바깥쪽보다 연한 색을 띠었다. 난생처음 맡아보는 싱그럽고 상큼한 내음이 퍼졌다. 아무래도 누가 먹고 버린 과일 껍질 같았다. 나는 그 껍질에 코를 박고 숨을 깊게 들이마셨다. 이게 뭘까? 무척 궁금했다. 정체는 모르지만, 그 색과 향이 꽤 마음에 들었다. 그래서 그걸 까까머리 위에 올리고 어깨춤을 추며 집으로 향했다. 내 머리보다 한참 작은 주홍색 모자였다.

부엌에 계시는 어머니께 달려가 물었다.

"엄마, 이거 뭐야?"

나는 머리에서 주홍 모자를 내려 어머니께 보여드렸다. 어머니는 막내의 엉뚱한 행동에 조용히 웃으셨다.

"귤이다. 과일이야."

"귤?"
"응. 겨울에 나는 과일이란다. 남쪽 따뜻한 곳에서 자라지."
"이걸 먹는 거야?"
"그래. 그 껍질을 벗기면 속에 과육이 있어. 그걸 먹는 거야."
"무슨 맛이야?"
"달고 새콤해. 물이 많이 들어있어서 시원하기도 하고."

나는 눈을 반짝였다.
"먹어보고 싶어."
어머니는 내 얼굴을 보셨다. 어린 아들의 간절한 눈빛을 읽으셨을 것이다. 어머니는 아무 말 없이 고개를 끄덕이시곤 어디론가 나가셨다. 나는 부엌에 앉아 어머니를 기다렸다. 손에 든 귤 껍데기의 냄새를 맡고 또 맡았다. 이 속에 먹을 것이 들어있었다는 게 신기했다. 달고 새콤하다니. 어떤 맛일까. 상상이 되지 않았다.

어머니는 한참 후에나 돌아오셨다. 손에 무언가를 들고 계셨다. 귤이었다. 그러나 말쑥한 귤이 아니었다. 껍질이 일부 무르고, 색이 변한 부분이 있었다. 상한 귤이었다. 시장 어디선가 얻어오신 것 같았다. 상한 귤이라도 감사했다. 귤을 먹어볼 수 있다는 것만으로도 들떠서 어쩔 줄을 몰랐다. 어머니는 내 옆에 앉으시곤 그 귤의 껍질을 벗기기 시작하셨다. 손톱으로 껍질에 흠집을 내고, 천천히 벗겨냈다. 정성스럽게, 조심스럽게. 무른 부분은 피하시

> *상한 귤 하나. 처음 맛본 귤의 맛이었다. 밤에 잠자리에 누워서도, 나는 귤 생각을 했다. 언젠가 다시 먹을 수 있을까? 상하지 않은, 싱싱한 귤을 통으로 몇 개쯤 먹어 볼 수 있을까?*

고, 멀쩡한 부분만 찾으셨다. 껍질이 다 벗겨지자, 안에서 노란빛을 띤 과육이 드러났다. 싱그러운 향이 확 퍼졌다. 동시에 입 안에 침이 고였다. 어머니는 조각 하나를 떼어내 내 입에 넣어주셨다.

혀 위에 귤이 닿았다. 처음에는 껍질의 얇은 막이 느껴졌다. 약간 질겼다. 살짝 세게 씹자, 그 안에서 즙이 터져 나왔다. 와! 입안 가득 달콤하고 새콤한 맛이 퍼졌다. 과즙이 혀 위에서, 입천장에, 볼 안쪽에 닿았다. 시원하고 청량했다. 이 맛을 계속 느끼고 싶었다. 목구멍으로 다 넘어간 후에도, 입안에는 여운이 남았다.

상한 귤 하나. 처음 맛본 귤의 맛이었다. 밤에 잠자리에 누워서도, 나는 귤 생각을 했다. 언젠가 다시 먹을 수 있을까? 상하지 않은, 싱싱한 귤을 통으로 몇 개쯤 먹어 볼 수 있을까? 꿈같은 이야기였지만 꿈이라도 꿔야 덜 배고픈 시절이었다. 비록 옥수수빵은 내 앞에 놓여 있지 않았지만, 귤 껍데기 하나는 내 앞에 떨어져 있었다. 지나온 삶이 늘 그랬던 것 같다. 간절히 바라면 세상은 늘 그 비슷한 무언가라도 내줬다. 그래서 어떤 역경이 와도 이 삶을 포기할 수가 없었다.

다음 날 학교에 간 나는 마치 무용담을 늘어놓듯 친구들에게 귤의 맛을 떠벌렸다.
"그건 말이다, 처음엔 아주 시큼한데, 나중엔 설탕처럼 달아지더라."
나는 그렇게 조금씩, 세상과 인생의 맛을 알아갔다.

09.
거울 저편의 누님들

'관상'이라는 게 있다. 생김새 그 자체나 생김새로 사람의 기질을 파악하는, 일종의 점술을 말한다. 그렇다면 좋은 관상을 가진 사람은 어떤 사람일까. 낯선 거리에 서 있는 수많은 사람 가운데 '아, 저 사람에게 길을 물어보면 잘 가르쳐줄 것 같다.'라는 느낌을 주는 사람이 좋은 관상을 가진 사람이라고, 어느 관상가의 인터뷰에서 본 적이 있다.

'길을 묻고 싶은 사람'이란 따뜻하고 너그러운 기운이 느껴지는 사람일 것이다. 사주보다 좋은 것이 관상이고, 그보다 더 좋은 것이 심상心相이다. 그 기운은 평생 고운 생각을 하며 잘 살아온 사람만이 가질 수 있는 아우라일지도 모르겠다. 그러고 보면 사람은 생긴 대로 사는 게 아니라 사는 대로 생기는 게 아닌가 싶다. 어제의 마음이 오늘의 얼굴을 만들고 오늘의 마음이 내일의 얼굴을 만드는 것이다.

> 어떤 날은 새빨간 코피까지 쏟았다. 깜짝 놀란 나는 허둥지둥 물수건을 찾아와 큰 누나의 코 아래 대어주며 훌쩍거렸다. 누나는 아무렇지 않은 듯 나를 달래며 웃었다.

거울을 통해 오늘의 얼굴을 들여다본다. 이마와 눈가의 주름이 깊다. 언제 이렇게 나이를 먹었나 싶다. 새겨진 주름이 켜켜이 쌓인 세월의 흔적이라 생각하니 영 싫지만은 않다. 웃었던 날들, 울었던 날들, 고민했던 날들, 버텼던 날들… 모든 날이 이 안에 담겨 있는 것이다. 조금 더 멀리서 보니, 내 얼굴에서 어머니의 모습도 보인다. 눈의 생김새, 입술의 윤곽, 이마의 모양…. 갈수록 어머니를 빼닮아간다. 그리고 그 속에서는 누나들의 얼굴도 발견할 수 있다. 우리는 같은 피를 나눴고, 같은 상황에서 자랐고, 같은 가난을 견뎠으니 거푸집 일 수밖에 없다.

나와 여섯 살 터울의 큰 누나와 세 살 터울의 작은 누나는, 가족의 생계를 책임지는 동시에 살림까지 도맡아야 했던 어머니의 생활력을 그대로 물려받은 인물들이었다. 비단 우리 집 경우만은 아니었다. 당시에는 가족의 생존을 위한 여성들의 저력이 대단했다. 어린 소녀도 목판을 걸고 시장을 누볐고, 젊은 엄마는 젖먹이를 안고 시장으로 나왔다. '시장에 가면 전부 여인네뿐'이라는 말이 있을 정도로, 서민 여성은 생계 활동의 일선으로 나서야 했다. 옷 가지 하나, 곡식 한 됫박, 배추 한 포기라도 팔아서 곤궁한 생활을 꾸려가야 했다. 우리 집 여인들도 마찬가지였다.

당시 부산에는 봉제 공장이 많았다. 수출용 옷을 만드는 공장이었다. 처음에는 실밥 정리, 단추 달기, 포장 같은 일을 하다가 일정의 경력을 쌓으면 미싱을 배울 수 있었다. 미싱사가 되면 임금이 조금 더 나왔다. 봉제 공장을 포함한 당시의 여성 노동자들, 특히 미싱사나 단순 생산직 노동자들은 매달 만 원에서 이만 원 남짓한 매우 낮은 수준의 임금을 받았다.

장시간 고강도 노동. 누나들은 매일 새벽 일찍 출근해서 밤늦게 퇴근했다. 쉬는 날은 일요일 하루뿐. 그나마도 일감이 밀리면 나가야 했다. 창문조차 없는 공장은 늘 실밥 가루와 먼지가 뿌옇게 떠다닌다고 했다. 그걸 들이마시며 종일 허리를 구부린 채 미싱을 돌리는 일은 보통 중노동이 아니었을 것이다. 바늘이 빠르게 움직이니 순간 집중력을 잃으면 손을 다쳤다. 누나들의 손은 늘 자잘한 상처와 상처가 덧난 흉터로 가득했다. 어떤 날은 새빨간 코피까지 쏟았다. 깜짝 놀란 나는 허둥지둥 물수건을 찾아와 큰 누나의 코 아래 대어주며 훌쩍거렸다. 누나는 아무렇지 않은 듯 나를 달래며 웃었다.

누나들의 땀과 피로 얼룩진 이만 원 남짓의 돈. 지금 기준으로 생각하면 말도 안 되는 액수지만 당시에는 무척이나 귀한 돈이었다. 누나들이 월급을 타는 날에는 쌀 한 가마니가 부엌 한쪽에 놓여 있기도 했다. 쌀! 강냉이죽이 아닌, 진짜 쌀! 보석처럼 하얀 쌀알들이 가득 찬 가마니. 그것을 보는 것만으로도 마음이 든든했다. 당분간은 밥을 먹을 수 있었다.

어머니는 그 쌀을 살뜰히 씻었다. 커다란 대야에 찬물을 부어 여러 번 씻었다. 탁했던 물이 조금씩 맑아졌다. 어머니의 손길이 유난히 정성스러웠다. 단 한 톨도 놓치지 않으려고 조심 또 조심하셨다. 가마솥에 불린 쌀을 안치고 불을 지폈다. 기다리다 보면 보글보글 물이 끓어오르며 김이 새어 나왔다. 어느새 부엌이 밥 냄새로 가득했다. 강냉이죽 냄새와는 차원이 달랐다. 구수하고 따뜻한 냄새. 입안에 저절로 침이 고였다. 뜸 들이는 시간이 가장 괴로웠다.

밥상이 차려졌다. 밥그릇에 하얀 쌀밥이 수북하게 담겼다. 뜨거운 김이 모락모락 피어올랐다. 반찬은 간장뿐이었지만 아무 상관이 없었다. 쌀밥만으로도 충분했다. 밥알이 입안에서 터졌다. 쫀득쫀득 씹혔다. 강냉이죽처럼 묽지도, 쿰쿰한 냄새도 나지 않았다. 찰진 밥알 하나하나가 느껴졌다. 고소하고 달았다. 한 숟가락, 또 한 숟가락. 씹을수록 밥의 단맛은 짙어졌고 그 단맛 속에서 지

▶ 어머니의 칠순잔치때 모습(누나들과 함께 한 유일하게 남아있는 사진이다.)

금껏 삼켜온 모든 허기가 녹아내렸다. 뜨끈한 쌀밥 위에 간장도 둘렀다. 간장이 밥 위로 스며들며 검은색과 하얀색이 뒤섞였다. 간장의 짭짤함과 밥의 단맛이 잘 어우러졌다. 쌀밥이라는 것은 세상에서 가장 황홀한 음식이었다.

누나들 덕에 하루에 한 끼, 밥은 먹고 다닐 수 있었다. 그러나 하루 세끼는 여전히 사치였다. 아침에 밥을 먹으면 점심에는 굶고, 점심을 먹으면 저녁 식사는 굶었다. 지금 먹는 밥이 첫 끼이자 마지막 끼니가 될 것이 분명하다고 생각하니 자연스레 식탐이 생겼다. 철없는 욕심이 생겼다. 한 그릇을 다 먹고도 배가 고팠다.

조금만 더 그 맛을 느끼고 싶었지만, 감히 더 달라는 말은 입 밖으로 꺼낼 수 없었다. 다른 식구들도 다 나처럼 배가 고팠을 테니까. 그래서 나는 꾀를 부리기 시작했다.

가마솥 밑바닥에 눌어붙은 밥, 구석에 남은 밥. 아침에 지은 밥이 이렇게 조금 남는 날이 있었다. 나는 식구들이 다 자리를 뜨면, 까치발을 뜨고 부엌으로 갔다. 소리가 나지 않도록 조심조심 가마솥의 뚜껑을 열었다. 밥주걱으로 밑바닥을 긁었다. 보기에도 구수한 누룽지가 박박 긁혔다. 구석에 남은 밥도 죄다 긁어모았다. 한 숟가락, 두 숟가락. 그것을 밥공기에 소중히 담은 후 식구들 몰래 집 뒤편으로 갔다. 거기에는 돌담이 있었고, 그 돌담에는 어린애 두 주먹 크기의 틈새가 있었다. 나는 그 틈새에 밥공기를 숨긴 후 돌로 가렸다. 어떨 땐 나뭇가지로 그 위를 덮기도 했다. 그저 쌀밥 한 공기가 고팠던 꼬마의 치밀한 완전범죄였다.

학교에 가서도 온통 숨겨둔 보물 생각뿐이었다. 학교를 마치는 종이 치자마자 집 뒤편으로 달렸다. 몇 달 못 본 친구보다 더 반가운 쌀밥을 보며 나 없는 동안 잘 있었느냐고 인사까지 건넸다. 그리고는 아무도 모르게 숨어서 그 쌀밥을 야금야금 독차지했다. 내 입에 들어가는 것밖에는 몰랐던, 참으로 철없는 시기였다. 지금은 웃으며 이야기하는 추억이 됐지만, 여전히 참 부끄럽고 한편으로는 그때의 내가 너무나도 안쓰럽다.

누나들은 결혼해 각자의 가정을 꾸리기까지 물심양면으로 가족을 도왔다. 어린 나이에 학업을 그만두고, 공장에 나가고 코피를 쏟으며 일하며 자신의 청춘을 가족을 위해 바쳤다. 남은 삶이라도 자신을 우선하며 살아가길 바랐다. 누나들도 각자의 가정을 꾸렸으니 이제는 그곳에 충실해야 했다. 나는 한동안 또다시 밥을 굶어야 했지만, 누나들을 단 한 번도 원망하지 않았다. 그들이 흘린 땀과 피가 나를 키웠다. 그들 덕분에 먹은 쌀밥이 나를 살렸다.

거울 속에 보이는 내 얼굴에서 누나들의 모습을 발견한다. 그들의 희생이, 그들의 사랑이, 그들의 눈물이 내 얼굴에 고스란히 담겨있다. 이 글을 빌어, 큰 누님과 이미 세상을 뜬 작은 누님에게 작은 마음을 전하고 싶다.

고마웠습니다.
덕분에 내가 이렇게 잘 익어가고 있습니다.
세월이 흘러도, 나는 여전히 누님들의 막내입니다.

10.
벌레 먹은 잎의 사랑

나뭇잎이 벌레 먹어서 예쁘다
남을 먹여가며 살았단 흔적은 별처럼 아름답다

　수년 전 교보문고 광화문점이 있는 교보생명 광화문 글판에 실렸던 시인 이생진 선생의 〈벌레 먹은 나뭇잎〉 속 구절이다. 식물학자들이 말하길, 나무가 나뭇잎 열 장을 내면 그 가운데 두어 장 정도는 벌레에게 내어준다고 한다. 그렇게 주는 법을 아는 나무가 성장에도 더 유리하단다. 모난 흠집이 아름다운 건 벌레 먹은 잎사귀만은 아니다.

　세상 모든 자식은 어머니의 삶을 야금야금 갉아 먹고 자란다. 득실 한 번 따져볼 생각도 하지 않고 자식들에게 모든 것을 내어줬던 어머니. 다 주고도 더 주지 못해 애태우던 어머니. 자식 걱정으로 긴 하루를 빼곡하게 채우시던 어머니…. 벌레 먹은 나뭇잎

> **"아무리 가난해도, 아무리 배가 고파도, 늘 정직하게 살아야 한다. 성실하게 살아야 한다. 그것이 사람이 사람답게 사는 길이고 늘 다져야 할 근본이다."** 어머니는 늘 힘주어 말씀하셨고 더 나아가 평생을 몸소 보여주셨다.

처럼, 우리 어머니의 주름진 얼굴도, 검버섯 핀 손도, 굽은 어깨도 별처럼 아름다웠다.

어머니께서는 어린 자식들에게 늘 두 가지 덕목을 강조하셨다. '정직'과 '성실'…. 그것이 어머니의 교육 철학이었다. 학교 근처에도 가보지 못한 어머니가 생을 살아내며 가장 중요하다고 깨달은 가치들인 것이다. "아무리 가난해도, 아무리 배가 고파도, 늘 정직하게 살아야 한다. 성실하게 살아야 한다. 그것이 사람이 사람답게 사는 길이고 늘 다져야 할 근본이다." 어머니는 늘 힘주어 말씀하셨고 더 나아가 평생을 몸소 보여주셨다.

어머니가 정의하는 '정직'은 단순히 '거짓말을 하지 않는 것'이 아니라, 더 깊은 의미를 망라했다. 예컨대, 내가 틀렸음을 인정할 수 있는 용기나 실수를 감추지 않고 바로잡으려 하는 마음. 불찰을 발뺌하지 않는 태도. 비겁하게 도망치지 않고 책임지는 자세. 이런 것들이 모두 어머니가 말하는 '정직'에 포함됐다. 어머니는 평소 자식들에게 따뜻하고 다정한 분이셨지만 위에 말한 가치들을 짓밟을 땐, 호랑이처럼 돌변하셨다.

늘 그랬듯 허기에 몸부림치던 여느 날, 당장 밥을 넣으라고 호통치는 뱃속을 물로 달래며 생각했다. '아, 빵 하나 먹었으면 소원이 없겠다.' 천장에 둥근 빵이 두둥실 떠다니는 것 같았다. '우리 집은 왜 이렇게 가난할까. 왜 돈이 없을까. 세상의 그 수많은 돈은 누가 가지고 있는 걸까.' 서러운 생각이 꼬리에 꼬리를 물며 지겹도록 이어질 때, 한 장면이 번뜩 떠올랐다.

얼마 전, 어머니께서 작은 주머니에 십 원 동전들을 넣어 두셨던 장면. 여기저기서 조금씩 모은 동전이었을 것이다. 나는 꼭 뭐에 홀린 것처럼 그 주머니를 찾기 시작했다. 작은 방을 뒤져 그것을 찾아내는 건 누워서 떡 먹는 일보다 배는 쉬웠다. 낡은 서랍 한구석에 놓여 있던 주머니. 나는 거기에서 십 원 동전 다섯 닢을 훔쳤다. 손이 떨렸다. 심장이 두근거렸다. 나쁜 짓이라는 것을 알았다. 그러나 허기는 결국 양심을 이겼다. 그 길로 마을 구멍가게에 달려갔다. 겨우 다섯 개밖에 안 되는 동전이 유난히 무거웠다. 심장이 세게 뛰어서인지 유독 숨이 찼다.

진열대에서 빵 하나를 골랐다. 평소에는 구경하기도 힘든 흰 우유도 하나 집었다. 주머니에서 동전을 꺼내 주인아주머니께 건네는데 손이 어찌나 떨리던지 동전이 바닥에 떨어질 뻔했다. '이 돈 어디서 났나?' 아주머니가 돈의 출처를 궁금해하기 전에 재빨리 가게 밖으로 도망쳐 나왔다. 그리고는 인적이 드문 집 뒤편으로 가 빵 포장지를 뜯기 시작했다. 참으로 오랜만에 먹은 빵은 여전히 보들보들 부드러워 보였다. 그러나 맛은 제대로 느껴지지 않았다. 아니, 맛을 느낄 여유가 없었다는 말이 더 정확할 것이다.

태어나 처음으로 저지른 나쁜 짓. 어린 소년의 가슴을 가득 메운 죄책감은 혀까지 둔하게 만들었다. 혀가 제 임무를 다하지 못하니 그날의 빵은 그저 배를 채우는 무언가에 불과했다. 기계적으로 씹고 삼켰다. 배도 묵직하고 가슴 부근 어딘가도 꼭 무거운 바위에 짓눌린 것처럼 무거웠다. 생애 처음 진하게 맛본 '후회'의 무게였다. 왜 그랬을까. 도둑도 아닌데 왜 돈을 훔쳤을까. 조금만 더 참을걸. 평소처럼 물이나 마실걸. 차라리 어머니께 빵이 먹고 싶다고 솔직하게 말씀드릴걸. 그러나 후회는 언제나 판단보다 늦다. 이미 동전은 사라져 내 뱃속에 들어가 있었다.

그날 저녁 일터에서 돌아오신 어머니의 눈을 나는 똑바로 쳐다보지 못했다. 평소 같았다면 어머니의 기척이 들리자마자 방문을 열고 뛰어나가 반겼을 것을 방구석에 고개를 숙이고 앉아있는 것으로 대신했다. 심장이 미친 듯이 쿵쾅거렸다. 누가 내 가슴 위에서 뜀박질하는 것 같았다. 어머니가 서랍을 열면 어쩌지. 동전이 없어진 걸 알아채시면 어쩌지. 상상만으로도 손발이 다 차가워졌다. 그러다가 너무 괴로워지면 문제의 현실을 외면한 채 막연한 희망에 의존하는 것이다. 아니야, 무사히 넘어갈 수도 있어. 어머니께서 거기에 동전을 두었다는 걸 깜빡 잊으셨을 수도 있지. 물론, 말도 안 되는 도피였다. 동전 한 닢이 아쉽지 않은 집이라면 모를까, 가뜩이나 없는 살림에 차곡차곡 모아둔 동전들이 사라졌으니 어머니께서 상황을 알아채시는 건 시간문제였다. 도둑질한 걸 들키지 않는 것이 불가능에 가깝다는 것을 깨달은 철없는 아이는 두 번째 희망 시나리오를 구상했다. 가엾고 애처로운 막내아들이 굶주림에 시달리다가 저지른 짓이겠거니, 자식을 키우다 보면, 의례 한 번쯤 겪는 일이겠거니 대수롭지 않게 넘어가 주실 수도 있지 않을까, 라는 깜찍하고도 약아 빠진 상상이었다.

그러나 우리 어머니가 어떤 분이신가. 어린 아들이 긍정을 회피의 수단으로 쓰는 걸 가만히 보고 계실 분이 아니셨다. 어머니는 평소와 다름없이 행동하셨다. 먼지 쌓인 작은 방을 걸레로 훔쳐내고 부엌으로 가 강냉이죽을 쑤셨다. 평소처럼 나를 불러 앉혀 죽을 퍼주셨고 내가 먹는 모습을 지켜보셨다. 나는 숟가락을 들었지만 제대로 먹을 수가 없었다. 아까 먹은 빵이 목구멍에 걸려 내려가지 않은 것이다. 그러니 이 묽은 죽도 도통 넘어가지를 않았다. 어머니의 시선이 느껴졌다. 미간에 주름 하나 안 잡힌 평온한 표정이셨지만 꼭 무언의 꾸짖음처럼 느껴졌다. 그리고 그날 밤, 어머니께서 입을 여셨다.

"막내야."
"…예."
"오늘 뭐 했나?"

평소 자주 듣던 일상적인 물음이었지만 그날은 사뭇 다른 느낌으로 다가왔다. 지금이라도 네가 벌인 나쁜 짓을 털어놓으라고 다그치시는 것 같았다. 그러나 철없던 나는 당장 혼날 것이 두려워, 시치미를 뚝 떼고 평소와 같은 대답을 내놓았다.

"그냥…."

어머니는 잠시 침묵하시곤 다시 물으셨다.

"가져간 돈으로 무얼 했냐는 말이다."

순간, 세상이 멈춘 것 같았다. 기어코 숨기려던 나의 죄를 어머니는 이미 다 알고 계셨던 것이다. 두려움에 목이 메었다. 어느새 눈가에 눈물이 그렁그렁 찼다. 어머니는 조용히 일어나 회초리를 가져오셨다. 그날 나는 종아리와 허벅지가 다 터지도록 사랑의 매를 맞아야 했다. 회초리가 휙 소리를 내며 공중을 가를 때마다 눈

> **"아무리 없이 살아도 훔치는 건 안 된다. 그러나 한 번 정도는 어리석은 실수라 여기고 용서할 수 있다. 내가 참을 수 없던 것은 네가 한 거짓말이다. 너는 거짓말을 해서 너 자신과 네 양심을 지키지 못했다."**

을 질끈 감았다. 뜨겁고 맵고 아릿한 통증이 퍼졌다. 비명을 삼키려 입술을 깨물었다. 종아리가 만신창이가 되니 다음은 허벅지 차례였다. 살갗이 터지고 피가 나왔다.

어머니의 얼굴을 보았다. 물기 없이 버석했지만, 꼭 울고 계시는 것 같았다. 어머니 잘못했어요, 다시는 안 그럴게요. 울며불며 사정해도 어머니의 매타작은 멈추질 않았다. 그 시간이 꼭 영원처럼 느껴졌다. 자식의 연한 살에 회초리를 치는 어머니의 마음은 어떠셨을까. 내 눈에선 눈물이 흘렀지만, 어머니의 가슴에선 피눈물이 흘렀을 것이다. 아이의 다리 위에 새겨진 붉은 줄보다 더 깊고 선명한 상처가 어머니의 가슴 속에 패였을 것이다.

초저녁부터 시작된 매타작은 회초리가 부러지고 나서야 끝이 났다. 나는 힘없이 바닥에 주저앉았다. 종아리와 허벅지가 불타는 것처럼 아팠다. 새빨갛게 부어올라 살갗이 벗겨진 곳도 있었다. 내 잘못이라는 걸 인지하고 있었음에도 왠지 억울하다는 생각이

들었다. 뭐가 그리 서러운지 닭똥 같은 눈물이 뚝뚝 떨어져 바닥이 흥건했다. 어머니는 그런 나를 품에 가득 안으며 말씀하셨다.

"아무리 없이 살아도 훔치는 건 안 된다. 그러나 한 번 정도는 어리석은 실수라 여기고 용서할 수 있다. 내가 참을 수 없던 것은 네가 한 거짓말이다. 너는 거짓말을 해서 너 자신과 네 양심을 지키지 못했다."

그리고는 나지막이 덧붙이셨다.

"애미가 못났다. 결국은 다 내 탓이다. 너희에게는 늘 미안하다."

어머니의 가슴을 피눈물로 적시면서, 바르게 판단하고, 올곧게 책임지며, 당당하게 살아가는, '정직'을 배웠다. 나는 이 사건으로 거짓보다 진실이 더 편안하다는 걸 일찌감치 깨달았다. 그날 이후로 어머니께 다시는 거짓말을 하지 않겠다고, 어머니 눈에서 눈물이 나오게 하는 일을 절대로 하지 않겠다고 굳게 다짐했다. 그 결심은 대체로 잘 지켜졌다. 딱 한 번, 그날을 제외하고서는 말이다.

그날의 이야기를 하려면 어머니의 두 번째 원칙인 '성실'에 대해 설명해야 한다. 어머니가 강조하는 '정직'에 꽤 깊은 의미가 총망라되어 있던 것과는 달리, '성실'은 사전적 의미 그대로였다. 하는 일에 정성을 다하고 부지런히 몸을 움직이는 것. 이 가치가 인간이 다져야 할 근본이자 최고의 덕목이라고, 어머니는 늘 강조하셨다.

학생에게 '성실'은 학업에 매진한다는 것을 뜻했다. 어머니는 학구열이 매우 강한 편이셨다. 입신양명立身揚名이 효지종야孝之終也라 했던가. 공부와 배움만이 가난의 대물림을 끊을 수 있는 유일한 길이며 자식들이 할 수 있는 최고의 효라고 생각하신 것이다. 그러나 며칠을 굶은 사람에게는 밥과 무관한 그 어떤 것도 관심을 끌지 못하는 법이었다. 핑계처럼 들릴지도 모르겠으나 어린 시절 나는 늘 배가 고팠기에 학업에 성심을 다할 수 없었다.

시인 고은은 어디선가 '배가 불러야 시도 나온다'고 했다. 이 얼마나 무릎을 '탁' 치게 만드는 통찰인가. 금강산도 식후경, 꽃구경도 식후사인 법. 이건 의지의 문제가 아니었다. 기본적인 욕구가 우선으로 충족되어야 그다음 단계의 욕구를 추구할 수 있다. 허기로 가득 찬 머릿속은 글자가 들어올 틈이 없었다. 텅 비어 조여든 위장이 아우성을 쳤다. 갱지에 적힌 글자가 국수 가락 같았고, 하늘에 뜬 달이 둥근 빵처럼 보였으며, 땅을 기어 다니는 개미를 봐도 저게 다 쌀알이면 참 좋겠다고 생각했다.

국민학교 3학년, 늦가을쯤이었던 것으로 기억한다. 그날은 이틀 동안 밥 한 끼 먹지 못했던 날이었다. 배가 너무 고팠다. 배가 고픈 건 다 뒤져도 쌀알 한 톨 없는 탓이었고, 다 뒤져도 쌀알 한 톨 없는 건 돈이 없는 탓이었다. 그래서 나는 그날, 학교 대신 연탄 배달을 하러 갔다. 동네 아이들이 연탄을 나르며 간식 한두 개를 사 먹었다는 이야기를 어디선가 들었기 때문이다. 동네 연탄집에는 시커먼 연탄이 산더미처럼 쌓여 있었다. 연탄 한 장의 무게가 3.5kg. 도무지 들 수 없을 정도로 무거운 무게는 아니었지만, 꼬마 아이에게 가볍게 느껴지는 무게는 결코 아니었다. 사장님은 깡마르고 작은 나를 위아래로 훑어보며, 미덥지 않다는 듯 "니 진짜 할 수 있겠나?" 물었다. 큰소리로 할 수 있다고 외쳤다. 돈을 벌 수 있다면, 배를 채울 수 있다면 그게 무엇이든 다 해낼 자신이 있었다.

열아홉 개 구멍 숭숭 뚫린 시커먼 연탄을 지게에 네다섯 장씩 실었다. 허리가 휘는 것 같았다. 그래도 견뎠다. 돈을 벌어야 했다. 경사진 비탈길과 끝이 보이지를 않는 계단, 미로 같은 골목을 지나야 배달할 집이 나타났다. 숨이 턱 끝까지 차고 다리가 후들거렸지만 멈출 수 없었다. 첫 번째 배달을 마친 후 다시 공장으로 가 연탄을 지게에 싣고 다음 배달지로 향했다. 그걸 수없이 반복했다. 그렇게 종일 해가 지도록 일했다. 땀으로 흠뻑 젖은 몸은 지칠 대로 지쳤고 손과 얼굴 그리고 옷까지 드러난 곳은 전부 새까만 연탄재가 묻어있었다.

연탄 한 장을 배달하면 2원. 나는 그날 총 백 장을 배달하고 이백 원을 벌었다. 열한 살, 처음으로 내가 번 돈이었다. 나는 그 돈을 꼭 쥐고 시장으로 갔다. 이 돈을 가지고 무얼 사야 할까? 가는 동안 수없이 고민했다. 그다지 넉넉한 돈은 아니니 최대한 양이 많고 값싼 음식을 골라야 했다. 고민 끝에 생각해낸 건 콩비지였다. 두부를 만들고 남은 찌꺼기. 두부보다 값이 저렴하고 맛도 기가 막혔다. 무엇보다 가족이 다 함께 나눠 먹을 수 있었다. 이백 원으로 콩비지 네 덩이를 샀다. 양손 가득 무거웠다. 정말로 기분 좋은 무게였다.

그 행복과는 별개로, 나는 집으로 향하는 내내 치열한 고민을 해야 했다. 어머니께 '오늘은 학교에 가지 않고 연탄 배달을 해 돈을 벌어왔습니다.' 솔직하게 털어놓을 것인지, 아니면 이 일을 나만 아는 비밀에 부칠 것인지를 말이다. 사실대로 말하면 어머니는 호통을 치실 게 분명했다. 어쩌면 또 회초리를 맞을지도 몰랐다. 나뭇가지로 만든 회초리를 막내의 종아리에 내려치시며 어머니는 또 슬픈 얼굴을 하실 게 분명했다. 자식이 보이지 않는 곳에서 남몰래 눈물을 흘리실 것이다. 회초리에 맞아 살이 터지는 것을 상상하는 것보다 슬퍼하실 어머니를 떠올리는 것이 훨씬 더 괴로웠다.

그래서 나는 어머니께 마지막 거짓말을 했다. 집에 가자마자 손과 얼굴을 깨끗이 씻고 연탄재로 더러워진 옷을 숨겼다. 임시방편이었다. 나중에 작은 누나에게 깨끗이 세탁해달라고 할 참이었다. 콩비지의 출처는 '길에서 우연히 주운 돈'이 되었다. 다행히 어머니는 더 묻지 않으셨다.

그날 저녁, 우리는 비지찌개를 푸짐하게 끓여 먹었다. 커다란 솥에 비지를 넣고, 물을 붓고, 간장으로 간을 한 후 펄펄 끓였다. 보글보글 끓는 소리와 함께 구수한 냄새가 집 안 가득 퍼졌다. 어머니는 종종 나를 보며 '우리 짱구 참말로 잘 묵네. 니 묵는 것만 봐도 배가 부르다.' 하셨다. 그럴 때마다 어린 나는 생각했다. '어머니는 참 좋겠다. 어떻게 먹는 것만 봐도 배가 부르다는 걸까? 나도 눈으로 음식을 먹을 수 있다면 배가 고플 일을 없을 텐데….' 내가 벌어온 돈으로 산 콩비지를 온 가족이 배불리 먹고 있는 모습을 보며, 나는 어머니의 그 말씀을 십분 이해했다. 그날 밤은 부른 배를 두드리며 따뜻하고 행복하게 잠이 들 수 있었다.

어머니께 배운 '정직'과 '성실'은 내 삶의 토대이자 기둥이 되었다. 잊어버리기 쉽고 잃어버리기 쉬운 가치이기에 매일 마음속에 새로 새기려 하지만, 세상 풍파를 맞으며 살아가다 보면 꾀가 날 때가 더러 있다. 조금이라도 쉬운 길은 없을까? 더 가질 수 있는 방법이 없을까? 그럴 때면 어김없이 어머니의 목소리가 들린다. 나지막이 "막내야."하고 부르신다. 꼭 나쁜 길로 들어서지 말라고 뒷덜미를 확 잡아채시는 느낌이다. 어머니의 목소리만이 나를 바로 잡는다.

어머니는 아버지가 돌아가신 후 18년을 더 사시다가 내 품에서 돌아가셨다. 자식들 마음을 조금이라도 가볍게 만들어주려고 그러셨는지 아주 조용히, 평안하게, 마치 깊은 잠에 빠진 듯 가셨다. 참으로 고요한 작별이었다.

어머니!
그곳에서는 평생 껴안고 산 불안과 근심, 걱정 다 놓으셨지요.
자식과 손자들 끔찍이 생각하는 그 마음도 다 놓으셨길 바랍니다.
어머니 아래서 많은 것을 뉘우치고 배웠습니다.
남은 인생 잘 사는 것이 어머니 은혜에 보답하는 길이겠지요.
그래서 오늘도 이 못난 아들은
어떻게 살아야 사람답게 사는 것인지 묻고 또 묻습니다.
다시 감천동 흙집에서 태어나
과거와 같은 가난을 되풀이한다고 해도,
나는 당신만의 아들이고 싶습니다.
사랑한다는 말로는 부족할 정도로 사랑합니다.
사랑합니다 어머니

▶ 소풍과 수학여행의 소소한 즐거움

▶ ⓒ 일본 김용권

사춘기

2부

가난의 늪에서

1. 흰 고무신과 까만 운동화
2. 봄을 기다리는 아이
3. 행복은 아주 작은 것들로부터
4. 가난이라는 죄목
5. 볕이 머문 자리
6. 구두닦이 소년
7. 젖은 신발을 신고
8. 그날, 바람이 불었다
9. 푸름은 남는다
10. 평범의 비범함

> 가난은 지독하게 잔인해서
> 내 청춘과 잠시 꺼내 볼 추억,
> 시절의 낭만까지 빼앗아 갔다.

01.
흰 고무신과 까만 운동화

프랑스 파리에 있는 개선문을 만든 인물은 나폴레옹이다.
그러나 그 개선문을 소유한 이는 나폴레옹이 아니라,
그곳을 거니는 사람들
그 앞에서 사진을 찍는 연인들처럼
개선문 앞에서의 추억을 간직하고 있는 사람들이다.
꼭 좋은 사진을 소유해야 행복한 것도 아니다.
사진기가 없다면 기억 속에 넣어두면 된다.
소유란 기억으로 충분하고 그것을 많이 가진 사람이 행복하다.

금아 피천득 선생의 말씀처럼 한 인간의 행복은 추억의 양과 질에 달렸다. 재물은 있다가도 없고, 없다가도 있으며 허무할 정도로 금세 줄어들기 마련이지만 좋은 기억은 떠올릴수록 넉넉해진다. 세월 따라 나이 따라 내놓을 수 있는 해석과 그 의미가 더 풍성해지기 때문이다. 그래서 추억은 결코 사라지지 않는다. 내 머릿속에 남아 두고두고 꺼내 볼 수 있는 행복이 되고 가슴을 훈훈하게 덥혀주는 난로가 된다. 우리가 사소한 일상과 따뜻한 만남, 소박한 순간들을 많이 모아놓아야 하는 이유다.

그러나 과거에는 그 진리를 미처 깨우치지 못했다. 인생사 공수래공수거空手來空手去. 처음부터 아무것도 없이 태어났으니, 사실은 다 잃어봐야 본전인 셈인데… 안달복달 세상살이에 하나라도 더 가져보겠다고 나를 몰아붙였다. 그렇게 살아온 지난날이 조금은 후회스러울 때도 있다. 문득 속상한 마음이 고개를 들 때면 내 앞에는 별다른 선택지가 없었다고, 그 치열한 과정이 없었다면 지금의 나는 없었을 것이라고, 지난 세월을 보듬어본다. 내 것을 더 많이 가지기 위해 나를 극한으로 몰아세웠던 그 시간은, 어린 시절의 한이 맺힌 가난과 내 것을 가져본 적 없던 결핍에서부터 비롯된 것이다.

1976년, 가느다란 보슬비가 소리도 없이 내리던 3월의 어느 날. 나는 중학교에 입학했다. 내 머리에는 조금 큰 교모가 연신 이마 밑으로 흘러내려 거추장스러웠다. 까만 교복 안쪽에는 내 이름 대신 '노승대'라는 석 자가 쓰여 있었다. 그는 어머니의 지인 아주머니의 아들로, 나보다 세 살 많은 이였다. 새 교복을 맞춰 입을 형편이 안 되니 어머니께서 여기저기 수소문해 누군가 입던 교복을 받아오신 것이다. 3년을 버틴 교복은 이미 만신창이였다. 바

> **학생 대표의 선서가 있었지만 나는 그 어떤 말도 귀에 들어오지 않았다. 온 신경이 흰 고무신을 신은 발에만 쏠렸다. 다른 건 숨기고 감출 수 있어도 발은 그럴 수 없으니 참 답답한 노릇이었다.**

지의 엉덩이와 무릎 부분은 헝겊을 덧대 기운 자국이 있었고 천이 마모 돼 반질반질하게 때가 껴있었다. 소매 끝은 닳고 닳아 다 해졌고 색도 조금 바래있었다. 그래도 나에겐 감지덕지 고마운 교복이었다. 다른 사람의 이름이 적혀있어도, 다 낡아 있어도 교복은 교복이었으니까. 문제는 다른 데 있었다.

입학식이 시작된 운동장에는 약 칠백여 명의 학생들이 열 맞춰 서 있었는데 아무리 둘러 봐도 흰 고무신을 신고 있는 인물은 나 하나뿐이었다. 당시에는 엄격한 복장 규율이 있었다. 여름에는 흰 운동화, 겨울에는 검은 운동화를 신어야 했고, 가방도 학교에서 정해준 것만 들어야 했다. 교장 선생님의 훈화 말씀이 있었고, 교감 선생님의 말씀이 이어진 후에는 학생 대표의 선서가 있었지만 나는 그 어떤 말도 귀에 들어오지 않았다. 온 신경이 흰 고무신을 신은 발에만 쏠렸다. 다른 건 숨기고 감출 수 있어도 발은 그럴 수 없으니 참 답답한 노릇이었다. 고무신 사이로 빗물이 스며들어 발이 축축해졌다. 그때 나는 수치심, 그 비슷한 감정을 느꼈던 것 같다.

당시 시장에서 팔던 보통 수준의 운동화는 대략 4천 원에서 6천 원 사이. 흔히 '싸구려'라 불리는 허드레는 천 원 정도 했고, 질 좋은 브랜드 운동화나 스포츠화는 만 원을 훌쩍 넘기기도 했다. 그때 도시 근로자의 평균 월 임금은 약 6만 원대였고, 저임금 여성 노동자들의 월급은 여전히 3만 원을 넘지 못했다. 적게는 서민 월급의 10% 많게는 20%를 써야 하는 운동화는 신중하게 구매해야 할 정도의 물건이었다. 그러니 우리 집 형편에서는 어땠겠는가. 나는 입학한 지 2주가 지나갈 즈음에도 여전히 흰 고무신 차림이었다.

학교에 가는 게 겁이 났다. 더 정확히 말하면 규율부가 겁났던 것이다. 규율부는 학교의 절대 권력자였다. 학교가 규율부에 복장과 두 발 검사부터 지각 여부, 흡연자 색출까지 그야말로 무소불위의 권한을 부여했기 때문이었다. 그들의 팔에 걸린 노란 완장은 권력의 상징이었다. 매일 아침, 학생부장 교사와 규율부 학생들이 교문 앞을 지키고 서 있었다. 교복은 단정하게 갖춰 입었는지, 규정에 적힌 신발과 가방을 착용했는지, 두발 상태는 어떤지… 마치 먹잇감을 노리는 매와 같은 눈으로 교문을 통과하는 학생들을 샅샅이 살폈다.

까만 교복에 흰 고무신. 흑과 백의 강렬한 대비는 백 미터 밖에서도 단번에 눈에 띄었다. 매일 붙잡혀 오리걸음을 걷거나 토끼뜀을 해야 했고 어떨 때는 양팔을 뒷짐 지고 머리를 땅에 박는 '얼차려'를 받아야 했다. 우리는 그걸 '원산폭격'이라 부르곤 했는데 십 분만 지나도 머리에 피가 쏠려 얼굴이 새빨개지고 온몸이 덜덜 떨렸다. 엎드려 뻗친 후 대걸레 자루로 엉덩이와 허벅지를 사정없이 맞는 것은 기본이었다. 교실에서도 검열은 이어졌다. 담임선생님이 정례적으로 두발과 복장 그리고 가방 검사를 하곤 했다. 두발 규정에 조금이라도 어긋나는 학생은 '바리깡'이라 불리는 이발기로 머리 한가운데를 일자로 죽 밀려야 했다. 이른바 '경부고속도로'였다. 돌이켜 생각하면 참 서슬 퍼런 시절이었다.

그렇게 보름 정도가 지나고 나서야 나는 운동화를 장만할 수 있었다. 어머니와 함께 시장에 있는 한 신발 가게로 갔다. 그 안에는 생전 처음 보는 온갖 종류의 신발로 가득했지만 내가 가질 수 있는 것은 하나로 정해져 있었다. 가장 저렴한 것이었다. 어머니는 운동화 하나하나를 다 살펴보셨다. 실밥은 잘 박혀 있는지, 밑창이 불량은 아닌지, 어디 한 군데 까진 곳은 없는지 신중하게 살피고 고르신 후에야 한 켤레를 건네셨다.

내 발보다 훨씬 큰 운동화에 발을 밀어 넣었다. 처음 신어보는 운동화. 정말 특별한 경험이었다. 고무신과는 완전히 달랐다. 부드럽고 푹신했다. 마치 처음부터 내 것이었다는 듯 발등을 완벽히 감쌌다. 몇 걸음 걸어보았다. 밑창이 두꺼워 바닥의 요철이 느껴지지 않았다. 걸을 때마다 사뿐사뿐 가벼운 소리가 났다. 바닥에 쩍쩍 붙는 고무신과는 달랐다. 이걸 신으면 하늘을 날 수도 있을 것 같았다.

생애 처음으로 가져보는 '새것'이자 '내 것'이었다. 그전까지는 늘, 마을 사람이 입고 또 입었던 낡은 옷을 형님, 누님들이 물려 입고, 형님 누님들이 닳도록 입은 그 해진 옷을 내가 또 물려 입는 식이었다. 어린아이의 행색이 남루하고 초라할 수밖에 없었다. 그러나 나는 그날 '새 운동화'를 가졌다. 누구의 발도 품은 적 없고, 노승대라는 이름도 적혀있지 않은 까만 운동화. 오직 나만이 신을 수 있는 완벽한 내 것이었다.

나는 그날 '내 운동화'를 꼭 껴안고 집에 왔다. 신고 있던 고무신이 서운해하면 어쩌나 싶을 정도로 애지중지했다. 방안에서도 운동화를 내려놓지 않았다. 들여다보고, 만져보고, 냄새를 맡았다. 새것에서는 이런 냄새가 나는구나 했다. 독한 고무 냄새, 접착제 냄새… 그것마저 못내 좋았다. 저녁을 먹을 때도 운동화는 내 발 옆에 자리 잡고 있었다. 먹으면서도 힐끔힐끔 쳐다보았다. 쳐다보는 것만으로도 닳는 신발이었다면 아마 그때쯤 가루가 되어 사라졌을 것이다.

그날 밤, 나는 꿈속에서 운동화를 신고 학교 운동장을 달렸다. 가볍게 시작한 뜀박질에 가속도가 붙었다. 귓가에는 쌩쌩 바람을 가르는 소리가 들렸다. 그 누구도 나를 따라잡을 수 없었다. 그 모습을 본 다른 학생들은 반짝거리는 눈으로 나를 응원했다. 속도를 더 높여 하늘을 향해 도약했다. 허공에 발을 구르니 몸이 붕 떴다. 그렇게 나는 새 운동화를 신고 하늘을 날았다. 이른바 '개꿈'이었다. 다음 날 아침, 잠에서 깬 내 품에는 여전히 운동화가 안겨 있었다.

 학교로 향하는 발걸음이 유난히 가벼웠다. 운동화가 지면에 닿을 때마다 경쾌한 소리가 났다. 교문 앞을 지키는 규율부 앞에서도 작아지지 않았다. 가슴을 펴고 좀 더 큰 보폭으로 운동장을 가로질러 교실로 향했다. 복도를 걷는 내 발소리가 다른 학생들의 발소리와 자연스럽게 섞였다. 교실에 도착해 자리에 앉았다. 자꾸 고개를 숙여 발을 보게 됐다. 운동화가 보였다. 검은 운동화. 내 운동화. 보기만 해도 배가 불렀다. 모든 것이 좋았다. 수업 시간도, 쉬는 시간도, 점심시간도, 청소시간도… 모든 것이 즐거웠다.
 그것이 가져다준 만족감은 단순히 '발이 편해서' 혹은 '걷기 좋아서'라는 물리적 차원을 상회했다. 그것은 소속감이었다. 나도 이제 이 학교에 속한다는 느낌, 나도 이제 평범한 학생 가운데 하나라는 느낌, 나도 이제 당당히 걸을 수 있다는 느낌. 그것은 일종의 자존감이자 소속감이었던 것이다.

 그날, 운동화를 신은 소년은 자신이 뭐라도 된다는 듯 기분 좋게 둥둥 떠다녔다. 처음 경험해보는 이 으쓱한 기분이, 소년은 싫지 않았다.

02.
봄을 기다리는 아이

　　•　•　•

　　찰진 밥을 짓기 위해서는 기다림이 필요하다. 아무리 배가 고파도, 구수한 밥 냄새가 코끝을 자극해도 중간에 밥솥의 뚜껑을 열어버리면 설익은 밥을 먹게 된다. 뜸 들이는 시간을 무시하고 수시로 뚜껑을 열어보면 딱딱하고 거친 실패의 맛을 보게 되는 것이다.

　　어디 밥 짓는 일뿐일까. 모든 일의 핵심은 기다림이며 살아간다는 건 결국 진득한 기다림이 아닌가 싶다. 주말을 기다리고, 버스를 기다리고, 도로에서 신호를 기다리고, 면접 결과를 기다리고, 내 반쪽을 기다리고, 새 생명을 기다리고, 꿈이 이뤄지길 기다리고, 삶의 종착지를 기다리고….

　　우리 인생에서 기다림의 시간을 세어본다면 얼마나 될까.

　　인생은 기다리는 순간들이 쌓여서 완성되는 것. 우리는 각자 다른 형태의 삶을 살지만, 그 무엇도 기다리지 않는 삶이란 존재할 수 없는 것이다.

생각해보면 내 삶의 8할도 기다림으로 채워졌다. 열네 살이었던 그 시절도 나는 기다리고 있었다. 나와 우리 집에 들이닥친 가난이라는 겨울이 지나고, 따뜻한 봄을 찾아오기를 말이다. 생각할 사, 봄 춘, 기약할 기…. 바야흐로, 봄을 생각하는 시기 '사춘기思春期'였다.

누구나 한 번쯤 겪는다는 질풍노도의 시기, 평생 딱 한 번 휘두를 수 있는 무기이자 부모에게 의탁한 자아를 찾아오는 때를 뜻한다. 몸과 마음에 동시에 찾아온 성장통으로 방황하는 아이들이 적지 않았지만, 나에게는 사춘기를 앓는 시간조차 사치였다.

새벽 4시면 눈을 떠야 했다. 당시에는 알람이 없었기 때문에 자기 전부터 긴장이 됐다. 그러면 선잠이 들어 한 시간에 한 번씩은 잠에서 깨어야 했는데, 피곤할지언정 지각하는 것보다는 백번 나았다. 시간과 부지런함이 생명인, 신문 배달 일을 했기 때문이다.
겨울이면 끙끙 앓는 소리가 나왔다. 속옷 위에 내복, 내복 위에 또 내복, 어딘가에서 얻어온 구멍이 난 스웨터, 작은형이 입던 낡은 점퍼… 아무리 껴입어도, 겨울의 시린 바람은 엉성한 옷 사이로 꾸역꾸역 들어와 나를 괴롭혔다. 장갑도 없었다. 신문을 만지려면 맨손이 더 편했다. 손이 새빨갛게 얼고, 트고, 굳어도 그저 참았다. 신발은 흰 고무신이었다. 운동화는 닳을까 걱정돼 학교 앞에서만 갈아 신었다.

겨울의 새벽은 칠흑처럼 캄캄했다. 가로등이 듬성듬성 있어서 달이 없는 날은 앞도 잘 보이지 않았다. 그래도 몸의 기억에 의지해 뛰어야만 했다. 집에서 신문 보급소까지는 거리는 약 십 리, 4km 정도로 어른의 걸음으로 한 시간 정도 걸리는 거리였는데, 나는 늘 40분을 목표로 했다. 마을 골목을 빠져나와 큰길로 나왔다. 인적이 없었다. 가끔 차 한 대가 지나가며 헤드라이트 불빛이 나를 비췄다. 차가 지나가면 다시 어둠이 찾아왔다. 언덕에 오를 때는 숨이 차서 심장이 터질 것 같았다. 내리막길은 언제 만나도 반가웠다. 중력에 몸을 맡기고 뛰어 내려가면 고무신이 바닥을 치며 쩍쩍쩍 소리가 났다. 고요한 새벽의 허공에 그 소리가 울려 퍼졌다. 옷 사이로 찬바람이 파고들었다. 추위와 달리기 시합이라도 하는 듯 이를 세게 악물며 더 속도를 냈다. 그렇게 한참을 쉬지 않고 달리다 보면 저 멀리서 마침내 보급소가 보였다.

보급소 안에는 이미 몇몇 배달원이 있었다. 어른들도 있었고, 나 같은 학생들도 적지 않았다.
"오늘도 200부다. 잘 챙겨가거라."
보급소 한쪽에는 신문이 묶음으로 쌓여 있었다. 덜 마른 잉크 냄새가 나는 따뜻한 신문. 방금 인쇄되어 나온 신문을 만지는 건 기분 좋은 일이었다. 나는 내 몫의 신문 이백 부를 챙겨 커다란 자루에 넣어 어깨에 둘러멨다. 어깨가 눌리고 허리가 휘었지만 아무렇지 않은 척 버텼다. 나를 대체할 수 있는 인물은 많았기에 최대

> **새벽 4시면 눈을 떠야 했다. 당시에는 알람이 없었기 때문에 자기 전부터 긴장이 됐다. 그러면 선잠이 들어 한 시간에 한 번씩은 잠에서 깨어야 했는데, 피곤할지언정 지각하는 것보다는 백번 나았다.**

한 힘들지 않은 척, 가뿐한 척은 필수였다.

배달은 늘 감천동부터 시작했다. 내가 사는 동네이니만큼 골목골목을 익숙하게 누볐다. 가파른 계단을 오르며 집집 앞에 신문을 놓았다. 실수가 여러 번 쌓이면 이 일마저도 놓칠 수 있으니 주소를 확인 또 확인하고 신문이 날아가지 않도록 문에 열심히 끼우기도 했다.

한 집, 두 집, 세 집, 열 집, 스무 집….
추위를 잊기 위해 부러 더 힘차게 뛰었다. 바위가 든 듯 둔중했던 자루가 점점 가벼워지기 시작하면 마음도 덩달아 가뿐해지기 시작했다. 그러나 다리는 그와 반대로 점점 무거워졌다. 숱한 계단을 오르내리느라 다리가 후들거리고 종아리가 쑤셨다. 고무신 밑창이 얇아서인지 지압판 위에 선 것처럼 바닥의 요철이 고스란히 느껴졌다. 비나 눈이 오는 날이면 몇 배는 고달팠다. 신문이 젖는 것을 방지하기 위해 일일이 비닐로 싸둬야 했고 그 과정이 상당히 번거로웠다. 길까지 미끄러웠다. 고무신이라 그런지 남들은 한 번 자빠질 걸 네 번은 자빠졌다. 그러니 몸이 성할 날이 없었다. 신문이 쏟아지고 무릎이 깨지고 손바닥이 다 까져도 멈출 수는 없었다. 감천동을 다 돌고 나면 암남동으로 넘어갔다. 하나 같이 비탈길이었다. 그곳을 오르며 신문을 놓고, 놓고 또 놓았다. 감각 없는 손을 호호 불어 녹이며 다시 신문을 꺼냈다.

어느새 해가 떠오르기 시작했다. 동쪽 하늘이 밝아지며 어둠이 조금 걷혔다. 캄캄했던 세상에 빛이 들어오니 조금은 안심이 되었다. 하단동이 마지막 구역이었다. 남은 신문을 다 돌리고 나니 자루가 텅 비었다. 가벼워진 자루를 보면 긴장감이 몸에서 쭉 빠져나갔고 그 빈자리에는 뿌듯함이나 충족감이 들어섰다. 배달을 마치는 시간은 7시 10분 남짓으로 대개 일정했다. 2시간 반 동안 200부를 배달한 것이다.

신문 배달을 마치면 곧장 학교로 갔다. 보급소에서 학교까지의 거리도 걸어서 한 시간 이상은 소요됐다. 학교에 도착하면 밀려오는 갈증과 허기에 곧장 수돗가로 갔다. 수도꼭지 아래 고개를 숙이고 빈속에 얼음장같이 찬물을 벌컥벌컥 들이켰다. 이가 시렸다. 뱃속이 차가워지며 몸이 부르르 떨렸다. 피로가 좀 가시는 것 같기도 했다. 움직일 때마다 속에서 물이 찰랑찰랑 춤을 췄다.

1교시가 시작되면 찜통에 푹 삶은 시금치처럼 몸이 축 늘어졌다. 새벽 4시에 일어나 엄동설한에 3시간이 넘게 뛰어다녔으니 글자가 보일 리 없었고 선생님 말씀이 들릴 리 만무했다. 그 시간만큼은 세상에서 가장 무거운 것이 눈꺼풀이었으리라. 병든 닭처럼 고개가 꾸벅꾸벅 떨어졌다. 책상에 이마를 박고 저 혼자 깜짝 놀라 눈을 떴지만 이내 고개는 또다시 떨어졌다. 그러다 호랑이 같은 선생님께 잘못 걸리면 얼차려는 기본, 맞기도 수없이 맞았다. 회초리를 맞아 쓰라린 손바닥을 연신 문지르면서도 또다시 내려오는 눈꺼풀을 어찌하지 못해 괴로운 나날이었다.

　그렇게 일해서 번 돈은 매달 팔천 원. 매달 말일이 되면 신문 보급소에서 누런 봉투를 받았다. 그 안에는 천 원권 여덟 장이 들어 있었다. 이 돈은 내가 번 돈이지만, 내 돈은 아니었다. 우리 가족 모두의 돈이었다. 새벽 신문 배달은 국민학교 4학년부터 고등학교 3학년까지 무려 8년 동안 이어졌는데, 첫 월급 이후로는 단 한 번도 그 봉투를 열어보지 않고 고스란히 어머니께 가져다드렸다.

　지금 생각해보면 중학생 윤종운은 참 약지 못한 아이였다. 자아가 트이며 마음의 성장통을 앓고 있어야 할 질풍노도의 사춘기에 새벽부터 신문 배달을 하며 번 피 같은 돈을 얼마 정도 유용할 생각조차 못 한다니…. 월급의 십분의 일인 팔백 원 정도는 따로 빼서 맛난 것을 사 먹거나 또래 아이들과 어울려도 됐을 텐데 말이다. 그게 아니라면, 그 어린 나이에 돈을 벌어오는 대담함과 대단함을 의기양양하게 뽐내며 가족들 앞에서 기세등등 잘난 척, 큰

소리 한 번은 쳐봤어도 좋지 않나 싶기도 한데… 중학생 윤종운은 어떠한 반항이나 그것과 유사한 저항, 반발 등의 찍소리 한 번을 못 하고 허무하게 사춘기를 보내야 했다. 이런 생각을 하는 지금의 내가 아무래도 그때의 나보다도 철이 없는 것 같다.

찬바람을 많이 맞아 실핏줄이 튼 벌건 볼과 버짐이 핀 입가로 실실 웃으며 어머니께 월급봉투를 가져다드리면 어머니는 조금 굳은 표정으로 그것을 건네받으셨다. 어렸을 때는 왜 기뻐하시지 않을까? 궁금하기도 했다. 머리가 조금 더 자라서야 비로서, 그 표정에서 애달픔과 미안함, 안타까움, 기특함, 자책 같은 여러 감정을 읽을 수 있었다.

계절은 공평하다. 누구에게도 치우치지 않고 고르게 찾아가지만, 마음에 오는 봄은 그렇지가 않았다. 혹독한 추위를 참아가며 기다릴 줄 아는 이에게만 찾아가는 것이다.

한자 봄 춘春 자는 초목이 햇볕을 받고 싹을 틔우려 애쓰는 모습을 나타냈다고 한다. 여리디여린 잎 하나가 꽁꽁 얼어붙은 세상을 밀고 나오는 모습은 언제 봐도 경이롭다. 그 시절의 내가 아마 그 여린 잎이 아니었을까 싶다. 가난이라는 추운 땅속에서 어떻게 해서든 싹을 틔우려 했던 소년. 속절없이 기운이 빠지는 날에는 그 대단한 몸부림을 떠올려 본다.

03.
행복은
아주 작은 것들로부터

영국의 인류학자, 로빈 던바는 제아무리 발이 넓은 사람일지라도 인맥의 최대치를 정해져 있다고 주장했다. '던바의 숫자'라고도 알려진 이 인맥의 최대치는 평균 백오십 명. 그러나 여러 SNS는 던바의 가설에 도전장을 내밀었다. 만들 수 있는 친구의 숫자가 무려 오천 명…. 세상이 변하면서 친구의 범위도 넓어지고 그 숫자도 늘어나고 있다. 나만 해도 휴대전화 연락처 목록에 이름들이 빼곡하다. 이름만 봐서는 이 인물이 누구인지, 어떤 얼굴을 가졌는지 단번에 떠오르지 않을 때도 많다. 그 이름들 가운데 내가 친구라고 부를 수 있는 이는 과연 몇이나 될까.

인디언 언어로 '친구'란 내 슬픔을 대신 등에 지고 가는 자…. 우정은 가난한 자의 재산이 되고, 약한 자의 힘이 되며, 병든 자의 약이 된다고 했다. 그러나 안타깝게도, 내 어린 시절의 슬픔을 대신 지어주고 나의 재산, 힘, 약이 되어준 이는 아무도 없었다. 입에 들어가는 쌀 한 톨이 아쉬웠던 그 시절, 나에게 우정이라는 것은 사치였기 때문이다.

새벽 4시. 어깨를 짓누르는 신문 가방의 무게를 애써 무시하며 골목길을 달렸다. 찬 공기가 폐부를 찌르고 손가락 끝은 동상에 걸릴 것처럼 시렸다. 그렇게 두 시간 반을 달려 배달을 마치고 학교까지 또 한 시간을 달리면, 교실에 도착해서는 이미 탈진 상태였다. 꼭 소금을 뿌린 미역처럼 흐물흐물 숨이 죽어서 의자와 한 몸이 되어야 했다. 교실의 형광등 불빛이 무거운 눈꺼풀을 억지로 들어 올렸고 선생님의 목소리는 아득한 저 너머에서 들려오는 환청 같았다. 칠판에 그려진 글자들은 물결을 치듯 일렁였고 의식은 자꾸만 아득해졌다. 쉬는 시간이 되면 아이들은 복도로 우르르 쏟아져 나갔다. 깔깔대며 뛰어다니는 소리, 서로의 별명을 장난스럽게 부르는 소리, 다소 격앙된 말다툼 소리… 나는 그 시끌벅적한 교실 한구석에서, 팔을 베고 책상에 얼굴을 묻은 채 수마에 빠져들었다. 10분이라는 짧은 시간이었지만, 그 순간만큼은 세상의 무게를 내려놓을 수 있었다.

방과 후, 친구들이 삼삼오오 어울려 시내로 향할 때 나는 집으로 바쁜 발걸음을 옮겼다. 결핵으로 누워계시는 아버지의 수발을 드는 것 역시 내 몫이었기 때문이다. 그렇게 나는 매일 똑같은 일상을 살았고 그러면서 또래 아이들과는 자연스레 거리가 생겼다. 왁자지껄 떠들며 걸어가는 또래 아이들의 뒷모습을 바라보면, 가슴 한편이 텅 빈 것처럼 허전했다. 그 시절, 그리도 배가 고팠던 이유는 마음의 허기도 한몫했을 거라는 생각도 든다. 한동안 아이들을 바라보던 나는 이내 고개를 돌렸다. 저 아이들은 저쪽 길로 나는 이쪽 길로 가야 했다. 가야 할 길의 방향도, 지형도 달랐다. 내 길은 울퉁불퉁 걷기도 힘든 자갈밭…. 안간힘을 다해 뛰어도 속도가 안 났다. 그러니 부러워할 시간도, 서러워할 겨를도 없었다.

삶의 마지막 순간에 선 사람들이 하는 가장 큰 후회는 뭘까?
'더 열심히 살 걸 그랬다.'라든가 '착하게 살 걸 그랬다.'가 아니라, '더 재미있게 살 걸 그랬다'라고 한다.
그럼 어떻게 사는 것이 재미있게 사는 것이냐… 혹자는 '고통과 상처를 기쁨과 감동으로 바꿀 줄 알아야 재미있게 사는 것'이라고 말했다. 내일의 행복을 위해 오늘은 고통의 길을 걷지만, 그 길에서조차 재미를 찾는 사람만이 행복하게 살 수 있다. 그렇게 사소한 즐거움이 모이면 즐거운 일상이 되고, 즐거운 일상이 모이면 즐거운 삶이 되는 것이다.

그렇다면, 친구도 없고, 시간도 없고, 돈도 없고, 먹을 것도 없던 어린 윤종운은 도대체 어떤 재미로 살았느냐…. 누군가 이런 질문을 던진다면, 나는 '먹고 사는 데 급급해 재미를 찾을 겨를도 없었다.'는 답을 먼저 내놓을 것이다. 그러나 돌이켜보면, 나도 그

보잘것없는 시간 속에서 실낱같은 재미를 찾으며 살았던 것 같다.

어머니의 옷자락에는 가난이 덕지덕지 묻어있었다. 뾰족한 풍파에 긁혀 실밥이 다 일어난 천 조각에는 고된 세월까지 얼룩져 있었다. 어딘가에서 얻어온 목도리, 귀마개, 양말, 겉옷… 조금이라도 괜찮은 것들은 죄다 자식들에게 양보하시고 당신은 언제나 가장 낡은 것, 가장 해진 것, 가장 빈약한 것을 입으셨다.

찬바람이 유난히 매섭던 어느 겨울날, 어머니의 주름진 목이 유난히 퀭해 보였다. 바람이 할퀴고 간 그 목덜미에는 닭살이 오소소 돋아 있었다. 나는 얼른 하고 있던 목도리를 풀어 어머니께 건넸다.

"어머니, 바람이 차요. 감기 드시면 어쩌시려고요…."

어머니는 한사코 손을 저으며 거절하셨다.

"걱정하지 말 거라. 천한 몸뚱이는 감기도 싫단다."

자조하시는 어머니의 목소리에 가슴이 욱신거렸다. 세상에서 가장 귀한 분이 어찌 그런 말씀을 하시는지… 눈시울까지 뜨거워졌다.

신문 배달로 받은 월급봉투를 가져다드리는 날, 어머니께서는 늘 그랬듯 아무 말 없이 내 얼굴을 쓰다듬어 주셨다. 굳은살이 박여 거칠고 단단한 손의 온기. 그 속에서 나는 어머니의 마음을 읽었다. 나도 마음을 담아 하고 싶었던 말을 꺼냈다.

"목도리 하나 장만하세요. 아들 소원이에요."
 어머니는 한참 내 얼굴을 들여다보시다가, 그저 말없이 돌아서셨다. 다른 날보다 어깨가 조금 더 굽어 보였다.

 다음 날 저녁, 장에 다녀오신 어머니의 손에는 목도리 하나가 들려 있었다. 쥐의 털빛과 같은 어두운 회색. 저렴한 털실로 얼기설기 짜인 목도리였다. 그래도 그게 그렇게 반가울 수 없었다. 그러나 내 마음과는 달리 어머니는 그걸 내 목에 매어주시고는 내가 쓰던 낡은 목도리를 가져가셨다. 군데군데 다 헤져 있고, 새벽의 땀내까지 얼룩진 것이었다.
 '새것', '좋은 것', '더 나은 것'이 어머니의 차지가 되는 일은 결코 없었다. 가슴이 먹먹했다. 하지만 어머니는 아주 만족스러운 표정으로 그 낡은 목도리를 목에 두르셨다.
 그 후로 어머니의 늘 목도리를 두르고 다니셨다. 그걸 볼 때마다 마음 한편이 따뜻해졌다. 비록 내가 쓰던 헌것이지만, 어머니가 조금이라도 따뜻한 하루를 보낼 수 있을 거라는 사실이 나를 안심시켰다.

 나는 그렇게 가족에게 무언가를 하나씩 장만해주는 재미를 알아갔다. 월급날이 기다려지는 이유가 생겼다. 이번 월급으로는 누나에게 장갑을 하나 사주자고 해볼까. 안 그래도 손에 상처가 많은데 트기까지 하면 곤란할 거야. 아버지 등에 발라 드릴 연고도 필요하지. 어떻게 하면 어머니를 더 기쁘게 해드릴 수 있을까. 작은 계획들이 고된 일상에 큰 의미를 부여했다.

월급날 어머니께서 똑 떼어주신 용돈으로 사 먹는 번데기도 내 즐거움 가운데 하나였다.

모두가 배고팠던 시절, 가난한 사람들의 간식은 한정되어 있었다. 강냉이 튀밥, 쌀 대신 잡곡을 섞어 만든 개떡, 냉차, 쫀드기나 불량 식품 등이었는데 그중에는 저렴한 가격에 허기를 달랠 수 있는 누에나방의 번데기도 있었다. 1960년대부터 70년대에 걸쳐 양잠 산업이 발달했고, 그러면서 누에고치에서 실을 만드는 제사 製絲 공장이 많이 생겨났다. 그 부산물인 번데기가 대량 생산돼 서민들의 먹거리로 전환된 것이다. 먹을 것이 귀해 영양 불균형에 시달리던 궁핍한 사람들에게 번데기는 저렴하고 손쉽게 단백질을 보충할 수 있는 수단이기도 했다. 당시 이 번데기가 물고기 먹이나 사료용으로 세계 각국에 팔리기 시작하면서 장기 수출계약을 하기에 이르렀다는 기사가 줄을 잇기도 했다.

번데기, 그것을 처음 봤을 때의 충격은 잊을 수 없다. 갈색 껍질, 마디마디 나뉜 몸통, 당장이라도 꿈틀꿈틀 기어갈 것 같은 모양…. 차라리 나방이 더 귀여워 보일 정도로 추한 생김새였으나 그 맛만큼은 '번데기가 주름 잡을 만'했다. 이로 깨물면 톡 터지면서 짭짤하고 감칠맛이 도는 국물이 퍼졌고, 두부를 으깨놓은 것처럼 푸석푸석한 입자의 덩어리가 고소하게 씹혔다. 말린 새우 맛이 느껴지기도 했으며 고기와 비슷한 질감처럼 느껴질 때도 있었다.

학교를 마치고 집으로 가는 길. 시장 입구에 자리 잡은 번데기 장수의 수레 앞에 서면, 모락모락 올라오는 김에서 번데기의 고소한 냄새가 퍼졌다. 작은 고깔에 담긴 건 오십 원, 큰 고깔은 백 원, 삼백 원이면 한 되를 줬다.

집에 도착하면 냄비에 물을 끓이고, 번데기를 넣고, 간장을 조금 둘렀다. 보글보글 끓는 소리가 나면 집안 가득 고소한 냄새가 퍼졌다. 삶은 번데기를 하나씩 집어 먹으면, 하루의 피로가 싹 녹아내렸다. 입안을 가득 채우는 만족감, 씹을수록 우러나오는 감칠맛. 그것 역시 일상에서 발견한 재미이자 행복이었다.

신문 배달은 분명 고된 일이었지만 그 속에서도 나만의 즐거움을 찾기 시작했다. 갓 인쇄되어 나온 신문에서는 채 마르지 않은 잉크 냄새와 석유 냄새가 진동했다. 요즘은 친환경 기준이 적용되어 콩기름 등의 원료로 만든 잉크를 사용하지만, 그 시절에는 석유를 기반으로 한 잉크만 쓰였다. 때문에 갓 나온 뜨끈뜨끈한 신문에서는 석유풍로를 켰을 때 나는 특유의 냄새가 났는데 나는 그게 참 좋았다. 손끝에 묻어나는 검은 잉크 자국을 보면, 내가 세상의 소식을 전하는 사람이 중요한 된 것만 같았다. 꼭 신권 지폐처럼 빳빳하면서도 유연한 종이를 만지는 것도 좋았고, 집 앞에 신

▶ 저자 윤종운(AI로 만든 모습이다)

문을 놓을 때 나는 둔탁한 소리도 마음에 들었다.

열심히 동네를 휘젓다 보면 캄캄했던 사위가 밝아오기 시작했는데, 동이 트기 바로 직전, 검푸른 하늘이 희끗희끗 밝아지는 장면을 볼 수 있다는 것. 그것 역시 신문 배달부의 특권이라면 특권이었다. 사람들이 잠들어 있는 시간, 혼자 아침을 맞이하던 고요한 골목길. 아직 꺼지지 않은 가로등. 어둠 속에서 서서히 윤곽을 드러내는 골목. 세상이 잠에서 깨어나는 과정을 지켜보는 일과 묘하게 고개를 드는 경건함이 좋았다.

암남동 어느 집에 신문을 배달하러 가면, 대문 쪽에 매여 있던 강아지가 꼬리를 흔들었다. 낯선 사람을 봐도 짖을 줄을 모르고 그저 앙증맞은 것이 전부인 이 자그마한 강아지가 집이나 지킬 수 있을까. 그런 생각을 하며 고것을 살짝 쓰다듬으면 하얗고 푹신한 털이 손을 간지럽혔다. 그 몇 초의 즐거움! 찰나의 교감이 새벽의 추위를 잊게 했다.

어둠 속에서 서서히 윤곽을 드러내는 골목.
세상이 잠에서 깨어나는 과정을 지켜보는 일
과 묘하게 고개를 드는 경건함이 좋았다.

가끔 신문 보급소에서 따뜻한 두유를 얻어먹는 횡재가 있기도 했다. 있는 차가운 손으로 병을 잡으면 온기가 손바닥 깊숙이 스며들었다. 고소하고 달콤한 액체가 목구멍을 타고 내려가며 온몸을 데워주었다. 이렇게 우연히, 가끔 만나는 행운은 막연한 희망까지 선사했다. 어제보다 조금 더 나은 하루를 살 수 있을지도 모른다는 기대. 이 고된 시간을 버티면 원하던 미래로 건너갈 수 있을 거라는 희망. 그런 것들이 나를 움직이게 하는 원동력이었다.

어머니의 목도리, 고소한 번데기, 갓 인쇄된 신문에서 나는 석유 냄새, 세상이 잠에서 깨어나는 과정을 지켜보는 일, 흰색 강아지의 푹신한 털, 행운처럼 찾아온 따뜻한 두유….
그 대단치 않은 행복에 기대어 살던 나날이었다.

04.
가난이라는 죄목

티베트어로 인간은 '걷는 존재', 즉 걷는 행위를 통해 자신의 길을 찾아가는 존재라고 한다. 그래서일까 인간의 사유에 가장 도움이 되는 행위도 걷기가 아닌가 싶다.

걷는다는 것은, 인간이 자신의 속도로 움직인다는 것이고 육체가 허용하는 적절한 속도로 걸을 때, 우리의 정신은 가장 편안함을 느낀다. 너무 빨리 걸으면 생각이 날아가 버리고, 너무 천천히 걸으면 생각을 놓쳐 버린다. 나만의 보폭, 나만의 속도로 걸어야 생각의 가닥이 잘 잡힌다.

발길 닿는 대로 정처 없이 걷다 보면 머릿속을 부유하던 탁한 먼지가 가라앉는다. 마음을 둘러싼 뿌연 안개가 걷히면서 흐릿했던 것들이 분명해진다. 매 순간 늙어가고 있는 나를 사랑하게 되고 나를 절망에 빠뜨렸던 사람들도 슬그머니 용서하게 된다.

새벽 4시면 어김없이 눈이 떠진다. 국민학교 때부터 박인 인은 그로부터 반세기가 지난 지금까지도 지워질 생각을 하지 않는다. 사과 세 조각, 삶은 달걀 두어 개를 먹고 가볍게 집을 나선다. 탁탁탁 경쾌한 발걸음 소리가 어슴푸레한 세상의 정적을 깬다. 나는 그렇게 매일 새벽, 8km를 걷는다. 사유와 번뇌의 시간이 지나면 기억을 더듬어 회상에 젖기도 한다. 지금은 나 자신을 위해 걷지만 어릴 적에는 걸어야 했기 때문에 걸었다. 걷는 수밖에 없었기 때문에 걸었다. 돈을 위해 걸었고 가족을 위해 걸었고 어떻게든 살아보기 위해 걸었다.

'모든 국민은 능력에 따라 균등하게 교육을 받을 권리를 가진다.'

1987년에 개정된 대한민국 헌법 제31조 제1항에 명시되어 있듯이, 우리나라 초등교육은 예나 지금이나 의무교육이다. 헌법 같은 조 제3항에서는 '의무교육은 무상으로 한다.'라고 규정하고 있다. 그러나 내가 국민학교·중학교를 다닐 때는 매달 기성회비 또는 육성회비라는 것을 내야만 했다. 어른들은 이를 '월사금月謝金'이라고 불렀다.

학생들은 매달 한 번씩 선생님이 나눠 주시는 누렇고 튼튼한 봉투를 하나씩 받아들였다. 봉투에는 각자의 이름이 쓰여 있었고, 일 년 열두 달의 빈칸이 인쇄되어 있었다. 학생들은 그 봉투에 돈을 넣어 매달 학교에 제출했다. 학교 수업이 없는 방학에도 월사금은 내야 했다. 국민학교 시절에는 선생님이 액수를 확인한 후 봉투에 도장을 찍고는 다음 달 정해진 날에 다시 봉투를 나눠주는 식이었고 중학생이 되어서는 직접 봉투를 들고 학교 서무과로 갔다. 문 옆에 나 있는 작은 유리 창구에 봉투를 제출하면 그달의 도장이 찍힌 봉투를 돌려받았다.

월사금은 각자의 가정형편에 따라 매달 내는 액수가 달랐다. 집안의 소득과 가정형편에 따라 액수를 차등으로 배정한 것이다. 삼백 원부터 사백오십 원, 육백 원까지 모두 세 단계로 나뉘었던 것으로 기억한다. 집안 형편이 어려운 학생들은 기성회비·육성회비를 내야만 하는 그날이 괴롭기만 했다. 궁핍하기로는 전교에서 둘째가라면 서러웠던 나 역시 마찬가지였다.

김 아무개, 박 아무개, 이 아무개…. 선생님은 몇몇 학생들을 호명했고 그 끝에는 아주 당연하게 내 이름도 있었다. 날카로운 목소리. 심장이 쿵 내려앉았다. 또 이 순간이 왔구나. 나를 포함해 이름을 불린 학생들은 모두 자리에서 일어나 교실 앞으로 나가야 했다. 매달 반복되는 풍경이었다. 선생님은 아무 말 없이 매서운 눈초리로 한 명 한 명 얼굴을 훑었다. 그것이 내일까지는 무슨 일이 있더라도 월사금을 가져오라는 무언의 압박이라는 걸 누구나 알았다.

그렇게 며칠이 지나면 이름이 불리는 건 결국 나 하나뿐이었다.

"윤종운."

교실 안이 조용해졌다. 아이들의 숨소리마저 멈춘 것 같았다. 들려오는 건 내 몸 안에서 쿵쾅쿵쾅 널뛰는 심장 소리뿐이었다. 모두가 나를 쳐다봤다. 대부분은 동정이나 연민의 눈빛을 보냈고, 어떤 눈들은 곧 벌어질 일에 대한 호기심으로 반짝했으며 또 어떤 눈은 동질감에서 오는 안타까움을 내비쳤다. 그 모든 시선은 내 온몸에 가시가 되어 박혔다. 이윽고 선생님 앞에 당도하니 등, 이마, 손… 온몸의 땀샘이 열렸다.

"넌 학교를 공짜로 다닐 셈이냐?"

"……."

"부모님이 대체 뭘 하시기에 이런 것도 제때 못 내냔 말이다."

"……."

"마지막으로 묻는다. 집에 돈이 없냐?"

"…예."

"부모님은 뭐 하시고?"

"…일하십니다."

"그럼 돈을 벌면서도 부러 안 낸단 말이냐? 도둑놈 심보가 따로 없구먼."

선생님의 뾰족한 면박이 교실 벽에 부딪혀 이리저리 튕겨 오르

> 선생님은 아무 말 없이 매서운 눈초리로 한 명 한 명 얼굴을 훑었다. 그것이 내일까지는 무슨 일이 있더라도 월사금을 가져오라는 무언의 압박이라는 걸 누구나 알았다.

다 내 자존심에 비수가 되어 꽂혔다. 꼭 재판장에 선 죄수가 된 기분이었다. 그러니까 나는 가난에 대한 단죄를 받는 중이었다. 그 짧은 시간이 나에게는 마치 영겁 같았다.

학교는 월사금을 받아 내기 위해 무엇이든 했다. 그것이 한 인간의 인권을 탄압하고 사춘기 아이의 자아를 짓밟아, 그 속에 어떤 트라우마를 남길지 모르는 형태였음에도 전혀 괘념치 않았다. 몽둥이로 흠씬 두들겨 맞은 허벅지는 피멍이 들어 보랏빛이 돌았고, 뺨의 실핏줄이 다 터질 정도로 따귀를 맞았다. 출석부로 귀가 먹먹해질 때까지 사정없이 후려 맞고, 대나무 회초리로 피가 보일 때까지 손바닥을 맞았다. 그렇게 맞고, 맞고, 맞고, 또 맞고…. 맞는 게 하루의 일과로 자리 잡았다. 뿐만이 아니었다. 한 달 동안 홀로 변소를 청소해야 했던 적도 있었고, 학생들이 지나다니는 복도에서 얼차려를 받기도 했으며 돈을 가져올 때까지 칠판에 이름을 크게 써놓고 망신을 주기도 했다.

교실에서 쫓겨나는 일도 부지기수였다.

"밀린 월사금 없이는 학교에 털끝 하나 들여놓을 생각 마라."

참으로 살벌한 추방선언이었다. 나는 고개를 푹 숙인 채 자리로 돌아가 가방을 챙겨 교실을 나섰다. 아이들의 시선이 끈덕지게 들러붙었다.

"쟤는 또 쫓겨나는군."

"쟤도 참 안됐다."

악의 없는 말들이 가슴을 할퀴었다. 아무리 턱을 세게 악물어도 울음이 새어 나왔다.

그날의 하늘은 유난히 맑았다. 반짝이는 햇빛이 푸른색은 더 푸르게, 붉은색은 더 붉게 삼라만상을 빛냈다. 그 화사한 세상 속에서 잿빛을 띠는 것은 가난의 그림자가 짙게 드리운 나 하나뿐이었다.

집으로는 절대 갈 수 없었다. 어머니가 계실지도 모르니까. 다른 때보다 이르게 귀가한 나를 보면 틀림없이 어머니는 '왜 이렇게 일찍 돌아왔냐.'는 질문을 하실 것이고, 어머니 앞에서 거짓말을 할 수 없는 나는 '월사금을 못 내서 쫓겨났어요.' 이실직고해야 하기 때문이었다. 그러면 어머니는 내 안위를 먼저 살피실 것이다. 실핏줄이 터진 볼때기나 피멍이 든 허벅지를 들킬지도 몰랐다. 목소리를 밝게 꾸미는 것도, 표정을 감추는 것도 어머니 앞에서는 무용지물이었다. 온갖 고생으로 주름진 얼굴에 또 하나의 걱정 근심을 새겨 넣고 싶지는 않았다.

평소와 같은 시간에 귀가하기 위해 동네 어귀를 몇 번이고 돌았다. 그러다 다리가 아파지면 골목길 계단에 풀썩 주저앉았다. 가방을 무릎 위에 올려놓고 하늘만 바라봤다. 시간은 야속하리만치 천천히 흘러갔다. 지나가는 사람들을 관찰하기도 했다. 아이들이 뭐가 그리 신나는지 소리를 빽빽 질러대며 바람 빠진 공을 차며 뛰어다녔고, 한 할머니는 손녀가 아장아장 걷는 것을 흐뭇하게 지켜보았다. 세상은 참 평화로웠다. 이곳에서 불행한 사람은 나 혼자뿐인 것 같았다.

해가 중천에 떴다. 그날은 배가 고픈지도 몰랐다. 나는 다시 천천히 걸었다. 어디로 가는지도 모른 채… 그냥 걸었다. 골목길을 지나고, 시장 입구를 지나고, 다리를 건넜다. 발이 아파도 목이 말라도 멈출 수 없었다. 걸음을 멈추면 슬픈 생각들만 밀려들 것 같았다. 나는 왜 이렇게 가난한 집에서 태어났을까. 왜 평균만큼도 살지 못하는 걸까. 왜 나만 월사금을 못 내는 걸까. 왜 나는 늘 쫓겨나야 하는 걸까. 괜히 애꿎은 돌멩이를 차며 길을 서성였다.

해가 서쪽으로 기울었다. 슬슬 집으로 돌아가도 좋은 시간이었다. 어머니는 막내가 평소와 마찬가지로 학교에 다녀온 줄 알 것이다. 온갖 짐이 한껏 실려 있는 그 굽은 어깨에 걱정이 더 얹히지 않을 것이다. 나는 무거운 발걸음을 집으로 돌렸다.

사실, 살벌한 체벌이나 잔인한 추방보다 다 곤란한 것은 따로 있었다.

"어머니 모시고 와라."

선생님이 꺼내든 최후의 일갈이었다.

아무리 흠집을 내고, 아무리 망신을 줘도 소용없는 지독한 놈에게 내려진 학교 특단의 대책이었다. 그러나 나는 단 한 번도 어머니께 담임의 호출을 전달하지 않았다. 모진 모욕과 닦달을 홀로 견뎠다. 내 몸만 계속 내주다 보면 다음 달이 오고, 또 그다음 달이 오고, 계절이 지나고, 학년이 지날 것을 알고 있었기 때문이다.

인간은 적응의 동물이라 했던가. 시간이 흐르며 나는 그 모든 상황에 익숙해지기 시작했다. 처음 혼나고, 맞고, 쫓겨났을 때는 꼭 세상이 무너지는 것 같았다. 얼굴이 화끈거렸고, 그 자리에서 증발해 사라지고 싶었다. 선생님과 아이들의 눈빛이 꼭 벼른 칼처럼 느껴졌다. 그러나 그게 두 번, 세 번 이어지니 덜 이전보다는 아프기 시작했다. 네 번, 다섯 번 이어질 즈음에는 이정도야 버틸 수 있지 싶었고 여섯 번째, 일곱 번째 차례가 오니 아예 무감각해졌다. 선생님이 내 이름을 부르면 기계처럼 아무 감정 없이 걸어 나갔다. 온몸 여기저기를 맞는 체벌의 아픔도 무뎌지기 시작했다. 수치심도 마찬가지였다. 나중에 가서는 아이들이 쳐다보든 말든 아무 상관이 없어졌다.

생각해보면 그게 더 무서운 거였다. 익숙해진다는 것. 맞아도 아파하지 않고, 분노해야 할 것에도 무감각해지는 것. 슬퍼해야 할 일에 덤덤해지는 것…. 기쁨, 슬픔, 분노, 설렘, 불안, 짜증, 기대 등 온갖 것으로 풍성해야 할 사춘기 아이의 감성이 너무나도 궁핍했다.

월사금을 걷는 날. 가방에서 봉투를 꺼냈다. 구겨지고 낡은 봉투. 열두 개의 칸 중에서 채워진 칸은 겨우 네다섯 개뿐이었고 그마저도 듬성듬성했다. 1월은 비어 있고, 2월은 채워져 있고, 3월은 또다시 비어 있고….

어떤 아이들의 봉투는 빨간 도장으로 가득했다. 규칙적이고 완벽한 직사각형들. 그 봉투를 꺼내 당당히 책상 위에 올려둔 아이는 마치 훌륭한 위인이라도 된 것처럼 우쭐댔다.

주변을 다 둘러봐도 내 봉투가 가장 초라했다. 열두 개의 칸 중 절반 이상이 채워지는 일은 학창 시절 내 단 한 번도 없었다. 일 년에 네다섯 개, 그게 내가 사력을 다해 채울 수 있는 전부였다. 듬성듬성 찍힌 도장 자국이 마치 겨울 논에 덩그러니 남은 벼 몇 단 같았다. 도장이 찍히지 않은 칸마다 결핍이, 가난이 드러났다. 난 그 초라한 봉투를 가방 깊숙이 밀어 넣었다.

"야, 이 고래 심줄보다 질긴 놈아!"
"태어나 너 같은 악질은 처음 본다!"

> 나는 왜 이렇게 가난한 집에서 태어났을까. 왜 평균만큼도 살지 못하는 걸까. 왜 나만 월사금을 못 내는 걸까. 왜 나는 늘 쫓겨나야 하는 걸까. 괜히 애꿎은 돌멩이를 차며 길을 서성였다.

몇몇 선생님은 나를 보며 이렇게 윽박지르시곤 했다. 그 시절, 나는 고래 심줄보다 질긴 악질이었다.

그러나 지금 와 돌이켜보면 질긴 것은 내가 아니라, 가난이었다.
지겹도록 나를 쫓아다닌 가난.
아침에 눈을 뜨면 내 옆에 태연히 누워있고,
뻔뻔스레 학교까지 졸졸 쫓아오는 가난.
떼어내려고 기를 쓰고 뛰어도 늘 우리 집 문 앞에서 나를 기다리고 있던….
쫓아내도 쫓아내도 자꾸 되돌아왔던 가난.
아무리 몸부림을 쳐도, 제발 꺼지라고 고래고래 악을 써도 떠나지 않던 가난.
고래 심줄보다 질긴 건 내가 아니라, 그것이었다.

05.
볕이 머문 자리

'쥐구멍에도 볕 들 날 있다.'

주로 가난에 지친 사람들의 입에 자주 오르내리는 말이다. 당장은 힘들어도 낙심하지 않고 정성껏 살아가다 보면 언젠가는 좋은 날이 올 거라는 희망과 위로의 문장이다.

이 속담은 본래 쥐구멍엔 볕이 들 수 없다는 사실에 기초한다. 훤히 보이는 데다 출입구를 낼 어리석은 쥐는 없을 테니 말이다. 그럼에도 불구하고 그곳에 볕이 든다면 그건 누군가의 손길이 있었다는 뜻이다. 그것은 자신의 처지를 체념하고 푸념하는 이에게 볕 들 날은 결코 올 리 없다는 말로도 들린다. 그렇게 보면 '쥐구멍에도 볕 들 날이 있다.'라는 '하늘은 스스로 돕는 자를 돕는다.'라는 서양의 오랜 격언과 맞닿아 있다. 도움이란 빚을, 도약이란 빛으로 갚을 만한 이를 돕고 싶어 하는 것이 사람의 마음이기 때문이다.

음습한 구석에 가려진 쥐구멍을 비추려면 과연 어느 정도의 햇빛이 필요할까?

캄캄한 곳에 가늘게 비치는 햇살 한 줌을 우리말로 '볕뉘'라 한다. 여기서 '뉘'라는 단어는 그다지 대단치 않은 것, 하찮은 것을 뜻한다. 그러나 사형수가 돼 오랜 수감 생활을 했던 한 작가는 그 볕뉘가 얼마나 귀한 존재인지 책을 통해 전했다.

> 겨울 독방에서 만나는 햇볕은 길어야 두 시간이었고,
> 가장 클 때가 신문지 크기였다.
> 그것을 무릎 위에 받고 있을 때의 따스함은
> 살아 있음의 어떤 절정이었다.
> 신문지 크기의 햇볕만으로도 세상에 태어난 것은 손해가 아니었다.

양지에서는 햇빛의 소중함을 알 수 없다. 그러나 음지에서는 햇살 한 줌이 얼마나 따뜻하고 고마운 존재인지를 온몸으로 느낄 수 있다. 살아가는 일이 캄캄하고 막막하게 느껴지는 이에게 진정 필요한 것은 가늘게 비치는 햇살 한 줄기, '볕뉘'인 것이다.

중학교 3학년, 나에게도 그 따사로운 볕뉘가 비쳤다. 난생처음 '소풍'이라는 학교 행사에 참여하게 된 것이다. 소풍. 이 두 글자는 나에게 오랫동안 허락되지 않았던 금기의 단어로 차마 입 밖으로 꺼낼 수조차 없는 말이었다. 국민학교에 다니던 6년 동안 총 열두 번의 소풍이 있었다. 봄과 가을, 1년에 두 번이었던 것으로

기억한다. 당시 학생들은 소풍 가는 날을 너나없이 기다렸다. 달력에 동그라미를 치고, 전날 밤에는 흥분해서 잠도 못 이루고, 소풍 가는 날 아침이면 새벽부터 깨어나 부산을 떨었다.

그리고는 김밥과 사이다 한 병, 평소엔 잘 먹지 못하던 과자까지 한 봉지, 조그만 가방에 넣고 학급 전체가 한 시간쯤 걸어 유원지로 향하는 것이다. 그러나 나에게 그런 기회는 단 한 번도 오지 않았다. 우리 집에는 김밥 한 줄을 쌀 능력도, 사이다 한 병을 살 여유도 없었기 때문이다. 살림을 더 조이면 김밥 한 줄쯤 마련할 수 있었겠지만, 그것 때문에 포기해야 할 것들이 너무도 많았다. 그러니 선택의 여지가 없었다. 보통 한 반에 대여섯 명은 소풍에 가지 못했는데 그 아이들은 텅 빈 교실에 남아 자습을 해야 했다. 감시하는 이 하나 없는데도 다들 풀이 죽어 말이 없었다. 학교 전체가 텅 빈 것처럼 조용했다. 창밖의 짹짹거리는 새소리가 유난히 시끄럽게 느껴지던 날이었다.

소풍에 다녀온 다음 날이면, 아이들은 소풍에서 벌어진 무용담을 왁자지껄 떠들어댔다. 누구네 어머니가 싼 김밥이 제일 맛있었다느니, 누가 보물찾기에서 1등을 했다느니, 누구는 까불다가 강가에 빠져 선생님께 된통 혼이 났다느니…. 나는 가만히 아이들의 이야기를 들었다. 부러웠다. 부러워하는 내 모습이 초라했다. 그 초라함을 들킬까 봐 두려웠다. 그래서 나는 웃었다. 마주 보고 웃어주었다. 마치 나도 그곳에 있던 것처럼, 마치 나도 그 즐거움을

> ❝
> 그날 밤은 생생한 꿈을 꿨다. 혼자 상상의 소풍을 떠난 것이다. 그 속에서 나는 흰쌀밥과 소시지, 어묵이 가득 들어있는 김밥을 싸 와, 친구들에게 나눠주며 인기를 얻었다.
> ❞

나는 것처럼….

그날 밤은 생생한 꿈을 꿨다. 혼자 상상의 소풍을 떠난 것이다. 그 속에서 나는 흰쌀밥과 소시지, 어묵이 가득 들어있는 김밥을 싸 와, 친구들에게 나눠주며 인기를 얻었다. 나를 향해 다들 엄지를 추켜세웠다. 그 속에서 나는 보물찾기의 영웅이었고, 장기자랑의 주인공이었다. 그러나 아침이 밝고 잠에서 깨면 모든 영광은 사라지고 없었다. 밀려오는 허무함, 허탈함, 그리고 슬픔…. 현실의 나는 여전히 소풍 한 번 가보지 못한 불행한 아이였다.

다른 아이들처럼 나도 소풍에 보내 달라고, 딱 한 번만이어도 좋다고, 어머니께 투정을 부릴 수는 없었다. 애초에 소풍이라는 말을 꺼내 본 적조차 없었다. 어린 나이였지만 알고 있었기 때문이다. 당신 어깨에 얹힌 짐의 무게를. 저녁이면 쓰러지듯 잠드시는 당신의 지친 얼굴을…. 겨우 소풍이라는 유희 때문에 어머니를 더 힘들게 할 수는 없었다. 그래서 나는 입을 다물었고 어머니도 아무 말씀 안 하셨다. 우리는 그렇게 서로를 위해 침묵했다.

그렇게 소풍 한 번 못 가본 아들이 어머니 눈에도 참 안쓰러우셨을 것이다. 그래서였을까. 중학교 졸업을 앞두고 있던 가을날. 어머니는 내 머리에 손을 얹으시며 말씀하셨다.
"이번 소풍은 꼭 보내주마."
이때의 내 감정을 어떻게 설명해야 할까. 그저 기쁨이라고 하기엔 더 복잡했고, 감격이라고 하기엔 너무 먹먹했다. 목이 메었다. 내 목구멍을 무언가 꽉 틀어막았다. 나는 아무 말도 하지 못한 채 그저 고개만 세차게 끄덕였다. 어머니의 눈가가 붉어지는 걸 보지 않으려 애써 고개를 돌렸다.
소풍 전날의 늦은 밤, 나는 방에 누워 부엌에서 들려오는 소리를 들었다. 칼이 도마에 닿는 소리, 물이 끓는 소리…. 어머니께서 도시락을 싸고 계시는 모양이었다. 신문을 배달하려면 새벽 4시에 일어나야 하는데 그날은 도통 잠이 오지를 않았다. 처음으로 가는 소풍. 어쩌면 처음이자 마지막일지도 모르는 기회…. 가슴이 두근거렸다.

소풍 당일, 햇살이 유난히 밝았다. 세상 모든 빛이 나를 위해 존재하는 것 같았다. 어머니가 싸주신 김밥이 망가질까 봐 신문을 배달할 때도 계속 신경이 쓰였다. 보자기로 정성스레 감싼 그 도시락이 보물처럼 느껴졌다. 교실 속 들뜬 표정의 아이들이 보였다. 그 가운데 가장 상기된 아이는 단연 나였으리라. 평소에는 느릿하게만 흐르던 시간이 그날만큼은 쏜살같이 흘렀다. 조회가 끝나고 출발 신호가 떨어짐과 동시에 우리는 줄지어 교문을 나섰다. 처음 갔던 소풍이라 그런지 지금도 모든 장면이 생생하다. 유원지로 가는 길, 아이들은 천진하게 장난을 치고, 별것 아닌 이야기에도 크게 웃었다. 교통편 없이 먼 길을 걷는 행군에 가까웠으나 나에게는 그 모든 것이 특별하게만 느껴졌다.

한 시간쯤 걸어 유원지에 도착했다. 푸르디푸른 잔디밭이 펼쳐져 있었다. 선생님의 지시에 따라 넓은 공터에 모였고 곧 놀이가 시작되었다. 수건돌리기, 닭싸움, 기마전…. 나는 서툴지만 열심히 뛰었다. 땀이 났고, 숨이 찼고, 다리도 아팠다. 그래도 그 모든 게 좋았다.

백미는 단연 보물찾기였다. 선생님들이 미리 숨겨둔 쪽지를 찾는 게임. 보물이라 해봤자 연필, 공책, 지우개 등 작은 학용품이 고작이었지만, 아이들의 눈빛은 진짜 보물을 찾는 것처럼 빛났다. 신호가 떨어지자 모두가 날랜 짐승처럼 뛰어다녔다. 나무 밑을, 바위틈을, 벤치 아래를 뒤졌다. 나도 온 힘을 다해 뛰었다. 눈썰미와 순발력 있는 녀석들은 보물쪽지를 대여섯 개씩이나 찾아 들고선 의기양양했고, 나처럼 엉뚱한 곳을 찾아다니는 녀석들은 빈손이기 십상이었다. 그러다 재수 좋게 보물쪽지 하나를 발견했는데,

먼저 소풍을 다녀간 다른 학교의 쪽지여서 실망스럽기도 했다. 나는 끝내 하나도 찾지 못했으나 전혀 개의치 않았다. 친구들과 함께 소풍에 와 있다는 것, 그것만으로도 충분했다. 빈손이었지만 가슴은 만족감으로 가득 차 있었다.

점심시간이 오자 아이들이 저마다 도시락을 꺼냈다. 나도 두근거리는 가슴으로 어머니가 싸주신 도시락 뚜껑을 열었다. 사실 볼 것도 없었다. 당연히 보리밥과 나물, 단무지만 들어있는 부실한 김밥이었다. 그래도 나는 그 속에서 어머니의 정성을 봤다. 그것으로 충분했다.

당시에는 소시지가 들어간 김밥을 싸 온 아이가 최고였다. 모두 부러운 눈빛으로 그 김밥을 쳐다보았다. 반면 속이 빈 김밥을 싸 온 한 아이는 주눅이 들어있었다. 도시락을 열자마자 재빨리 뚜껑으로 가리려 했지만 이미 늦었다. 한 철부지가 놀려댔고, 아이의 얼굴이 붉어졌다. 나는 그 마음을 알 것 같았다. 모두가 김밥을 싸서 온 건 아니었다. 평소 같은 보리밥 도시락을 싸 온 아이도 꽤 있었다. 도시락을 꺼내던 아이의 표정이 잊히지 않는다. 달걀부침이 한 장 올라가 있던 것 같기도 하다. 그 아이의 어머니도 나의 어머니처럼 밤늦게까지 부엌에 서 계셨을까.

당시 김밥은 아주 특별한 음식이었다. 고급 음식이었다고 표현해도 과하지 않을 것이다. 1960년대부터 1980년대까지는 회사와 작업장마다 야유회라는 걸 떠나는 경우가 많았다. 그때 음식은 각자 마련하기도 했지만, 식당에 맡기기도 했다. 얇게 켠 나무 도시락에 김밥을 담아 파는 게 당시 식당의 괜찮은 돈벌이였다. 놀러 다니는 일상이 흔하지 않던 과거, 소풍이나 야유회의 음식이 김밥이었다는 건 그만큼 아주 특별한 의미가 있다는 뜻이다. 벼르고 별러서 먹는 음식. 김밥이 고급이었던 이유는 우선 김이 싸지 않았기 때문이다.

설비가 좋아지고 김 양식의 절대량이 늘어난 1980년대 중후반, 식탁용 김이 가정집에 오르는 건 충격적인 사건이었다. 그전까지는 살만한 집에서 김을 한 첩, 즉 열 장 정도 사서 기름과 소금을 바른 후 일일이 구워 밥상에 올리던 존재였다. 잘 구워진 김이 포장지에 얌전하게 들어앉아 아무 때나 꺼내먹을 수 있는 반찬이 되리라고 생각하는 이는 아마 단 한 명도 없었으리라. 그러니 어머니가 싸주신 김밥은 단순한 끼니가 아니었다. 어머니의 마음이 들어간 선물이었다.

나는 김밥을 한 입 베어 물었다. 밥알이 입안에서 부서졌고, 나물의 향이 퍼졌다. 짜지도 싱겁지도 않은, 딱 적당한 간. 단무지의 아삭한 식감. 세상에서 가장 맛있는 김밥이었다. 먹다가 입이 텁텁해질 때쯤 사이다도 한 모금 마셨다. 톡 쏘는 탄산이 목구멍을 타고 내려갔다. 가을볕이 따뜻했고, 바람이 삽상했고, 친구들의 웃음소리가 들렸다. 나도 그 장면의 일부였다. 모든 것이 완벽했다.

> **❝**
> 설비가 좋아지고 김 양식의 절대량이
> 늘어난 1980년대 중후반, 식탁용 김이 가
> 정집에 오르는 건 충격적인 사건이었다..
> **❞**

점심시간 후에는 흥겨운 장기자랑이 이어졌다. 모두가 신이 나서 열심이었다. 나는 그때 '춤'이라는 걸 처음 봤다. 우리 집에는 텔레비전은 물론 라디오조차 없었다. 그저 마을 공용 스피커로만 세상 소식을 접할 수 있었던 나에게 춤은 낯선 언어였다. 참으로 당황스러웠다. 아이들이 음악에 맞춰 발을 이리저리 틀고, 머리를 흔들며 노는 모습…. 그야말로 문화 충격이었다. 어떻게 저렇게 자유로울 수 있을까. 나는 구석에 앉아서 구경만 했다. 일어서서 보낼 용기가 나지 않았다. 그 별천지를 쳐다보는 것만으로도 신기하고 즐거웠다. 나 어떡해, 나 어떡해…. 아이들이 맞춰 춤을 추던 노래 속에는 이런 가사가 여러 번 반복됐는데, 이 곡이 샌드페블즈가 부른 '나 어떡해'라는 것은 훗날에야 알게 됐다. 이 노래를 들을 때마다 나는 그날을 떠올린다. 푸른 잔디 위에 앉아, 친구들의 춤을 보던 그 순간을.

해가 서쪽으로 기울기 시작했다. 돌아갈 시간이었다. 아이들이 하나둘 짐을 쌌다. 나도 빈 도시락을 보자기에 싸 가방에 넣었다. 올 때보다 훨씬 가벼웠다. 그러나 충만하게 찬 가슴은 그 어느 때보다도 행복한 기운으로 묵직했다.

집에 도착해 문을 열자 어머니가 계셨다.
"잘 다녀왔냐?"
어머니의 물음에 나는 '네'하고 짤막하게 대답했다. 그것뿐이었다. 아무 말 않고도 어머니는 내가 행복했다는 것을, 나는 어머니가 기뻐하신다는 것을 알고 있었다.

햇볕이 앉은 자리에 어김없이 이름 모를 꽃이 피었다. 볕에 바짝 말린 빨래에서는 건조기는 흉내 낼 수도 없을 만큼 좋은 향기가 난다. 그 어떤 인공조명도 햇살 아래 있는 것만큼 우리를 아름답게 만들어주지는 못한다.

해는 그저 무심이 세상을 비출 뿐이나, 그 빛을 어떤 마음으로 받아들이는가 하는 문제는 순전히 자신의 몫이다.

중학교 3학년 시절의 소풍은 쥐구멍을 비춘 미지근한 햇살이었다.

그 작은 빛이 어둠을 견디게 했다. 또 그 하루가 내일을 버티게 했다. 잠깐이었지만 내 세상을 통째로 밝혀준 빛이었다. 그 빛은 내 안 어딘가에 여전히 남아있다.

어머니의 김밥과 아이들의 웃음소리와 푸른 잔디의 감촉, 그날의 햇살….

이렇게 가느다란 볕뉘 한 줄기로도 세상은 살아볼 만한 곳이다.

06.
구두닦이 소년

대한민국의 근대미술사를 대표하는 1세대 화가, 이수억 화백은 붓으로 우리나라의 격동기를 기록했다. 특히 1952년 작 〈구두닦이 소년〉은 전쟁이 훑고 간 세상의 민낯을 있는 그대로 표현하며 시대의 아픔을 그렸다.

구두통을 어깨에 메고 한 손에는 구둣솔을 쥔 소년. 까까머리에 허름한 옷차림, 무표정한 얼굴의 소년은 허기가 느껴지는지 주린 배를 움켜쥔 채 망연자실한 모습이다. 눈은 퀭하다 못해 초점이 없다. 화가는 당시의 안타깝고 비참한 현실을 소년의 퀭한 눈과 얼굴을 통해 보여주려 했으리라.

시선을 소년의 뒤편 배경으로 옮기면 당시의 비참한 생활상이 그대로 드러난다. 한쪽 다리를 잃어 목발을 짚고 가는 사내, 그 옆에는 행상을 나온 소녀, 미군의 군화를 닦고 있는 '슈샤인 보이' 등 모든 피사체가 사진처럼 사실적이다. 미군 뒤에 짙은 화장을 하고 선글라스를 낀 여자들이 서 있다. '양공주'라 불리던 이들이다. 그

> **어둠 속 형광등 불빛 아래 앉아있던 학생들은 모두가 각자의 사연을 가지고 있었다. 낮에는 공장에서 일하는 아이, 가게에서 일하는 아이…. 우리는 서로의 사연을 자세히 묻지 않았지만 같은 부류라는 것을 알 수 있었다.**

들은 구두닦이 소년에 버금가는 전후 사회의 아픈 생채기였다.

 이 작품을 보는 순간 나는 나의 옛 시절이 떠올랐다. 그 가엾은 아이의 심정이 고스란히 나에게로 왔다. 그 소년과의 확실한 공통분모는 내 가슴 속에 어떤 동질감이 피어오르게 했다.
 그 공통분모는 가난, 그리고 '구두닦이'….
 그림의 배경인 1952년, 그로부터 약 30여 년이 흐른 1980년대. 부산 중구 남포동 국제시장 한편에는 '구두닦이' 윤종운이 주린 배를 움켜쥐고 있었다.

 그 시절 나는 야간고등학교에 입학하게 됐다. 부산의 영남상업고등학교였다. 현재는 야간고등학교가 자취를 감췄지만, 당시에는 근로 청소년들에게 주경야독晝耕夜讀 배움의 길을 열어주고 주간 고교에 진학하지 못한 학생들을 흡수하는 역할도 했다. 가난과 희망이 한데 엉킨 곳이었다. 거기서 우리는 낮의 고단함을 견디며 좀 더 밝은 미래를 꿈꿨다. 어둠 속 형광등 불빛 아래 앉아있던 학생들은 모두가 각자의 사연을 가지고 있었다. 낮에는 공장에서 일하는 아이, 가게에서 일하는 아이…. 우리는 서로의 사연을 자세히 묻지 않았지만 같은 부류라는 것을 알 수 있었다.

입학 통지서를 받아들었을 때의 감정은 어떻게 설명해야 할까. 개천에서 용이 나려면 고등학교 졸업장이라는 최소한의 발판이라도 있어야 했다. 하지만 그 배움의 대가를 어떻게 치러야 할지는 막연했다. 학비는 어떻게 마련할 것인가. 하다못해 교과서며 공책, 연필까지…. 그 모든 것은 돈이었고, 돈은 나에게 가장 먼 존재였다.

그래서 나는 신문 배달과 잡지 팔이로 학비와 생활비를 벌었다. 새벽어둠 속에서 시작되는 하루. 신문 묶음을 어깨에 메고 골목골목을 누비는 일. 이 일들은 당시 고학생의 일거리로 인식돼 있었다. 낡은 교복 차림의 신문 배달부를 본 사람들의 눈빛에는 연민과 격려가 묻어났다.

잡지 팔이는 시장에서 떼어온 헌 잡지들을 기차 안이나 역전에서 파는 일이었다. 차장들은 교모를 쓰고 경례를 올려붙이며 열차에 올라타는 학생들을 보면 고갯짓하며 무임승차를 너그러이 용인해 주곤 했다.

그러나 이런 '고상한' 일만으로는 형편이 너무나 빠듯했다. 당시 학교에서는 월사금을 내지 못한 학생은 시험조차 치지 못하게 했다. 시험을 못 치면 학년 승급도, 졸업도 못 했다. 시험 기간이 다가올 때마다 나는 악몽에 시달렸다. 교무실로 불려가는 꿈. 월사금 못 낸 학생들의 명단을 읽어 내려가는 선생님의 목소리. 내 이름이 호명되지 않기를 바라는 간절함….

돈은 항상 모자랐고, 나는 항상 조마조마한 마음이었다.

그러던 중 새벽에 신문을 돌리며 우연히 알게 된 구두닦이 형으로부터 제안을 받았다.

"너 나 따라다니면서 구두나 닦아볼래?"

형은 나보다 대여섯 살이 더 많았던 것으로 기억한다. 매일 뙤약볕을 쬐며 구두를 닦았으니 얼굴이 검고 거칠었지만, 그 눈빛만은 참으로 맑았다. 가난한 자에게는 모든 기회가 달가운 법. 나는 그렇게 구두닦이를 시작하게 됐다.

국제시장. 그곳은 부산의 심장이었다. 사람들이 북적거리고, 물건들이 넘쳐나고, 수많은 돈이 오가는 곳. 돈 많은 신사·숙녀들이 드나드는 은행 근처에 터를 잡고 일을 시작했다. 구두통은 생각보다 더 무거웠다. 어깨에 멘 끈 자국이 살을 파고들었다. 그 무게를 느낄 때마다 그보다 더 묵직한 돈을 벌 수 있길 간절히 바랐다.

구두닦이 일은 '찍새'와 '닦새'로 나뉘었다. 속어俗語였다. 찍새는 닦을 구두를 수거해오는 사람, 딱새는 말 그대로 구두를 닦는 사람으로, 찍새가 영업직이라면 닦새는 생산직이었다. 두 사람이 동시에 영업과 생산을 하기보다는 분업해서 각자 하나에 전념하는 것이 더 나았다. 일종의 서열이기도 했다. 누구나 그 찍새 과정을 거쳐야 비로서 닦새가 될 수 있었다.

형이 설명했다.
"구두 닦~어! 큰소리 외쳐. 그럼 필요한 사람들이 너를 부를 거야. 아무도 널 찾지 않으면 네가 손님을 찾아 나서야 한다. 그렇게 구두 몇 켤레가 모이면 나한테 가져와. 손님 얼굴을 잘 기억해 둬야 해. 다시 주인에게 가져다줘야 하니까. 알겠지?"

참으로 간단한 설명에 간단한 일이었으나 실제로는 전혀 그렇지 않았다.
나는 국제시장 일대 당구장, 은행, 다방 등을 돌아다니며 외쳤다.
"구두 닦~어!"
목소리가 떨렸다. 왠지 쑥스럽고 자신이 없었다. 아무도 나를 부르거나 찾지 않았다. 당구장 안으로 들어갔다. 담배 연기가 자욱했고, 공 부딪히는 소리가 울려 퍼졌다. 몇몇 남자들이 당구대에 기대어 담소를 나누고 있었다. 용기를 내 그 앞으로 다가갔다.
"구두 닦으세요."
내 목소리는 그들의 웃음소리에 묻혔다. 아무도 돌아보지 않았다. 나는 좀 더 큰 목소리로 다시 외쳤다.

"구두 닦으세요!"

그제야 한 남자가 귀찮다는 듯 손을 휘저었다. 나는 기가 죽어 물러났다. 그다음은 다방으로 향했다. 유리문을 밀고 들어서자 처음 맡아보는 향이 코를 찔렀다. 풍문으로만 들었던 커피의 향기였다. 손님들이 테이블에 앉아있었다. 정장을 입은 신사들, 양장을 입은 부인들. 그들의 세계와 나의 세계는 달랐다. 나는 그 앞에서 주춤거렸다. 종업원은 눈살을 찌푸렸다.

"너 뭐 하니?"

"저… 구두 닦으시라고요."

"그럼 얼른 일보고 나가라."

우물쭈물하던 나는 결국 쫓겨났다. 얼굴이 다 화끈거렸다.

거리의 다른 구두닦이들은 금방 개시를 했다. 그들은 참 능숙하고 자연스러웠다. 손님들에게 다가가 웃으며 너스레를 떨고, 구두를 가리키며 농담을 던졌다. 그러면 손님들이 웃으며 구두를 벗어 건넸다. 쉽게. 자연스럽게. 나는 그들을 보며 한동안 우두커니 서 있어야 했다. 그러다 지치면 은행 계단 구석에 쪼그리고 앉아, 오가는 사람들을 바라만 봤다. 구두를 신은 발들이 내 앞을 지나갔다. 반짝이는 구두, 먼지 묻은 구두, 낡은 구두…. 그저 구두만 보였다.

내가 관찰한 '구두닦이'란 별로 구두를 닦을 필요가 없는 사람

들에게,

"구두 닦으세요, 구두 닦으세요, 제발요. 네?"

하며 귀찮게 해서,

"어허, 이놈 참…."

하며, 마지못해 구두를 벗어내도록 하는 일이었다.

손님을 기다리는 게 아니라 만들어야 했던 것이다. 그러니 숱한 거절을 무릅쓰고 다가가야 했다. 거리에 진을 친 소년 구두닦이들만 수십 명이었으니 그럴 만도 했다. 경쟁이 치열했다. 자리싸움도 빈번했다.

형은 빈손으로 돌아온 나를 보고 자기 일을 하는 중간중간,

"너, 저기 저 사람한테 붙어봐."

내 등을 떠밀었다. 그러나 발걸음은 쉽게 떨어지지 않았다.

"가봐, 겁먹지 말고. 아무도 너 안 잡아먹는다."

이후로도 나는 사람 좋아 보이는 아저씨들, 부인들에게 조심스레 다가가 구두를 닦길 권했으나 기어들어 가는 목소리였으니 그 누구도 제대로 들어주질 않았다.

그렇게 쭈뼛거리면서, 첫날은 결국 허탕을 쳤다. 학교로 가는 내내 힘이 없었다. 주머니도 텅 비어 있었다. 형은 첫날이니 어쩔 수 없다며 나를 위로했지만 내 마음은 전혀 괜찮지 않았다. 종일 종종거리느라 무거운 다리보다 낙심한 마음이 더 무거웠다.

'내 성격에는 도저히 안 맞는 일이 아닐까?'

학교에 도착하고 나서도 수심을 떨칠 수가 없었다. 화장실 거울 앞에 서서 내 모습을 들여다보았다. 먼지가 잔뜩 묻은 얼굴, 아래로 축 처진 입꼬리….

나에게는 선택의 여지가 없었다. 신문 배달과 잡지 팔이만으로는 부족했다. 월사금 납부 기한이 다가오고 있었다. 나는 해야만 했다. '하고 싶어서'가 아니라 '해야만 해서'… 반드시 해내야 했다. 그러려면 달라져야 했다. 수줍음과 부끄러움을 버려야 했고, 자존심도 내려놓아야 했다.

다행히 다음날부터 한 명 두 명 손님을 포섭하는 데 성공했다.

첫 손님은 여전히 생생하게 기억난다. 양복을 입고 서류 가방을 든 중년의 신사였다. 나는 숨을 한 번 크게 들이쉬고 용기를 내어 자신 있게 외쳤다.

"구두 닦으세요!"

그는 별말 없이 내 얼굴을 보았다. 잠시의 침묵. 그 짧은 시간이 무척이나 길게 느껴졌다.

"얼마?"

"이백 원입니다."

"그래, 그럼 닦아봐."

그가 구두를 벗어 내밀었다. 내가 해냈다. 나는 믿을 수가 없었다. 곧장 구두를 받아 들고 형에게 달려갔다.

"형! 구두요!"

형이 씩 웃으며 구두를 건네받았다. 점점 신이 났다. 하루 이틀 시간이 쌓이니 사람들에게 다가가는 일이 그리 어렵게만 느껴지지 않았다.

물론 대개는 내가 투명인간이라도 되는 것처럼 무시했다. 말을 붙여도 눈길조차 주지 않았다. 어떤 사람들은 꺼지라며 손을 휘젓거나 심한 경우에는 욕지거리를 내뱉기도 했다. 열 명에게 말을 걸면 아홉 명은 거절했다. 얼굴이 두꺼워졌다. 마음에 굳은살이 박였다. 점점 무뎌졌다. 나는 매일 거리를 헤맸다.

"아이고, 사장님 구두 좀 어떻게 해야겠습니다. 신사가 이러시면 안 되죠!"

"오늘 좋은 일 있으시겠습니다. 구두가 빛나야 운도 따르죠."

괜한 너스레를 떨기도 했다. 그러면서 점점 '단골'도 생기기 시작했다.

어떤 날은 경찰이 일제 단속을 나왔다.

누군가 "경찰이다!" 소리치자마자 그 많던 구두닦이 소년들이 우르르 도망을 쳤다. 구두통을 집어 들고 골목으로, 건물 뒤로, 숨을 수 있는 곳이라면 어디든 달렸다. 그 당시 거리에서 구두를 닦는 소년들 대부분이 학교에 다니지 않았기 때문에, 경찰은 야간 학교에 다니는 조건을 붙여 구두닦이를 허용해 주곤 했다. 다행히 나는 이미 학교에 다니고 있었기 때문에 해당이 없는 일이었다.

　시간이 되면, 옷을 갈아입고 학교로 향했다. 군데군데 새카만 구두약이 얼룩진 옷을 벗고 교복을 입으면 나는 다시 학생이 됐다. 늦은 밤, 집으로 돌아오면 대충 허기를 채우고 이부자리에 들었다. 새벽 4시에 일어나 신문을 돌리고, 신문을 돌린 후에는 잡지를 팔고, 잡지를 판 후에는 구두를 걸으러 다녀야 했기 때문이다. 그렇게 버는 돈이 오늘의 밥이고, 내일의 월사금이 됐다.

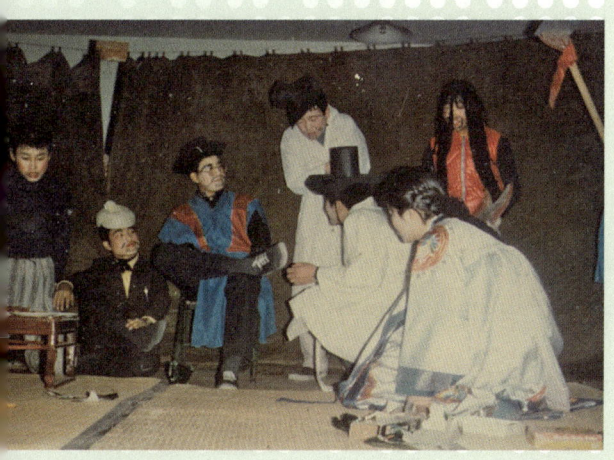

▶ 푸시킨의 '삶이 그대를 속일지라도/ 슬퍼하거나 노하지 말으라/ 기쁨의 날이 오리라/ 마음은 미래에 사는 것'이라는 싯구를 좌우명으로 고단한 어린 시절 공부로 버텨냈다.

07.
젖은 신발을 신고

　　서울 종로 6가를 지나다 보면, 사거리에서 신호를 기다리고 있는 오토바이 무리를 볼 수 있다. 원단 두루마리를 가득 싣고 위태롭게 서 있다가, 신호가 바뀌면 저마다의 길로 순식간에 사라진다. 한 시인은 그 모습을 보고, 이런 시를 쓰기도 했다.

　　　장애물을 요리조리 헤치며
　　　동대문 시장 안 저마다의 결승선을 향해 사라졌다
　　　좀처럼 등위를 매길 수 없었다
　　　모두가 1등이었다

　　시인 윤효의 〈생업〉 중 일부다. 생업이라는 두 글자에서 묵직한 무게가 느껴진다. 생업의 전선을 달리는 사람들, 그 가운데에는 원단을 배달하는 이도 있고, 그걸 보고 시를 쓰는 시인도 있고, 나도 있고, 이 글을 읽고 있는 당신도 있다. 실은 모두가 '생활의 달

> *서로의 수고 없이는 단 하루도 살 수 없는 날들이다. 그렇게 보면 세상에 사소한 일이란 건 없다. 내가 어떤 일을 하고 있든, 그 일이 세상 그 무엇보다 중요한 일인 것이다.*

인'인 것이다.

'달인', 한 분야에서 수십 년간 일하며 득도의 경지에 오른 이들을 가리키는 말이다. 그들에게 비법을 물어보면,
"같은 일을 수십 년 반복하다 보니 그냥 자연스레 이리되었습니다."
겸손한 답들을 내놓지만, 세상에 '그냥' 잘하게 되는 일이 어디 있겠는가. 그만큼의 노력과 시간과 고민과 정성이 있었을 것이다.

어느 TV 프로그램에서 53년 경력 '이발의 달인'을 본 적이 있다. 달인도 달인이지만, 그 제자들 역시 대단했다. 그 가운데서, 가위는 잡아보지도 못한 채, 3년간 로션만 짰다는 한 제자는 매번 1g의 오차도 없이 정확한 양의 로션을 손님에게 제공하고 있었다. 비록 수습생 신분이었으나 그 사람 또한 달인이었다. 본인의 일에 최선을 다하면 그 자체로 달인인 것이다.

서로의 수고 없이는 단 하루도 살 수 없는 날들이다. 그렇게 보

면 세상에 사소한 일이란 건 없다. 내가 어떤 일을 하고 있든, 그 일이 세상 그 무엇보다 중요한 일인 것이다. 고등학생 윤종운에게 구두를 윤이 나게 닦는 일이 가장 중요한 일과였듯 말이다.

반년 정도 찍새 생활을 한 후에야 구두 닦는 법을 배울 수 있었다. 그것은 일종의 승급이자 지난날들에 대한 보상이었다.

구두 닦을 때도 어엿한 순서가 있었다. 우선 구두약 묻힌 칫솔로 구두창에 갑피를 대고 마주 꿰맨 가죽 테, 일명 '대다리'부터 꼼꼼히 닦는다. 다음으로 손의 검지·중지·약지에 흰 천인 '융'을 말아 감고 물먹은 스펀지에 융을 찍어 '충분히' 적신다. 구두약을 '충분히' 바른 다음 구두를 '충분히' 닦는다. 이때, 물과 구두약의 배합이 가장 중요했다.

형은 연신 '충분히'를 강조했다. 참 모호한 말이었다. '그 충분이라는 게 대체 얼마만큼의 양을 말하는 것이냐' 묻자,

"최소한 요 정도 바르면 광이 잘 나겠다는 정도."라고 했다.

나는 떨떠름한 표정으로 그저 '네'라고 대답했다.

다음은 광을 낼 때 쓰는 구둣솔인 '광솔'로 문질러야 했다. 이 과정에서 날이 추워 약이 굳으면 난로 앞에 살짝 갖다 대기도 했지만 웬만하면 그런 과정은 삼갔다.

"물광이니 불광이니 하지만 구두 닦는 건 사람 얼굴 화장하는 것과 같은 거야. 불에 구워 '불매끼' 한다고 광이 나겠냐. 죽은 가죽인 구두에 불을 대면 상하고 마르고 광도 오래 안 간다."

지금 생각해보면 그 형님은 자신의 직업에 대한 철학이 있고, 득도의 경지에 오른 달인이었다. 보기에는 참 쉬워 보였다. 그러나 문지르고 문질러도 광은 나지 않았다.

형에게 '대체 얼마나 문질러야 하느냐?' 물으니,

"600번 정도는 문질러야지. 그렇게 해선 백날 닦아도 광 안 난다."라는 일갈이 돌아왔다.

왼쪽으로 돌려 문질렀다가 오른쪽으로 문지르고, 힘주어 세게 밀었다가 약하게 밀고. 주름 사이 구석구석을 닦았지만 미세한 광만이 올라올 뿐이었다. 그래도 조급해하지는 않았다. 늘 그래왔듯이 차근차근 성실하게 형의 손놀림을 좇았다. 서툴렀던 나는 그렇게 조금씩 좋아지기 시작했다.

구두에서 번쩍이는 빛이 나던 순간. 그 감동을 잊을 수가 없다. 칙칙하던 구두 표면이 점점 윤기를 띠기 시작했다. 처음에는 희미하게, 그러다 점점 선명하게. 마치 구름 사이로 해가 떠오르는 것처럼 말이다. 내 얼굴이 구두에 비칠 정도였다.

"그 정도면 됐어."

형이 내 어깨를 두드리며 한 말이 세상 어느 칭찬을 들었을 때보다 기분이 좋았다. 먼지 묻고 색이 바랜 낡은 구두가, 내 손을 거쳐 새것처럼 변했다. 나는 그 반짝이는 구두를 한참이나 들여다보았다.

> *구두 안에 담긴 사람들의 삶. 그것을 신고
> 어디론가 가는 사람들. 나는 구두를 닦으며
> 그들의 인생을 상상했다. 이 사람은 어디로
> 가는 걸까. 무슨 일을 할까. 어떤 꿈을 꿀까.*

처음에는 어려웠지만 갈수록 재미있었다. 한 켤레를 닦는 데 삼십 분, 이십 분, 십오 분, 십 분…. 노하우가 쌓이며 시간이 단축되기 시작됐다. 손이 기억했다. 헝겊에 물을 적시는 정도, 구두약을 바르는 두께. 모든 것이 자연스러워졌다. 나중에는 생각하지 않아도 손이 저절로 움직이기 시작했다. 지저분했던 구두가 내 손에서 깨끗해진다는 건 상당한 만족감을 줬다. 손님이 구두를 받아서 들고 감탄사를 내뱉으며 "이야, 새것 같네!" 할 때, 그때의 기분은 말로 다 표현할 수 없었다.

지금도 나는 여전히 구두를 직접 닦는다. 한 번 손에 배인 기술은 사라지지 않았다. 가난이 가르쳐준 몇 안 되는 기술이었다. 주말 아침이면 현관에 구두들을 꺼내 놓고 하나씩 닦는다. 내가 닦아 둔 것들을 보며 아내는 늘 감탄한다.

"당신이 닦은 구두는 광이 한 달은 간다니까요."

구두 잘 닦는다는 칭찬은 예나 지금이나 왜 그렇게 기분이 좋은지 모르겠다.

나는 고등학교를 졸업할 때까지 계속 구두를 닦았다. 닦새를 오래 하다 보니 나중에는 구두 크기만 봐도 '265군', '275 정도 될 것 같은데?' 사이즈가 보이기 시작했다. 수백 켤레, 수천 켤레를 닦다 보니 꼭 구두가 말을 걸어오는 것 같았다. 구두는 그 사람의 삶을 말해주곤 했는데 거짓을 늘어놓는 법이 없었다. 사람 성향 따라 직업 따라 각자의 특성까지 담겨있었다. 뒤축이 구겨진 구두의 주인은 대개 꼼꼼하지 않은 성격이었다. 신발을 급하게 발을 밀어 넣는 사람. 늘 시간에 쫓기거나 대충대충 사는 사람일 수도 있었다. 밑창 안쪽이 유난히 닳은 구두를 보면서는 안짱걸음을 걷는 사람이구나 했다. 발의 궤적이 구두에 고스란히 남아있었다.

어떤 구두는 허옇게 튄 소변 자국과 당 때문에 들러붙은 먼지가 쌓여 있었다. 그걸 보며 '혹시 당뇨인가?' 건강 상태를 지레짐작해보기도 하고, 산 지 5~6년 됐을 텐데도 뒷굽이 그다지 닳지 않은 구두를 보면서는 '구두가 아주 많은 사람이거나 차만 타고 다니는 사람이구나.' 재산까지 속단해보기도 했다. 신을 끌고 다녀 굽 끝에 보푸라기만 생긴 구두를 보면 '다리가 불편하거나, 허리가 아프거나, 연세가 많은 분이 아닐까?' 마음이 무거워졌고 그런 구두를 닦을 때는 한층 더 힘을 주게 됐다. 그 사람에게 구두는 단순한 신발이 아니라 지팡이 같은 존재일 수도 있으니까. 누가 알려준 건 아니고 자연스럽게 그리되었다. 구두를 닦으며 사람을 배웠다. 구두라는 책을 읽으며 인생을 배웠다.

구두 안에 담긴 사람들의 삶. 그것을 신고 어디론가 가는 사람들. 나는 구두를 닦으며 그들의 인생을 상상했다. 이 사람은 어디로 가는 걸까. 무슨 일을 할까. 어떤 꿈을 꿀까.

어느 날은 아주 질 좋은 가죽의 외제 구두를 닦게 됐다. 색이 고왔고, 부드러웠고, 마감이 정교했다. 주인은 윤기가 흐르는 양복을 빼입은 신사였다. 자기 구두를 쏙 빼닮은 사람이었다. 나는 그 구두를 닦으며 생각했다. 이 구두는 값이 얼마나 될까? 이 사람은 태어났을 때부터 부자였을까? 한때는 나처럼 가난하지 않았을까? 지금은 무슨 일을 할까?

구두를 돌려주며 묻고 싶었다.

'어떻게 하면 선생님처럼 될 수 있나요?'

내가 닦은 구두를 신고 돌아서는 그의 뒷모습을 바라보며 나는 다짐했다. 언젠가 나도, 언젠가는 나도 저렇게….

구두약 냄새가 손에서 지워지지 않았다. 아무리 깨끗이 씻어도 손톱 틈에 검은 때가 남아있었다. 교실에서 책을 펼칠 때마다 시커먼 손톱 밑이 보였다. 어떨 때는 일부러 주먹을 말아 쥐고 있곤 했다. 밤 수업이 끝나고 집으로 걸어가는 길, 별을 올려다봤다. 맑은 밤이었다. 별들이 총총히 빛났다. 저 별들처럼 나도 언젠가 빛날 수 있을까. 오늘 낮에 봤던 그 신사처럼 나도 좋은 구두를 신을 수 있을까. 나는 믿고 싶었다. 이 고단한 날들이 헛되지 않으리라고. 끝에는 반드시 좋은 날이 있을 거라고.

그런 황금빛 상상을 재미 삼아 또 위안 삼아 살아갔으나 현실은 하루도 바람 잘 날이 없었다. 어느 날은 자리다툼으로 단 한 푼도 벌지 못했다. 아침 일찍 시장에 나갔더니 이미 다른 구두닦이가 내 자리를 차지하고 있었다.

"비켜라, 여긴 내 자리야."

"자리에 이름 써놨냐? 오늘은 내가 먼저 왔다."

말다툼이 시작됐다. 목소리가 커졌다. 절대 물러설 수는 없었다. 생존의 문제였다. 그 아이와 나는 밀고 밀리다가 결국 주먹다짐까지 하게 됐다. 주먹이 날아왔다. 코에서 피가 났다. 질 수 없어서 팔을 마구 휘둘렀다. 그러다 결국 시장을 돌던 경찰에게 발각됐고 된통 혼이 나 하마터면 구두통까지 빼앗길 뻔했다. 그날은 결국 한 푼도 벌지 못한 채, 얼굴에 커다란 멍만 달고 돌아가야 했다.

아주 옛날 유행가에 '비 오는 날은 공치는 날, 놀고 싶어서 노나.'라는 가사가 있었다. 하늘을 지붕 삼아 일하는 사람들에게 비 오는 날은 공치는 날이었다. 구두닦이도 마찬가지였다. 대부분 길거리나 버스 정류장 근처 등 야외에서 일했기 때문에 비가 오면 아예 영업 자체가 불가능했다. 어차피 또 흙탕물이 튀길 텐데, 굳이 돈을 주고 구두를 닦는 맹추 또한 없었다. 그래도 나는 구두통을 비닐로 덮고, 우비를 입은 채 시장으로 갔다. 한 건물 아래서 비를 피하며 혹시 올지 모를 단 한 사람의 손님을 기다렸다. 세상의 모든 소음이 빗소리에 묻혔다. 추적추적. 규칙적인 소리. 나는 그 소리를 들으며 생각에 잠겼다. 어차피 내리는 비. 마음 편히 쉴 수 있는 형편이라면 참 좋을 텐데…. 먹고 살 생각에 불안과 초조한 마음 따라 몸까지 안절부절못했다. 이 일을 언제까지 해야 할까. 이렇게 고등학교를 졸업해봐야 뭐가 달라질까. 나는 이 삶에서 벗어날 수 있을까. 답은 없었다. 세상을 채우는 빗소리만 있을 뿐이었다.

그렇게 한참이나 손님을 기다렸다. 야속한 비는 쉬지 않고 내렸다. 하늘이 왜 이렇게 우는 건지 나도 덩달아 울고 싶었다. 지나가는 사람들을 향해 '구두 닦~어!'를 외쳐봐도, 돌아오는 건 '저 노마가 무얼 잘못 먹었나.' 하는 냉랭한 시선뿐이었다. 얄팍한 싸구려 우비는 제 몫을 다 하지 못해 머리카락과 옷까지 슬금슬금 젖어 들어가는 중이었다. 비 오는 날 굳이 구두를 닦고 싶어 하는 특이한 사람이 한 명은 있지 않을까, 하는 헛된 기대를 구겨 접기 시작한 건 그로부터 세 시간이 막 지났을 무렵이었다.

터덜터덜 집으로 돌아가는 길. 하늘은 참 끈질기게도 비를 퍼부었다. 비닐로 감싼 구두통이 유난히도 무거웠다. 한 걸음 내디딜 때마다 질척이는 진흙이 흰 고무신에 들러붙었다. 발이 땅속으로 끌려 들어가는 듯했다. 유난히 질척한 땅을 만나 두어 번은 미끄러졌다. 이제는 고무신 신고 넘어지는 데도 요령이 생겨, 크게 아프거나 다치지는 않았다. 빗물이 시야를 가려서 얕은 웅덩이도 피하지 못했다. 어느새 고무신 안은 흙탕물이 가득 차 있었다. 걸을 때마다 찰박찰박, 찌걱찌걱 듣기 싫은 소리가 났다. 나는 자리에 멈춰서 고무신을 벗어들고는 물을 빼냈다. 어쩔 수 없이 비집고 나오는 한숨을 푹 쉰 채 그 젖은 고무신에 다시 발을 끼워 넣었다. 나 자신에게 가련한 동정심이 일었다.

버틴다는 것은, 젖은 신발을 신고 먼 길을 떠나는 일과 비슷하다는 생각이 든다. 원하는 건 전혀 이뤄지지 않고 시련은 시도 때도 없이 찾아오지만, 그럼에도 가고 싶은 길이 있다면 그 젖은 구두를 신고 계속 걸어가야 하는 것이다.

그렇게, 내가 할 수 있는 일을 묵묵히 해내는 것. 대단치 않은 걸음이라도 꾹꾹 눌러가며 발자국을 남기는 것. 그렇게 버티다가 결국 목적지에 도착하는 것….
어쩌면 그렇게 버티며 사는 것이, 잘 사는 것인지도 모르겠다.
벌써 인생의 후반전에 접어든 지 오래다.
몸도 마음도 지쳐 당장이라도 젖은 신발을 벗어 던지고 싶을 때는, 그 비 내리던 날을 떠올리며 다시 걸음을 옮겨 본다.

08.
그날, 바람이 불었다

'내일은 내일의 태양이 뜰 거야….'

마거릿 미첼의 장편소설을 원작으로 한 영화 〈바람과 함께 사라지다〉는 미 남북전쟁이라는 역사적 격변기를 관통하며 여자 '스칼렛 오하라'의 삶과 사랑을 그렸다. 전 세계 영화 역사상 최고의 흥행작이자 여전히 회자 되는 불멸의 고전이기도 하다.

영화의 마지막 장면. 스칼렛 오하라를 연기한 배우 비비안 리는 희망이 바람과 함께 사라진 폐허에서 독백을 내뱉는다.

'After all, Tomorrow is another day….'

우리나라에서는 '내일은 내일의 태양이 뜰 거야.'라고 옮겨졌다. 이 맛깔스러운 문장은 이후로 널리 사용되며 희망과 용기와 재기의 상징이 되었으니 과연 초월 번역의 걸작이 아닌가 싶다.

〈바람과 함께 사라지다〉에서 '바람'이 뜻하는 것은 전쟁. 그 바

> *누구에게나 이 변화의 바람이 불어오는 시기가 있다. 열여덟, 나에게도 더 큰 곳을 향해 등을 떠미는 바람이 불어오기 시작했다. 그 바람은, 가난이라는 장애물을 넘어서고 싶은 욕망과 성공을 향한 갈증이 만들어낸 기류였다.*

람은 사랑하는 아이와 남편, 고향과 재산까지 그녀의 모든 것을 빼앗아 갔다.

  살아가면서 우리는 참 많은 바람을 만난다. 긴 여름내 얼마나 힘들었느냐고 그을린 팔을 쓸어주는 삽상한 가을바람, 꽃가루가 잔뜩 실린 봄바람, 뺨을 꽁꽁 얼릴 만큼 시린 겨울바람, 습기를 머금은 더운 여름 바람…. 이렇게 계절을 느끼게 하는 '바람'도 있지만, 마음을 툭 건드려 일탈로 이끄는 아주 못되고 위험한 '바람'도 있으며, 간절한 꿈과 소망도 우리는 '바람'이라고 부른다. 쓰임도 다르고 뜻도 다르지만, 모든 바람 뒤에는 공통적으로 찾아오는 것이 있으니…. 바로 '변화'라는 움직임이다.

  누구에게나 이 변화의 바람이 불어오는 시기가 있다. 열여덟, 나에게도 더 큰 곳을 향해 등을 떠미는 바람이 불어오기 시작했다. 그 바람은, 가난이라는 장애물을 넘어서고 싶은 욕망과 성공을 향한 갈증이 만들어낸 기류였다.

부산 국제시장 한국상업은행 근처. 그 번잡한 거리 모퉁이에 자리를 잡고 구두를 닦던 나는 매일 아침 비슷한 풍경을 마주했다. 회색, 남색, 검은색…. 양복을 말끔히 차려입은 은행원들이 바쁜 걸음으로 출근하는 모습이었다. 잘 닦아서 반질반질한 구두처럼 윤이 나던 그들은 나와 '다른 세상에 사는 사람들' 같았다.

시대마다 선망하는 직업이 있다. 시절이 하 수상殊常했던 만큼 1950년대에는 공직자가 되면 출세로 여겼다. 1955년에는 이규환 감독의 〈춘향전〉이 개봉됐는데, 이것은 한국영화 도약의 계기로 이어져 배우 전문학원 경영자와 극장 간판 화가가 돈을 벌었다. 1960년대에는 가발 수출 붐으로 가발기술자가, 1970년대는 중동 건설기술자가 외화벌이에 나섰다. 그리고 1980년대, 내가 구두를 닦던 시절에는 은행원과 증권회사 직원이 최고의 직업으로 꼽히곤 했다.

당시 은행원은 공무원이나 일반 사무직에 비해 초임 연봉이나 월급 수준이 상대적으로 높았고, 이는 젊은 구직자들에게 큰 매력으로 다가왔다. 1980년대는 한국경제가 고도성장을 이루던 시기로, 기업이나 개인 모두 자금을 확보하는 것이 매우 중요했는데 은행은 그 자금을 공급하는 유일한 통로였다. 수

요는 많은데 공급은 제한적이니, 은행 문턱이 높을 수밖에 없었다.

 그러면서 은행은 일종의 '권위'를 갖게 됐다. 대한민국 사람들의 돈을 굴리는 곳에서 일한다는 건 단순한 직장이 아니라 하나의 '신분 상승'이었던 것이다. 주택자금 대출 등 직원에게 제공되는 금융 혜택도 다른 직장보다 월등히 좋았다. '내 집 마련'은 시대를 불문한 목표가 아니겠는가. 당시에도 내 집을 갖는다는 것은 모든 이가 바라는 꿈이었으니 이는 결정적인 장점이 됐다. 게다가 1997년 외환위기 전까지는 은행이 국영기업이나 마찬가지로 인식되었고, 쉽게 망하지 않는다는 믿음이 강했다. 한 번 입사하면 정년이 보장되는 '평생직장'이라는 인식이 지배적이었던 것이다.

 나는 은행원들의 구두를 닦으며 그들이 나누는 이야기를 귀동냥했다. 집값 이야기, 경제 이야기, 교육 이야기, 정치 이야기…. 그들의 말 한마디 한마디는 내가 알지 못하는 세계로 통하는 작은 창문 같았다. 만듦새가 훌륭한 구두, 윤기가 흐르는 양복, 강렬한 스킨로션 향기, 손목에서 번쩍이는 시계…. 나는 그런 것들을 은근슬쩍 훔쳐보며, '이 사람들은 한 달에 얼마나 많은 돈을 벌까?' 호기심을 품기 시작했다. 처음에는 작디작았던 호기심이 갈수록 바람 넣은 풍선처럼 몸집을 부풀리기 시작했고, 그것은 이내 뻥 하고 터져 입 밖으로 튀어나오는 지경에 이르렀다.

 "선생님, 은행원들은 한 달에 얼마나 법니까?"

단골 중 하나였던 상업은행의 직원은 의아한 듯 나를 내려다보더니 피식 실소를 터트렸다.

"글쎄, 먹고 살 만큼은 번다."

'먹고 살 만큼'…. 나도 먹고는 살았으니 그 모호하고 알쏭달쏭한 답으로는 개운치가 않았다. 나는 굴하지 않고 다시 한번 물었다.

"사만 원, 아니, 오만 원도 넘나요?"

그는 나의 소박함을 비웃었다.

"사내자식이 쩨쩨하게 오만 원이 뭐냐? 삼십만 원도 넘지."

삼십만 원. 그 숫자가 내 머릿속에서 불꽃처럼 터졌다. 나는 구두 한 켤레를 닦을 때마다 이백 원을 벌었다. 새벽에 이백 부씩 신문을 돌리며 한 달에 팔천 원을 벌었다. 삼십만 원이면 내가 몇 년을 뼈 빠지게 움직여야 벌 수 있는 돈이었다. 우리 식구가 반년은 넉넉히 먹고도 남을 돈이었다. 그때부터 심장이 두근거리기 시작했다.

"어떻게 해야 선생님 같은 은행원이 될 수 있는데요?"

흥분에 찬 마음 따라 목소리까지 떨렸다. 그는 잠시 나를 내려다보더니, 천천히 입을 열었다.

"너 학교는 다니냐?"

"예, 영남상고 다닙니다."

"이 시간에 왜 학교에 안 있고?"

"야간이라서요."

"야간은 취급도 안 한다."

그의 말은 마치 벽처럼 느껴졌다. 하지만 동시에, 그 벽을 넘으면 새로운 길이 펼쳐진다는 것을 알려주는 신호이기도 했다. 그는 다행히 마음씨가 넉넉했다. 얼굴에는 새카만 구두약을 잔뜩 묻힌 채, 눈빛을 초롱초롱 빛내는 나에게 이것저것 필요한 것들을 일러주었다. 거기에는 은행원 입사 시험에 들어가는 과목 등의 실용적인 정보들과 공부는 이렇게 해나가는 게 좋다 하는 노하우까지 담겨있었다. 뭐 하나라도 더 알아내고자 굽신거리는 내 모습이 그의 눈에도 참 애잔하게 보였던 것 같다.

그날 나는 다른 날보다 이르게 장사를 접고 보수동 헌책방으로 달려갔다. 좁은 골목 안쪽에 자리한 그 헌책방은 곰팡내와 종이 냄새가 뒤섞여 있었다. 나는 숨을 고르며 책더미 사이를 헤맸다. 형광등 불빛 아래 보이는 글자들이 그렇게 낯설 수가 없었다. 한참을 헤매던 나는 결국 중학교 저학년 학생들이 보는 영어책을 찾아냈다.

"이건 애들이나 보는 건데?"

책방 주인아저씨는 내가 내민 책을 보며 툭 내뱉었다. 순간 얼굴이 달아올랐다. 아무 말도 할 수 없었다. 나는 그저 고개를 숙인 채 책값만 내밀었다.

구두약이 묻은 얼굴, 새까만 손톱, 귀가 새빨개진 나를 보며 아저씨는 그저 말없이 계산을 마쳤다. 그리고는 내가 가게를 나설 때,

"열심히 하거라."

작은 응원의 말을 덧붙였다. 그 말이 집에 가는 내내 귓전을 울

렸다.

이전까지 오로지 졸업장에만 관심이 있었다. '고등학교 졸업장이라도 따야 이 가난에서 벗어날 수 있겠지.', '졸업장만 있으면 뭐라도 되겠지.' 참으로 한심하고도 막연한 생각 때문이었다. 그러나 그날, 그 은행원과의 대화를 기점으로 나에게는 어떠한 바람이 불어왔다. 졸업장을 목표가 아니라 시작점으로 두게 된 것이다. 공부는 학교를 졸업하기 위한 과정이 아니라, 내가 원하는 삶으로 갈 수 있는 유일한 길이었다. 나는 그제야 공부의 진짜 의미를 깨달았다.

그날 밤, 학교에서 돌아온 나는 책을 펼쳤다. 'A, B, C…' 알파벳이 처음 보는 그림처럼 낯설었지만, 동시에 새로운 세계로 통하는 암호처럼 느껴졌다. 전구 하나 달랑 매달린 방에서, 나는 계속 책장을 넘겼다. 손가락 끝에는 여전히 구두약 냄새가 배어 있었고, 종일 쪼그려 앉아있던 탓에 무릎이 저렸지만, 그 모든 것이 대수롭지 않았다. 바람이 문 틈새로 스며들었다. 찬 기운을 느끼며 다짐했다. 이 바람을 타고 내가 꿈꾸는 곳에 도달하고야 말 것이라고.

'철들다.'라는 표현이 있다. 여기서 철은, '사리를 분별할 줄 아는 힘'이다.

단어의 뿌리는 계절의 순환에서 왔고, 봄철, 여름철, 가을철, 겨

 울철이라는 말은 농사를 짓기 시작하면서 생겨났다. 농사를 지을 때는 적절한 시기에 맞춰 씨를 뿌리고, 또 거둬들이는 때가 무엇보다 중요하다. 오랜 경험이 쌓인 농부는 언제쯤 김을 매고 추수를 해야 양질의 결실을 얻을 수 있는지를 알게 된다. 오랜 세월의 경험으로 체득된 지혜인 것이다.

 그러니까 '철들다.'라는 말은 세상의 이치와 적절한 '타이밍', 즉 '때'를 헤아릴 줄 안다는 의미가 된다. 나아갈 때를 알고 그 시기를 놓치지 않는 이는 철이 든 것이나 마찬가지이다. 지금 돌이켜 보면, 보수동 헌책방에서 중학생 영어책을 품에 안고 돌아오던 그 순간이, 내가 비로서 철이 들었던 때가 아닐까, 하는 생각이 든다.

09.
푸름은 남는다

　　･ ･ ･ ･ ･
　나물 말릴 때 나는 냄새, 낙엽 밟을 때 나는 냄새, 건조한 바람 냄새….

　조금씩 생기를 잃어가는 냄새다. 물기를 잃어가는 냄새다.

　인생을 사계절로 놓고 본다면 가을쯤에 접어들었을 지금의 나에게도 이런 냄새가 나지 않을까, 생각해 본다.

　그러나 말라가면서도, 잃어가면서도 무언가는 응축되어 간다. 색이 바래고, 잃어가는 것 같지만 실은 한층 더 성숙해가는 것이다.

　덜어지면서 채워져 가는 참으로 묘한 순간이다.

　'몸은 늙어도 마음은 늙지 않는다.'

　어릴 적, 어르신들이 이런 얘기를 할 때면 참 고약한 어불성설이라고 생각했다. 아무렴 몸이 늙는데, 마음이라고 별수 있나 싶었다. 그 어르신들의 나이에 가까워진 나는 이제야 그 말의 의미를 알 것 같다. 굳이 비유하자면 몸의 노화 속도는 5G, 마음이 나

> ❝
> 나무는 인간처럼 나이를 겉주름에 새겨 넣지 않고 속에다 쟁여 넣어두었기 때문일까. 나무는 그렇게 어른으로 늙는 것이 아니라, 어른으로 커가면서 해가 갈수록 더 울창해진다.
> ❞

이 드는 속도는 2G 정도쯤 되는 것이다.

   나이가 들면 젊음은 가지만 청춘靑春이 온다. 젊음은 꽃병이 들어있는 꽃이라서 시간이 지나면 시들어버리지만, 청춘은 시간이 지나도 가슴에 남는 푸른 나무다. 백 년, 이백 년…. 오래 산 나무들도 때가 되면 어김없이 푸른 잎을 달고 있다. 나무는 인간처럼 나이를 겉주름에 새겨 넣지 않고 속에다 쟁여 넣어두었기 때문일까. 나무는 그렇게 어른으로 늙는 것이 아니라, 어른으로 커가면서 해가 갈수록 더 울창해진다.

   그렇게 보면 마음을 늙게 하는 건 세월이 아니라, 생각이 아닌가 싶다.
   세월은 안으로만 새기고 생각은 여전히 푸르른 것으로 가득 찬 사람. 언제나 청춘으로 싱그럽고 화사하게 나이 들어간다면 더할 나위가 없겠다.

내가 이렇게 청춘에 대한 단상을 늘어놓는 것은, 그 푸르름을 내 안에 깊이 새겨 넣은 적이 없기 때문이다. 가난은 지독하게 잔인해서 내 청춘과 두고두고 꺼내 볼 추억, 그맘때만 느낄 수 있는 낭만까지 다 빼앗아 갔다. 가난할수록 더욱 가난해진다는 빈익빈 貧益貧은 비단 형편뿐 아니라 추억이라는 마음속 재산에도 적용되는 원리인 것이다.

고등학교 수학여행 시즌이었다. 교실에는 들뜬 기운이 감돌았다. 아이들은 쉬는 시간마다 다가올 수학여행에 대한 기대를 떠벌렸다. 나는 아무것도 들리지 않는 척, 관심이 없는 척 교과서에 시선을 고정했다. 허기가 일상이던 그 시절, 나에게 수학여행 날은 텅 빈 학교에서 홀로 공부를 하는 날이었다. 더 어렸을 적엔 친구들이 수학여행 떠나는 모습을 보고 학교 담장에 기대 서럽게 울기도 했으나 이제는 너무나도 당연해진 일이었다.

요즘도 값비싼 수학여행 경비가 도마 위에 오르곤 한다. 당시에도 마찬가지였다. 사만 원. 그 돈이면 우리 식구가 보름은 먹고 살 수 있었다. 내가 한 달 내내 아등바등 살아도 벌기 힘든 돈이었다. 감히 바라거나 넘볼 수 없는 일에는 마음조차 두지 말아야 했다. 오르지 못할 나무는 애초에 쳐다보지도 않아야 했다. 나는 평소처럼 교과서에 코를 박고 문제 풀이에 집중했다.

그러던 어느 날, 뜻밖에도 시집간 큰누나가 찾아왔다. 학교 수학여행 시즌인 걸 어떻게 알았는지 회사에서 돈을 가불해 급하게 경비를 마련해온 것이었다. 누나는 내 손에 봉투를 쥐여주며 말했다.

"너는 억울하지 않아?"

억울한 걸 따지자면 수도 없었다. 어디 억울만 하겠는가. 괜히 서운하고 답답하고 분하고 불안하고 초조하고 조마조마하고 무력하고 수치스러웠다. 그러나 그 감정에 매몰돼 봐야 내 상처만 깊어질 뿐이었다. 누나는 내 손을 꼭 잡으며 말을 이어갔다.

"난 억울했어. 죽어라 일해도 벗어날 수 없다는 게 제일 억울하고 슬펐어."

누나는 나보다 여섯 살 위였다. 나보다 6년은 더 가난했단 뜻이다. 그러니 이 궁핍한 생활에 염증이 날 만도 했다.

"네가 수학여행을 한 번 안 간다고 이 살림 절대 안 핀다. 청춘이 없고 그래서 추억이 없다는 건 마음까지 가난해지는 일인 거야. 나중에, 시간이 더 많이 흐르고 난 다음에 네가 떠올릴 수 있는 기억이 겨우 구두 닦고, 신문 돌리고…. 그건 아주 많이 서러운 거야. 난 네가 나처럼 사는 건 싫다. 청춘을 좀 누리고, 이맘때 할 수 있는 것들, 다는 아니어도 조금씩은 해보고… 그랬으면 좋겠다."

누나의 눈에는 눈물이 그렁그렁했다. 내 모습에서 본인의 어린 시절을 떠올렸을 것이다. 가난에게 잡아먹힌 청춘. 그것의 부재가 얼마나 서러운 것인지 잘 알고 있던 누나는, 막내만큼은 조금 다른 길을 걸어보길 바랐다. 그래서 자신의 월급까지 선지급해가며 내 손에 봉투를 쥐여준 것이다. 누나가 가고 난 뒤, 나는 한참을 울었다. 누나가 너무나도 가엾어서, 고마워서, 또 미안해서…. 눈물이 끊임없이 뺨을 적셨다.

다음 날 새벽, 신문 배달을 하러 간 보급소 앞에는 소장 아저씨가 담배를 피우고 있었다. 긴장을 잔뜩 하고 간 참이었다. 수학여행에 가는 사흘은 신문 배달을 할 수가 없는데…. 이러다 혹시 잘리는 건 아닐까. 모두가 밥벌이에 목말랐던 시절이니 나를 대체할 인물은 얼마든지 많았다. 나는 기어들어 가는 목소리로 말했다.
"저… 다다음 주에 수학여행을 가게 돼서 사흘 정도 쉬어야 할 것 같은데요, 아저씨."
내 걱정과는 달리, 소장 아저씨는 눈을 동그랗게 뜨고 환하게 웃었다.
"그래? 다행이구나. 축하한다."
그리고는 주머니를 뒤지더니 구겨진 지폐 한 장을 내밀었다.
"가서 쓸 돈은 있냐? 얼마 안 되지만 챙겨가라."
가진 건 없어도 인정人情만은 넘치던 시대였다.
그날 새벽, 신문을 품에 안고 뛰어다니는 발걸음이 그 어느 때보다 가벼웠다. 아저씨가 주신 지폐 한 장이 손난로처럼 주머니를 따뜻하게 덥혔다.
그렇게 큰누나의 깊고 마음 씀씀이와 신문 보급소 아저씨의 넓은 이해 덕에 다녀온 2박 3일 수학여행은 내 인생 최초의 여행이 됐다. 지금이야 수학여행 하면 자연스레 '해외여행'을 떠올리지만, 당시에는 국내 관광지를 순회하는 것이 수학여행의 전부였다. 그마저도 고등학생이나 돼야, 학교 근처가 아니라 지역을 넘어 떠날 수 있었다. 수학여행이란 단어를 그대로 풀이하자면 학업을 닦는(수학·修學) 여행. 뜻이 이러니, 노는 시간인지 수련하는 시간인지 그 포지션은 조금 어정쩡했으나 설렘의 크기는 지금의 그것과 비교할 수 없을 정도로 컸다.

부산에서 강릉을 거쳐 속초로 가는 길은 너무나 멀었다. 부산역에서 완행열차에 몸을 실었을 때, 나는 여전히 꿈을 꾸는 것 같았다. 낡은 객차는 삐걱거렸고, 의자는 딱딱했지만, 그 모든 것이 신기하고 설렜다. 부산에서 김천까지 완행열차를 타고 갔다가, 강릉으로 가는 열차 편으로 갈아탔다. 가는 데만 거의 하루가 걸렸다. 열차는 느릿느릿 달렸고, 창밖으로는 끝없는 터널과 산과 들판이 펼쳐졌다. 친구들은 도시락을 까먹으며 떠들었고, 카드놀이를 하며 웃었고, 기타를 치며 노래를 불렀다. 나도 그 한가운데 있다는 것. 나도 이 추억의 일부라는 것. 그것만으로도 가슴이 벅찼다.

당시 설악산은 수학여행지로 최고의 인기를 누렸다. 특히 흔들바위의 전설은 아이들 사이에서도 끊임없이 회자했다. 한 명이 흔들어도 흔들리고, 10명이 흔들어도 딱 그만큼만 흔들리고, 100명이 달려들어도 절대 떨어지지 않는다는, 물리 법칙을 가뿐하게 무시하는 희한한 바위라는 것이었다. '몇 명이 밀면 떨어질까?' 고민에 고민을 거듭하며 친구들끼리 내기하던 기억이 난다. 지금도 그곳에 가면 정말 바위가 흔들리는지 제대로 밀어 보고 싶은 호승심好勝心이 든다. 설악산 소공원 주차장에 내렸을 때는 산의 거대함에 압도당했다. 울산바위는 저 멀리서도 웅장한 자태를 뽐냈고, 계곡물 소리는 청량하게 울려 퍼졌다. 흔들바위로 가려면 발품을 조금 팔아야 했다. 약 3km. 제법 먼 거리였지만, 마지막 산길을 뺀 나머지가 대부분 평지처럼 완만했다. 걷는 내내 길동무가 되는 시원한 계곡과 울산바위의 그림 같은 자태가 훌륭했다. 장난기로 가득한 남자 고등학생들이 그곳을 그냥 지나칠 리 없었다. 계곡물에 손을 담그며 누군가 "아, 시원해!" 소리치자, 모두 우르르 몰려가 손을 담갔다. 계곡물로 서로의 얼굴에 물을 튀기며 깔깔거렸다. 젖은 교복이 불편했지만, 이게 뭐 대수인가 싶었다. 그 순간이 너무나도 좋았다.

흔들바위에 도착했을 때, 우리는 숨을 헐떡이며 바위 앞에 섰다. 설악산 울산바위 아래에 있는 계조암 앞. 와우암 위에 위태롭게 올려져 있었다. 백여 명이 함께 식사할 만큼 넓어 식당암食堂岩이라고도 하는 반석 끄트머리였다. 손가락으로 살짝 밀어도 굴러떨어질 듯 아슬아슬했다. 너나 할 것 없이 이 바위를 밀어 보겠다고 줄을 섰다. 케이블카를 타고 5분이면 닿는 권금성도 추억이 서린 곳이었다. 케이블카 안에서 내려다본 설악산은 절경이었다.

울긋불긋한 단풍이 산을 빼곡하게 덮고 있었고 계곡은 은빛 실처럼 흘렀으며, 바위들은 햇빛을 받아 반짝였다. 우리는 모두 창에 얼굴을 붙이고 바깥을 내다봤다. 케이블카가 흔들릴 때마다 누군가 비명을 질렀고, 그 비명은 곧 웃음으로 바뀌었다. 권금성에 올랐을 때, 세상이 발아래 펼쳐졌다.

 밤이 되면 우리가 묵는 여관은 전쟁터가 되었다. 먼저 잠이 들면 친구들의 놀림거리가 되기 일쑤였으니, 선생님의 "소등, 취침!" 외침에도 우리는 더 악착같이 눈을 희번덕거렸다. 복도를 달리는 발소리, 방문을 두드리는 소리, 낄낄거리는 웃음소리가 밤새 이어졌다. 어떤 아이는 야전 전축을 틀어놓고 트위스트를 추다가 교복 바지가 찢어져서, 엉덩이 맨살을 손으로 가리고 다녀야 했다. 여관 주인이 쿵쾅거리는 소리에 놀라 달려와서는 "방구들 꺼지겠다!"라고 소리를 지를 정도였다. 우리는 이불 속에 숨어 킥킥거리며 웃었다. 밤중에 몰래 술 사러 간다고 여관 2층에서 뛰어내리다가 발목을 삐끗해 절룩거리고 다니는 녀석도 있었다. "너 다리가 왜 그래?" 선생님이 물으면, 태연하게 "제기차기하다가 그랬어요." 했다. 기념품 가게에서 나무 목걸이를 훔치다 들킨 친구도 있었다. 사람들이 지나다니는 거리 한복판에서 선생님에게 몽둥이찜질을 당하는 모습을 멀찍이 서서 그 장면을 지켜보기도 했다.

 수학여행의 목표는 애초부터 배움이 아니었다. 객기가 가미된

약간의 일탈이 이 여행의 진짜 묘미였다. 살던 동네를 아주 멀리 떠나본다는 경험, 그리고 어깨만 툭 치면 어떤 음모라도 함께 작당할 수 있는 친구들…. 그것만으로도 충분히 만족스러운 것이었다.

어느새 마지막 밤이었다. 내일이면 다시 부산으로 돌아가야 했다. 다시 일상으로, 교실로, 내 삶으로 돌아가야 했다. 그 생각을 하니 갑자기 슬펐다. 친구들과 함께 웃고 떠들 수 있는 시간이 조금만 더 있었으면 좋겠다고 생각했다. 그러나 시간은 평소답지 않게 서둘러 흘렀다. 돌아가는 길은 올 때보다 훨씬 빠르게 느껴졌다. 열차 안에서 친구들은 지쳐서 잠들었고, 나는 창밖을 바라봤다. 지나가는 풍경을 보며 생각했다. 운이 좋았다. 큰누나가 없었다면 이 모든 것을 경험하지 못했을 것이다. 여관방에서의 소란도, 친구들과의 웃음도 기억에 담지 못했을 것이다.

형편 탓에 어린 시절 사진이 몇 장 없다. 그중 하나가 그때 떠난 수학여행 사진이다. 사진 속 내 모습에서 설렘이 읽힌다. 설악산에서의 2박 3일이 없었다면 나는 지금 무엇을 추억하고 있을까. 굶주림과 허기, 가난 앞에 움츠러들었던 기억, 수치심, 구두닦이, 신문 배달, 잡지 팔이…. 그 외에는 아무것도 떠올릴 것이 없어 더 외롭고, 서러웠을 것이다.

그 사진을 볼 때마다 누님을 생각한다. 가난이 빼앗아 가려고 했던 것을 누님이 펄쩍 뛰며 되찾아줬다.

한 시인은 이렇게 고백했다.

내 등에 짐이 없었다면
나는 세상을 바로 살지 못했을 것입니다
내 등에 있는 짐 때문에 늘 조심하면서
바르고 성실하게 살아왔습니다.

여기서 짐은 생계가 될 수도 있고, 나를 향한 기대나 꿈이 될 수도 있을 것이다. 나도 돌이켜보면 지금까지 참 많은 짐을 지고 살아왔다. 그 짐이 무거워 주저앉을 때도 있었지만 그 짐 덕분에 다시 일어설 때가 더 많았다. 그런 내 곁을 한결같이 지켜주고, 내 어깨에 얹힌 짐을 조금이라도 나눠 들고자 했던 이들은, 가족이었다.

막냇동생이 그냥 흘려보내는 청춘이 아까워, 그 시간을 대신 붙잡아 주던 누님과 말없이 한 세월 견뎌내며 내 등 뒤를 지켜주던 어머니, 곧고 꼿꼿한 지조를 몸소 알려주신 아버지…. 그러한 가족 덕분에 지금까지 버텨올 수 있었다.

갑자기 누님의 웃음소리가 사무치게 그립다. 이 문장을 마치고 나면 안부 전화라도 한 통 드려야겠다.

10.
평범의 비범함

· · · ·
'사당오락四當五落'

언뜻 고사성어 같아 보이는 이 단어. 실은 1970년대에 태어난 우스개에 가까운 신조어다. 하루에 네 시간 자면서 공부하면 대학 입학시험에 합격하고, 다섯 시간 아성 자면 시험에 뚝 떨어진다는 무시무시한 말이었다. 나중에는, '네 시간도 많다!' 반기를 드는 이들로 인해 '삼당사락三當四落', '이당삼락二當三落'으로 심화하기도 했다. 이 말을 모르는 요즘 학생들도 수면 부족에서 결코 자유롭지 못한 것 같다. 소위 명문대에 진학했다는 학생들의 이야기를 들어보면 가장 어려웠던 점으로 '쏟아지는 잠과의 승부'를 꼽으니 말이다.

잠은 죽어서 자라.
지금 잠을 자면 꿈을 꾸지만 일을 하면 꿈을 이룬다.
누우면 죽고 걸으면 산다.

> '슬리포노믹스'라는 경제 용어가 있다. 슬립Sleep, 잠 과 경제를 뜻하는 이코노믹스Economics의 합성어로 숙 면을 위한 소비문화를 뜻한다. 바빠서 혹은 스트레스 때 문에 잠 못 드는 현대인들에겐 잠도 하나의 상품이 됐다

잠만 자다가 인생 다 간다.

이외에도 '아침형 인간'이니 '미라클 모닝'이니…. 우리나라 사람들, 잠에 참 인색하다. 대한수면연구학회가 발표한 '2024 한국인의 수면 실태' 보고서에 따르면 한국인의 평균 수면시간은 6시간 58분으로 경제협력개발기구(OECD) 국가 가운데 최하위권이며, 평균보다 약 18% 부족한 것으로 나타났다. 이 결과를 보고 나는 감탄하지 않을 수 없었다. '다들 일곱 시간이나 잔다는 말이야?' 그 옛날부터 하루 다섯 시간도 자지 않는 나에게는 실로 놀라운 결과였다.

'슬리포노믹스'라는 경제 용어가 있다. 슬립Sleep, 잠과 경제를 뜻하는 이코노믹스Economics의 합성어로 숙면을 위한 소비문화를 뜻한다. 바빠서 혹은 스트레스 때문에 잠 못 드는 현대인들에겐 잠도 하나의 상품이 됐다. 침대, 이불뿐만 아니라, 잠이 잘 오게 하는 간식과 음료수, 인테리어까지…. 이젠 하다하다 잠도

돈 주고 사는 시대가 온 것이다. 돈을 벌기 위해 잠을 줄이고, 잠을 자기 위해 다시 돈을 벌고…. 뫼비우스의 띠 같은 현실이 조금 씁쓸하게 느껴진다. 물론 사람들이 잠에 많은 돈을 투자하는 데는 이유가 있다.

옛말에 호환마마보다 무서운 건 '부채' 즉, '빚'이라 했다. 그 부채 가운데서도 가장 무서운 건 '수면 부채'라는 글을 본 적이 있다. 모자란 잠은 고스란히 부채가 되어, 내 몸에 조금씩 조금씩 쌓여간다. 쪽잠으로 당장 급한 불은 끈다고 해도 원금도 채 갚지 못한 채 이자가 쌓인다. 게다가 이자는 복리다. 이자에 이자가 붙어 빚은 눈덩이처럼 불어난다. 그렇게 쌓인 수면 부채는 서서히 몸과 정신을 망가트리고, 신체는 갚지 못한 빚에 대한 독촉장을 보내오기 시작한다. 그 독촉장은 병의 형태로 나타나는 것이다. 비만으로 시작해 고지혈증, 당뇨병 등 각종 성인병을 몰고 온다. 잠이 보약이라는 말이 괜히 나온 게 아니란 뜻이다. 그렇다면 한국인의 수면 부채가 어느 정도냐…. 원하는 만큼 잠을 자지 못하는 시간을 합치니 여성은 연간 15일, 남성은 18.5일에 달한단다.

그렇다면, 과연 나에게 쌓인 수면 부채는 며칠일까. 단위를 일日이 아니라 년年으로 조정해야 제대로 된 계산이 나올지도 모르겠다. 나와 잠이라는 것은 공존하기 어려운 관계였기 때문이다.

한 은행원에 의해, 학업만이 가난을 빠져나갈 유일한 길이란 걸 깨달은 이후로부터 나는 '공부'라는 것에 빠지기 시작했다. 기초도 없고 요령도 없으니, 그저 남들보다 더 지독하게 하는 수밖에는 달리 방법이 없었다. 남들이 한 번 읽을 때 나는 열 번 읽었다. 남들이 한 번 쓸 때 나는 스무 번 썼다. 공책이 아까워서 남은 신문지 여백에, 전단지 뒷면에, 심지어 구두를 닦다 손님이 버리고 간 껌 종이 뒷면에도 영어 단어를 적었다. 돈이 없으면 시간으로 메워야 했고, 환경이 부족하면 의지로 채워야 했다.

야간고등학교 수업은 밤 11시가 넘어야 끝났다. 그 시간쯤 되면 종일 혹사당한 몸 여기저기가 다 시큰거렸다. 하늘에 총총 뜬 별이나 세어가며 아무 생각 없이 걷고 싶은 마음이 굴뚝 같았지만, 귀가 시간을 그렇게 흘려버릴 수는 없었다. 교문을 나서 친구들과 헤어지는 그 순간부터 복습을 시작했다. 집에 갈 때도 중얼중얼, 선생님께 배운 걸 입 밖으로 외며 걸어갔다. 학교에서부터 집까지의 거리는 걸어서 약 50분 남짓. 혼자 조용히 집중할 수 있는 귀한 시간이었다. 영어 문장을 한국어로, 한국어를 영어로 중얼거렸다. 가끔 지나가는 사람들이 이상한 눈초리로 쳐다보곤 했지만, 전혀 개의치 않았다. 소리를 내어 외우면 훨씬 더 잘 외워졌다.

1980년대 후반 부산의 밤은 어두웠다. 가로등은 듬성듬성 있었고 그나마도 고장이 나서 켜지지 않는 것들이 많았다. 나는 일부

> 음 집 대문에 신문을 끼워 넣으면서 다시 한번 중얼거렸다. 그렇게 이백 여 집의 대문 앞에 신문을 배달하는 동안, 나는 속담 하나, 고사성어 하나, 영어 단어 하나를 외웠다. 생각해보면 쓸모없는 시간은 없었다.

러 불이 켜진 가로등을 찾아 걸었다. 가로등 아래 서서 책을 펼쳐 들고 한 페이지를 읽었다. 수학 공식 하나, 영어 단어 다섯 개, 역사 연도 하나. 그런 것들을 달달 외우고, 다음 가로등까지 걸어가며 복습했다. 또 그다음 가로등이 나타나면 다시 책을 펼쳐 새로운 것을 외웠다. 여름밤에는 가로등 주변에 벌레들이 많이 날아들었다. 책이며 머리 위며 날벌레가 잔뜩 앉았지만, 손으로 툭툭 털어내고 계속 내 할 일에 몰두했다.

그렇게 집에 도착하면 시간의 거의 자정에 가까웠다. 방문을 열면 어머니께서 차려놓은 밥상이 있었다. 보리밥에 콩나물을 넣은 김칫국뿐이었지만 고된 하루를 위로하기에 충분한 식사였다. 나는 최대한 빨리 밥을 먹고 상을 치운 후, 그 위에 책을 올렸다. 한 시간 정도는 학교에서 배운 것을 복습하고 잠자리에 들어야 안심이 되었다. 그래야 비로서 내 것이 되는 것 같았다. 잠자리에서도 '오늘 배운 것들이나 익힌 영어 단어가 꿈에 나오면 좋겠다. 수학 공식이 꿈에 나오면 좋겠다. 자면서도 공부할 수 있다면 참 좋겠다…. 그런 말도 안 되는 생각을 하며 눈을 감았다.

　새벽 3시 반, 어디선가 주워온 낡은 알람시계가 째랑째랑 시끄러운 소리를 냈다. 간신히 손을 뻗어 알람을 끄고, 눈을 떴다. 몸은 천근만근 무겁고, 눈꺼풀은 납덩이처럼 무거웠다. 조금만 더 이불 속에 있고 싶었다. 단 10분 만이라도, 아니 5분 만이라도…. 그러나 나는 채 30초도 뭉그적거리지 못하고 벌떡 일어나야 했다. 신문 배달은 시간이 생명이었으니까. 찬물로 세수를 하면 그나마 정신이 좀 들었다. 거울 볼 새도 없이 재빨리 나와 고무신에 발을 넣고 뛰기 시작했다.

　새벽 4시 30분. 신문 보급소에 도착하면 이미 몇몇 배달원들이 와 있었다. 가족보다 자주 보는 익숙한 얼굴들이었다. 우리는 서로 말없이 고개를 끄덕이며 인사를 나누고, 각자 신문 묶음을 받았다. 신문 가방을 어깨에 지고 골목을 누볐다. 새벽의 거리는 언제나 고요했다. 가끔 술 취한 사람이 비틀거리며 지나가거나, 밤샘 노동을 마친 부두 노동자들이 피곤한 발을 질질 끌며 집으로 돌아가는 모습이 보였다.

　당시 신문에는 한자 단어들과 속담, 고사성어, 영어 단어들이 많이 등장했는데 그것도 혹시 도움이 될까 싶어 글자들을 뚫어지게 쳐다보곤 했다. 신문에 실린 고사성어를 소리 내어 읽었다. 다음 집 대문에 신문을 끼워 넣으면서 다시 한번 중얼거렸다. 그렇게 이백 여 집의 대문 앞에 신문을 배달하는 동안, 나는 속담 하나, 고사성어 하나, 영어 단어 하나를 외웠다. 생각해보면 쓸모없는 시간은 없었다. 하루 24시간이 전부 배움의 시간이었다.

집으로 돌아오자마자 구두통을 들었다. 물에 보리밥을 말아 후루룩 먹고 나갔다. 어머니께서는 "누가 안 잡아간다. 체할라. 천천히 먹어라." 말씀하셨지만, 시간이 없었다. 사람들은 깨끗한 구두를 신고 출근하길 원했고 나는 그들보다 일찍 도착해 구두 닦을 준비를 마쳐 놓아야 했다. 아침 공기는 신선했다. 시장 상인들도 하나둘 가게 문을 열기 시작했다. 나도 구두통을 내려놓고, 구두약 뚜껑을 열고, 솔을 꺼내 놓고, 손님을 기다렸다. 매일 보는 상인들이 반갑게 인사를 건넸다.

"일찍도 왔다!"

"네, 식사하셨지요?"

나는 밝게 대답했다. 아무리 피곤해도 늘 웃으려고 노력했다.

단골 은행원들이 오면 은행 입사 시험에 대한 것들을 이것저것 물어보며 정보를 얻었다. 구두를 닦으며 고개를 끄덕이고, 꼭 알아둬야 할 것은 머릿속에 새겼다. 그들은 고맙게도 나에게 참 친절했다. 개중 어떤 은행원은,

"이거 내가 보던 책인데, 나중에 들춰봐. 아마 도움 될 거야"라

며 책을 선물해 주기도 했다. 가진 것 없는 나는 연신 고맙다는 말만 되풀이해야 했다.

손님이 없을 때는 책을 펼쳐 들고 영어 단어 하나라도 더 외우려 노력했다. 구두통 옆에 항상 책 한 권을 놓아두었다. 손님이 오면 재빨리 책을 덮고 구두를 닦았고, 손님이 가면 다시 책을 펼쳤다. 단어장을 들고 중얼거렸다.

"ability, 능력, able, 할 수 있는…."

'A'로 시작하는 단어들을 달달 외웠다. 이후에는 'B'로 넘어가고, 'C'로 넘어갔다. 손에는 구두약 냄새가 배고, 온몸에는 먼지가 묻는 동안 머릿속에는 영어 단어가 차곡차곡 쌓여갔다. 내 앞을 지나가는 사람들은 구두 닦는 소년이 영어책을 들고 있는 모습을 신기하게 쳐다봤다. 어떤 아주머니는 '너 참 기특하다.'라면서 빵과 우유를 놓고 가기도 했다. 돌이켜보면 이름도 모르는 많은 이들의 도움을 받으며 살았던 것 같다.

해가 지기 직전, 오후 네다섯 시쯤이면 장사를 접고 집으로 달려가 학교 갈 준비를 했다. 낡고 헤졌지만 깨끗하게 빨아놓은 교복을 입을 때면 기분이 달라졌다. '나는 학생이다. 그러므로 공부를 해야 한다. 학생은 공부하는 것이 업이다.' 여러 번 되뇌며 다시 학교로 향했다.

학교까지는 버스를 타고 20분이 걸렸다. 버스비 100원이 아까웠지만, 걸어가면 지각할 게 뻔했으니 어쩔 수 없었다. 버스 안에서도 나는 책을 펼쳤다. 흔들리는 버스 안에서 영어 지문을 읽었다. 토씨 하나까지 완벽하게 이해하려고 애썼다. 모르는 단어가 나오면 작은 수첩에 적어두었다가 나중에 찾아봤다.

오후 여섯 시가 넘으니 교실에 아이들이 들어차기 시작했다. 모두 눈 밑에 진한 다크서클을 달고, 하품을 하고, 졸린 눈을 비볐다. 대부분 낮에 일을 하고 온 아이들이었다. 공장에서 일하는 애들, 식당에서 일하는 애들, 건축 현장에서 일하는 애들…. 하나같이 지쳐 보였다. 나 역시 마찬가지였다. 졸린 눈을 비비며 선생님이 적는 분필의 궤적을 따라갔다. 눈이 감길 때마다 뺨이나 허벅지를 꼬집었다. 아픔은 잠을 쫓아내는 데 효과가 좋았다. 선생님이 칠판에 쓰는 모든 것을 이면지로 만든 공책에 받아 적었다. 한 글자도 놓치지 않으려고 손이 아플 정도로 빠르게 썼다. 신문을 돌리고 구두를 닦느라 고생한 손목이 욱신거렸지만, 제발 조금만 더 버텨주길 바라며 필기를 이어갔다. "여기 시험에 나올 거야. 중요해."

선생님 입에서 그런 말이 나오면 별표를 세 개씩 그려 넣었다. 필기한 것을 다 내 것으로 만들 수만 있다면 이 두꺼운 공책도 모두 씹어먹을 수 있을 것 같았다.

수업이 끝나고 쉬는 시간에도 나는 자리에 앉아 방금 배운 내용을 복습했다. 화장실 갈 시간도 아까워 꾹 참다가, 미련하게 수업 시간에 화장실을 가게 됐을 때는 억울해서 눈물까지 찔끔 나올 것 같았다.

밤 11시, 수업이 끝나고 교문을 나서면 또다시 긴 복습의 시간이 시작됐다. 매일 같은 하루의 반복이었다. 새벽 네 시에 일어나 신문 배달, 아침부터 오후 네다섯 시까지는 구두닦이, 여섯시 반부터 11시까지는 학교 수업, 그리고 자정이 지난 시간까지 복습. 세 시간 자고 새벽 네 시에 일어나 신문 배달….

매일 제대로 먹지도 못하고 세 시간밖에 잘 수 없으니 체력적으로는 참 고달팠다. 가끔 비틀거렸고, 눈앞이 아득해지는 순간들이 있었다. 계단을 오르다 휘청거리는 일도 부지기수였다. 그러나 그 모든 것을 오로지 정신력 하나로 버텼다. 절박했다. 공부하는 것이 나에게 찾아온 처음이자 마지막 기회일지도 몰랐다. 그 절박함이 나를 신문 보급소로, 구두통 앞으로, 학교로 이끌었다.

그러나 아무리 열심히 공부한다고 해도 나에게는 물리적인 시간이 절대적으로 모자랐다. 늦게 시작한 공부인 만큼, 최대한 짧은 시간 내에 공부 효율을 높이기 위해 구체적이고 체계적인 계획을 세웠다. 나는 공책 첫 장에 계획표를 그렸다. 계획을 세울 때 중요한 것은 딱 소화해낼 수 있을 만큼의 목표치였다. 너무 포괄적으로 세우는 건 정확도가 떨어졌고, 내가 소화해 낼 수 없을 만

▶ 중1학년 때 교생선생님의 카메라로 찍은 유일한 사진(맨오른쪽이 교생선생님)

큼 빡빡하게 세우는 건 현실성이 떨어졌다. 딱 내가 할 수 있을 만큼의 목표를 세우고 그것을 달성하면 엑스 표시를 했다. 큼직한 엑스. 그 표시를 볼 때마다 성취감이 피어올랐다.

'야금야금'이 중요했다. 당장 완벽하게 해내겠다는 생각은 버리고 지금 할 수 있는 만큼만 최선을 다해야 했다. 처음에는 영어 단어 열 개도 외우기 힘들었다. 외워도 금방 잊어버렸다. 하지만 매일 열 개씩 외우다 보니 어느새 백 개가 되고, 이백 개가 되고, 오백 개가 됐다. 수학도 마찬가지였다. 처음에는 간단한 방정식도 풀지 못했는데 매일 열 문항씩 풀다 보니 문제가 손에 익었다. 공식이 머릿속에 새겨졌다.

　본래 야금 야금이라는 의태어에 '꾸준한'이라는 형용사가 붙으면 더 큰 힘이 생기는 것. 어떤 일이든 야금야금 꾸준히 하다 보면 뭐든 못 해내겠는가. 나는 그 믿음으로 버텼다.

　새 참고서를 사댈 형편이 안 되니 방앗간에 참새 드나들 듯 보수동 책방 골목에 다녔다. 돈은 없지만, 꿈은 있는 이들이 찾는 곳이었다. 좁은 골목 양쪽으로 헌책방들이 빼곡히 들어서 있었고, 책 냄새가 골목을 가득 채웠다. 나는 책방을 한 곳씩 돌며 쓸 만한 참고서를 찾아다녔다.

　그 책더미 속을 잘 뒤져보면 새것 같은 참고서가 나왔다. 앞 주인이 깨끗하게 쓴 책들이 있었다. 밑줄도 안 그어져 있고, 구겨지지도 않은 책. 그런 책을 발견하면 보물을 찾은 것처럼 기뻤다.

　책값은 새 책의 반값도 안 됐다. 이천 원짜리 참고서를 500원에, 사천 원짜리를 천 원에 샀다. 그렇게 산 책을 들고 집에 오는 길은 즐거웠다. 비록 낡은 책이었지만, 내게는 새 책보다 귀했다.

　책을 펼치면 참 설렜다. 하얀 페이지들이 나를 기다리고 있었다. 나는 첫 페이지부터 정독해나가며 중요한 부분은 밑줄을 그었고, 이해가 안 되는 부분은 나중에 학교 선생님을 찾아가 물어봤다. 그 책을 온통 내 글씨로 채울 때, 빈 종이를 까맣게 물들일 때 일종의 충만함을 느꼈다. 여백에 빼곡히 적힌 내 글씨들, 내가 풀이한 문제들, 내가 정리한 개념들을 보며 보람을 알았다. 이 책이 진짜 내 것이 됐구나. 내가 이 책을 정복했구나. 그 성취감이 뒷심을 잃지 않을 수 있는 비결이었다. 힘들 때마다 책장을 넘기며 내 필기를 봤다. 내가 여기까지 왔구나. 이만큼이나 공부했구나. 그러면 다시 힘이 났다.

그렇게 치열한 6개월이 흘렀다. 180일. 짧다면 짧고 길다면 긴 시간이었다. 2학기의 첫 시험이 끝난 지 일주일 만에 성적표가 나왔다. 그 속에 적힌 전교 석차는 5. 전교 5등이었다. 이전 학기에 본 시험이 650명 중 640등…. 기적이라 불러도 좋을 만큼의 변화였다.

나는 성적표를 가슴에 꼭 안았다. 나도 할 수 있다는 걸 증명한 순간이었다. 가난해도, 환경이 좋지 않아도, 빼어난 재능이 없어도…. 노력 하나로 기적을 이룰 수 있다는 걸 직접 경험한 셈이었다. 선생님들도 무척이나 놀라셨다. 친구들도 비결을 궁금해했다. 나는 그저 웃을 수밖에 없었다. 그저 미친 듯이 외운 것이 비결이라면 비결이었다.

나중에는 근로장학생에 선발되어 장학금도 탈 수 있었다. 사만 원, 그 돈을 받아 고스란히 어머니께 가져다드렸다. 어머니는 내가 신문 배달로, 구두닦이로 벌어온 돈을 드렸을 때보다 훨씬 더 기뻐하셨다. 어머니가 진정으로 바라신 건, 내가 눈앞의 삶에만

> *지금 와 생각해보건대, 나에게 재능이 있다면 그것은 단 하나, '끈기'였다. 다른 게 재능이 아니라 끈기가 재능이었다. 열 번이 안 되면 스무 번을 하고, 스무 번이 안 되면 서른 번을 했다. 절대로 포기하는 법이 없었다.*

매달려 사는 것이 아니었다. 더 멀리 내다보고 더 나은 내일을 준비하며 살길 바라신 것이었다. 그날 밤, 나는 오랜만에 한 시간 더 일찍 잠들었다. 꿈을 꾸었다. 은행원이 된 내가 깨끗한 양복을 입고 출근하는 꿈. 우리 가족이 넓은 집에서 따뜻한 쌀밥을 먹는 꿈이었다.

이후로 나는 학교 내에서 자수성가 신화를 이룬 CEO 대접을 받았다. 들어오시는 선생님들마다 나를 가리키며 '대체 무슨 일이 있었던 거냐?'고 물었다. 어떤 선생님은 '넌 재능이 특출난 아이'라고 나를 추켜세우기도 했다.

지금 와 생각해보건대, 나에게 재능이 있다면 그것은 단 하나, '끈기'였다. 다른 게 재능이 아니라 끈기가 재능이었다. 열 번이 안 되면 스무 번을 하고, 스무 번이 안 되면 서른 번을 했다. 절대로 포기하는 법이 없었다.

그렇게 괴로운 시간을 견디는 힘, 하기 싫은 일도 결국은 해내는 능력…. 그 자체가 내 재능이었다.

그렇게 생각해보면, 우리는 모두 재능을 가진 이들이다.

OECD 국가 가운데 가장 잠을 적게 잔다는 우리나라 사람들.

일이 많아서, 스트레스가 커서, 고민이 있어서…. 각자의 이유로 잠도 제대로 들지 못한 채 비척비척 일어나, 무거운 눈꺼풀 억지로 들어 올리며 출근하는 모든 이들…. 그들은 모두 끈기라는 재능을 타고난 것이다.

우리가 말하는 보통의 인간, 평범한 삶 속엔 실은 그렇게 비범한 재능이 숨겨져 있다.

꾸준함 없는 재능은 결국 힘을 잃고, 재능 없는 꾸준함은 외려 막강한 힘을 얻는다.

평범平凡이 쌓이면 비범非凡이 된다.

자기 자리에서 묵묵히 평범한 일상을 사는 모든 이들이 사실은 비범인非凡人인 것이다

▶ 농협 충무동지점 재직시절(1989년)

청년기

3부

생의 한복판

1. 암순응暗順應
2. 기적은 두 발로부터
3. 코스모스 그녀
4. 우리
5. 그럼에도 불구하고
6. "운이 좋았습니다"
7. 봉투 속의 마음
8. 당신의 작은 손을 잡고
9. 삶, 그 간절함
10. 본전 인생

> 세상에서 가장 긴 여행은
> 타인을 사랑하는 여정이다.

01.
암순응暗順應

　불을 끄고 누우면, 처음에는 아무것도 보이지 않는다. 그러다 차차 어둠이 눈에 익으면, 주변에 있던 것들이 조금씩 보이기 시작한다. 이런 현상을 '암순응暗順應'이라고 부른다.

　그러나 암순응도 빛이 전혀 없는 상태에선 일어날 수가 없다. 우리가 칠흑같이 어둡다고 느끼는 순간에도 어딘가 빛이 들어오는 틈이 있고, 우리는 본능적으로 그 빛을 찾아낼 수 있는 것이다.

　살다 보면 누구에게나 한 치 앞도 보이지 않을 만큼 캄캄한 어둠이 찾아온다. 스물의 나는 그 긴 밤의 한가운데 서 있었다. 작은 틈 사이에 맺혀있을 한 줄기 빛을 찾아 끝없는 어둠 속을 헤매던 시절이었다.

　고등학교 막 졸업했을 무렵, 나는 이미 인생 최상의 시나리오를 머릿속에 구상해둔 참이었다. 주어진 조건 안에서 가장 현실적이

> *하루빨리 이 궁핍함에서 부모님을 구해내야 했다. 내 앞을 가로막고 있는 모든 장애물은 되도록 얼른 해치워버리고 계속 저 먼 앞으로 나아가야 했다.*

고, 동시에 가장 빠른 길을 택해야 했다. 시나리오의 첫 꼭지는 군대였다. 남들보다 조금이라도 일찍 세상에 복귀하기 위해 나는 조기 입대를 신청했다. 33개월. 3년에서 고작 석 달이 빠지는 시간. 그 오랜 날 동안 내 어머니와 아버지는 또 얼마나 많은 시련을 견뎌야 할까. 늘 함께하던 막내아들 없이 두 분만 이 집에 남아계실 것을 떠올리면 마음 한편이 저릿했다.

그러나 그 모든 걱정 위에 굳은 결의가 자리했다. 한시라도 빨리 군 복무를 마치고 은행원 시험을 쳐야 했다. 은행원이 되면 모든 게 달라질 것이다. 얄팍한 월급봉투가 아닌 보기에도 두둑하고 묵직한 봉투를 어머니께 드릴 수 있을 것이다. 게다가 아버지의 약값을 걱정하지 않아도 될 것이다. 하루빨리 이 궁핍함에서 부모님을 구해내야 했다. 내 앞을 가로막고 있는 모든 장애물은 되도록 얼른 해치워버리고 계속 저 먼 앞으로 나아가야 했다.

그런데 그즈음, 몸에서 이상 신호가 왔다. 시도 때도 없이 기침이 터져 나왔다. 이유 없는 고열로 잠에 못 들기도 하고 숨이 제대로 쉬어지지 않을 때도 있었다. 그저 과로이겠거니, 단순한 감기이겠거니 무심이 넘어갔다. 혹독하게 일하던 몸이 드디어 주인에게 항의를 시작하는구나 했다.

그러던 어느 날 밤, 신문 배달을 마치고 돌아오는 길에 갑자기 숨이 쉬어지지 않았다. 가슴께가 아파 주저앉았다. 숨을 들이마시려 애써도 공기가 목구멍까지밖에 내려가지 않았다. 가슴에 씨름 선수 다섯 명이 들어앉은 것처럼 갑갑했다. 꼭 씨름 선수 다섯 명이 내 가슴팍 위에서 엎어 치고 메치며 승부를 가르고 있는 것 같았다. 힘없이 주저앉아 숨을 골랐다. 하늘에는 별이 총총했지만 내 눈앞에는 까만 점들이 어른거렸다. 한참을 그 자리에 앉아있었다. 장마철 빗물에 젖은 신문지처럼 온몸에 기운이 하나도 없었다.

이후로 며칠을 더 고생한 나는 결국 새벽 신문 배달을 그만두었다. 국민학교 4학년 시절부터 스무 살 때까지 우리 집 생계를 일정 부분 책임져준 고마운 일이었기에, 왠지 모를 아쉬움이 덮쳤다. 그러나 더 먼 미래를 생각하는 것이 옳았다. 몸은 내 유일한 자산이자 전부였으니 무슨 일이 있어도 지켜야 했다.

영장을 받고 입대를 앞두고 있을 즈음에는 공부에만 매진하고 있었다. 군대에서도 틈틈이 책을 볼 수 있도록 수험서들을 골랐다. 앉은뱅이책상 앞에 앉아있는 시간이 하루 열 시간은 넘었다. 그날도 여느 때처럼 책을 들여다보는데, 저 깊은 속에서부터 기침이 터져 나왔다. 내 의지로 멈출 수 있는 것이 아니었다. 마치 몸속 무언가가 밖으로 나오려고 발악을 하는 것 같았다. 숨이 쉬어지지를 않았다. 본능적으로 입을 손으로 가렸다. 손바닥이 축축해졌다. 동시에 책 위에 빨간 핏방울이 튀었다. 하나, 둘, 셋. 검은색 글씨가 새겨진 종이 위로 빨간 점들이 새겨졌다. 덜덜 떨며 펼쳐 본 손바닥은 피로 뒤덮여 있었다. 객혈이었다.

순간 머릿속에 한 장면이 스쳐 지나갔다.
아버지의 병증이 유독 유난스럽던 날이었다. 기침을 할 때마다 얄팍한 몸이 심하게 요동쳤다. 마치 발작과도 같은 증세였다. 계속 고통스러워하던 아버지는 곧 벌떡 일어나 빈 깡통에 울컥 피를 토했다. 그리곤 놀라서 몸이 굳은 나를 향해 저 멀리 떨어지라며 거칠게 손을 내저었다. 내 손바닥을 덮은 빨간 것을 보니 그 장면이 생생하게 되살아났다.

황급히 걸레로 손을 닦았다. 책은 이미 망가졌다. 장판 위를 수놓은 빨간 점들은 닦아도 닦아도 끈적한 자국이 남았다. 그때 방문이 열렸다.
"점심 먹어라."
어머니였다. 나는 재빨리 더러워진 걸레를 등 뒤로 숨겼지만, 어머니의 시선은 이미 내 입가에 묻은 핏자국에 박혀 있었다.
순간 어머니의 무릎이 꺾였다. 다리에 힘이 풀리셨는지 그 자리에 털썩 주저앉으셨다. 평소 감정 기복이 크지 않은 분이셨다. 모진 세월을 견디신 만큼 웬만한 일에는 눈 하나 깜짝하지 않으셨다. 집에 쌀이 떨어졌을 때도, 자식들이 배가 고프다고 징징거릴 때도, 보따리 장사를 하며 갖은 수모를 당할 때도 그저 담담한 얼굴로 하루를 견디셨다.

그런 어머니의 얼굴이 사색이 되어 있었다. 하얗게 질린 입술이 파르르 떨리고 있었다.

"나와라."

그 말과 함께 어머니도 곧장 채비를 하셨다. 그는 그날, 태어나 처음으로 병원이라는 곳으로 향했다.

버스 안은 붐볐다. 사람들 틈에 끼어 선 채로 어머니와 나는 사로 아무 말도 하지 않았다. 버스가 덜컹거릴 때마다 어머니의 어깨가 내 팔에 닿았다. 작고 가느다란 어깨였다. 우리 엄마가 언제 이렇게 약해지셨나 싶었다. 창밖으로는 익숙한 풍경들이 지나갔다. 내가 신문 배달을 하던 집들, 학교 가는 길…. 어머니도 창밖을 보며 작게 한숨을 쉬셨다. 그 옆모습이 너무나 슬퍼 보여서 나는 차마 말을 걸 수 없었다.

'별것 아니에요. 괜찮을 거예요.'

이 말을 하고 싶어 한참을 망설이다가 결국 입을 다물었다. 아픈 아버지를 보며 살아온 세월이 길었다. 괜찮지 않다는 걸 우리는 알고 있었다. 그 긴 침묵 속에서, 나는 어머니 마음을 짓누르는 착잡함의 무게를 가늠할 수 있었다.

진단은 명확했다. 폐결핵. 못 먹고 못 살아서 생기는 가난 병.
의사는 병에 대해 차근차근 설명했지만, 정신적 타격이 컸던 내 귀에는 그저 윙윙거리는 소리로만 들렸다.
머릿속이 다른 생각으로 가득했다. 문득 중학교 교과서에 실려 있던 가슴 아픈 소설이 생각났다.

소녀가 징검다리 한가운데 앉아 세수를 하고 있었다.
분홍 스웨터 소매를 걷어 올린 팔과 목덜미가 마냥 희었다.
산마루를 넘는데 떡갈나무 잎에서 빗방울 듣는 소리가 난다.
굵은 빗방울이었다.
소녀의 입술이 파아랗게 질렸다.
소녀의 모양이 뵈지 않았다.
"…그동안 앓았다."
……
"윤초시 댁도 말이 아니어. 또 악상까지 당하는 걸 보면. 이번엔 꽤 여러 날 앓는 걸 약도 변변히 못 써봤다더군. 그런데 어린 것이 여간 잔망스럽지가 않아. 죽기 전에 이런 말을 했다지 않어? 입든 옷을 꼭 그대로 입혀서 묻어달라구."

소년의 가슴 아린 풋사랑을 쓴 황순원의 소설 〈소나기〉였다. 거세게 퍼붓던 소나기가 소녀를 떠나게 했지만 실상 소녀를 죽게 한 것은 폐결핵이었다. 교과서에서 그 대목을 읽을 때 불안했던 기억이 났다. 아버지가 생각났기 때문이었다. 폐결핵은 오랫동안 죽음에 이르는 병이었다. 〈봄봄〉의 김유정, 〈날개〉의 이상, 〈탁류〉의 채만식을 요절하게 했다. 〈동물농장〉과 〈1984〉의 조지 오웰, 〈갈매기〉의 안톤 체호프, 〈변신〉의 카프카… 그리고 우리 동네의 빨간 대문집 아저씨, 동창 훈이의 할머니, 역전 구두닦이 형의 일곱 살 동생의 목숨까지 빼앗아 간 잔인한 병. 그리고 우리 아버지를 평생 쫓아다니며 질기도록 괴롭힌 그 끔찍한 병이 나에게까지 찾아온 것이다.

동네 어르신 한 분이 아버지에게 늘어놓던 한탄을 잊을 수가 없다.
"약하고 가난한 사람들만 콕 집어서 유별나게 괴롭히는 병이지. 그러니 그만치 몹쓸 병이 또 어디 있나. 응? 차라리 당장 훅 가버리면 호상이지. 평생 시름시름 앓다가 있는 재산 다 털어먹고, 없던 빚까지 지고 나면 그제야 눈 감는다. 그뿐이냐. 남은 것들한테 그 병, 그 고생 다 물려주고 죽는다. 그러니 그만치 몹쓸 병이 또 어디 있냔 말이다."

폐결핵은 일종의 저주였다. 죽거나 더 가난해지거나. 보통 두 갈래의 길뿐이었다. 그러나 나는 그 옆에 샛길 하나를 더 내보기로 했다. 아버지와 같은 길을 걸을 수는 없었다. 병에게 평생을 휘둘리며 살아가고 싶지는 않았다.

"입대 불가입니다. 완치 후 재신청하시면 됩니다."

병무청에 폐결핵 진단서를 제출하고 오는 길. 볼이 새빨개지도록 뛰어다니는 아이들이 보였다. 씩씩하게 팔자걸음을 걷는 남자가 보였다. 까르르 웃으며 장난치는 여학생들이 보였다. 병에 걸리고 나니 건강한 사람들만 눈에 띄었다.

염증이 났다. 넌더리가 났다. 난 왜 이 병에, 아니 저주에 걸렸을까. 거의 십 년을 했던 신문 배달이 문제였을까. 매일 먼지를 마셔가며 구두를 닦았기 때문일까. 종일 쉴 새 없이 뛰어다녀서 폐가 심술을 내고 있는 걸까. 정말 아버지에게서 물려받은 걸까. 나는 왜 뭐 하나 쉽게 가는 게 없을까.

답은 없었다. 아니, 그 모든 게 답일지도 몰랐다. 병의 이유를 짚어보는 것은 사실 그다지 중요한 문제가 아니었다. 나는 앞으로 어떻게 할 것인가. 어느 방향으로 갈 것인가. 이것만이 내가 치열하게 고민해야 할 핵심이었다.

일단은 치료에 전념하기로 했다. 병이 나에게 정이 들어 떠나지 않겠다고 울며불며 떼를 쓰기 전에 병과의 연결고리를 끊는 것이 중요했다. 그러나 말이 전념이지, 치료에만 집중하며 시간과 노력을 쏟을 수 있는 형편이 아니었다. 약값이 필요했다. 밥값도 필요했다. 책값 역시 필요했다. 가만히 누워있을 팔자가 못 됐다.

며칠을 고민한 끝에 나는 공사장에 나가기 시작했다. 흔히 '노가다'라고 불리는 막일이었다. 1982년, 가수 윤수일의 〈아파트〉라는 불후의 명곡이 등장했다. 급격한 경제 성장으로 개발 붐, 건설 붐이 일기 시작한 당시 시대상과 맞물려 나온 노래였다. 부산에도 높다란 건물들이 곳곳에 지어지기 시작했고, 나와 같은 젊은 이들이 막노동판에 뛰어들었다.

일은 생각보다 더 고됐다. 벽돌을 나르고, 시멘트를 섞고, 자재를 옮겼다. 허리가 끊어질 것처럼 아프고 손과 발에 커다란 물집이 잡혔다. 그렇게 새벽부터 오후까지 종일 일하면 하루 칠천 원에서 만 원 정도를 가져갈 수 있었다.

일을 마치고 집에 돌아오면 온몸이 욱신거렸다. 잠깐이라도 누워 쉬고 싶은 마음이 굴뚝 같았으나 바로 책상 앞에 앉았다. 한 번 게으름 피우기 시작하면 끝도 모르고 늘어질 것만 같았다. 피로로 꽉 찬 머릿속에 글자를 되는대로 집어넣었다. 막노동은 그저 생계를 위한 수단일 뿐, 결과가 아니라는 것을 끊임없이 되뇌며 책장을 넘겼다.

데칼코마니 같은 하루하루가 지나갔다. 낮에는 공사장에서 땀을 흘리고, 밤에는 책상 앞에서 눈을 비볐다. 몸은 점점 야위어갔다. 가끔 거울을 보면 낯선 사람이 서 있었다. 광대뼈가 툭 불거지고 눈 밑이 푹 꺼져 있었다. 기침이 나오려 할 때면 입술에 깨물며 참았다. 어머니의 얼굴이 걱정으로 물드는 것에는 여전히 면역이 없었다. 그렇게 나는 나를 둘러싼 모든 불행으로부터 끊임없이 발버둥을 쳤다. 내 인생을, 내 가족의 삶을 내버리고 단념하고 팽개칠 수는 없었다.

흔히 인생을 바둑에 빗댄다. 바둑에서는 이른바 '돌을 던지는' 행위로 패배를 시인한다. 나는 한 치 앞이 보이지 않는 절망적인 순간에도 돌을 던지지 않은 것이다.

삶이라는 바둑판은 한없이 넓어서, 돌을 아무리 멀리 던져도 바둑판 위에 도로 떨어지고 만다. 그 돌 하나는 인생을 그르치는 악수가 될 수도 있다.

그러나 악수를 두었다 해도 크게 낙심할 필요는 없다.
넓고 넓은 인생의 바둑판…. 그곳에서는 겨우 돌 하나로 끝나지는 않는다. 잘못 둔 돌이 있다면, 그다음 돌은 조금 더 신중히 두면 그만이다.
숱한 실패 뒤에도 옳은 선택 몇 가지면 삶을 바로잡을 수 있다.
작게는 하루가, 그렇게 채운 한 달이, 더 나아가서 한 해, 두 해…. 모든 순간이 그 기회의 시간이 된다.

그러니 매일 주어진 하루에 정성을 다해 살 수밖에는, 달리 뾰족한 수가 없는 것이다.

▶ 고단한 나의 청소년시절에도 기타를 치며 노래도 부르는 여유와 성탄절에는 성당에서 연극도 할수가 있었다.

02.
기적은
두 발로부터

중국 당나라의 선승禪僧, 임제선사臨濟禪師는 말했다.
'기적이란, 물 위를 걷는 게 아니라 땅 위를 걷는 것이다.'

내가 살아 숨 쉬는 것, 내 의지로 발걸음을 옮길 수 있는 것. 그 자체가 하나의 기적이라는 이야기다. 우리는 매 순간 그 기적 속에 살아가지만, 그것을 깨닫는 데에는 오랜 시간이 걸린다.
아침에 눈을 뜨면, 새 하루가 시작됐다는 사실만으로도 충분히 기뻐할 수 있어야 하는데, 그게 마음처럼 쉽지가 않다. 매일 비슷한 하루를 무심하게 살아가다 보면, 삶 자체가 더없이 소중하고 큰 선물이라는 걸 잊어버리기 때문이다.

어떨 땐 일상이 무색무취 無色無臭 같다. 언뜻 함부로 다뤄도 될 것처럼 보인다. 그러나 세상에 하찮다고 여길 만한 것은 아무

> **❝**
>
> 내가 살아 숨 쉬는 것, 내 의지로 발걸음을 옮길 수 있는 것. 그 자체가 하나의 기적이라는 이야기다. 우리는 매 순간 그 기적 속에 살아가지만, 그것을 깨닫는 데에는 오랜 시간이 걸린다.
>
> **❞**

것도 없다.

  삶은 무한하지 않다. 당연한 것도 아니다. 땅 위를 걸을 수 있고, 숨을 쉴 수 있고, 밥을 먹을 수 있고, 좋은 사람들과 함께 시간을 보낼 수 있는 것만으로도, 삶은 기적인 것이다.

  나는 그 진리를 비교적 일찍 깨달을 수 있었다.

'노가다'. 막일을 뜻하는 속어다.

  토목 공사에 종사하는 노동자를 가리키는 '도가타'라는 일본어에 뿌리를 둔다.

  우리 사회에서는 비하의 의미로 사용되는 경우가 많으니, 막 내뱉기에 썩 유쾌한 단어는 아니다. 그러나 '건설노동자'라는 순화어에는 채 담기지 않는 무언가가 '노가다'에는 있다. 현장의 치열함과 깊게 밴 땀 냄새, 몸에 달라붙은 흙먼지, 쿡쿡 쑤시는 근육통 같은 것들 말이다.

  '노가다'의 위기는 출근부터 시작된다. 새벽 4시. 별들도 코를 골고 있는지 여명조차 없는 시간. 신문 배달로 이골이 난 나에게 그다지 이른 때는 아니었으나 몸 상태가 예전 같지를 않았다. 쌓인 피로를 어찌할 수 없어 조금 더 눈을 붙이는 순간 그날은 공치는 날이 됐다. 일에 익숙해져도 잠과의 싸움에서는 도통 승부를 내지 못했다.

마치 전장에 나서는 것처럼 중무장이 필요했다. 겨울이면 속옷 위에 내복, 내복 위에 또 내복, 그 위에 두꺼운 셔츠, 또 그 위에 무거운 점퍼를 입었다. 아랫도리, 윗도리, 발바닥부터 머리끝까지 바람구멍 없이 동여매는 게 원칙이었다. 전체적으로 보면 눈만 빼꼼 나오는 모양새였다.

새벽부터 모인 사람들은 통성명 대신 눈인사를 했다. 서로의 이름도 나이도 캐묻지 않았다. 시간이 가다 보면 누군가부터 이야기 보따리를 풀 것이고, 그리되면 자연스럽게 알게 될 터이니 보챌 일은 아니었다.

현장은 소음, 냄새, 먼지 등 공해의 요람이었다. 쇠 파이프 절단하는 톱날 소리, 알루미늄을 재단하는 소리, 구멍 뚫는 드릴 소리, 망치질 소리…. 고막이 찢어질 듯 요란했다. 특히 미세한 쇳조각이 불꽃을 튀기며 갈라질 때는 그 톱날 소리가 소름이 끼치도록 징그러웠다.

보통 건설 현장에는 배관, 비계, 철거, 토목, 미장, 방수, 도장, 용접, 타일, 설비, 조립, 보온, 전기 등의 업종이 있었다. 그곳에서 나는 '곰방'일을 했다. 시멘트, 벽돌, 모래, 타일, 돌, 나무, 합판 등의 건축자재를 인력으로 운반하는 일이었다.

자재를 등짐으로 옮기는 일을 '수평곰방'이라고 부르는데 '5층까지 계단으로 시멘트 50포 곰방하다가 조상님 뵐 뻔했다'는 우스개가 있을 만큼 고됐다. 그 외에도 '곰방'들은 현장의 뒤치다꺼리와 오만가지 잡일을 다 했다.

돈을 열망하는 사람들이 불나방처럼 모여드는 곳, 비록 현재는 누추하나 잠시 인생의 소낙비를 피해 희망을 찾는 열린 은거지. 노동자들은 막노동 현장을 잠깐의 서식지로 삼았다. 가지각색의 사연은 대부분 흰 빛깔이 아니라 애잔했다. 무표정한 얼굴 속에 가려진 비애는 그들이 어떻게 살아왔는지 묵언의 그림자를 드리웠다.

노동자들은 이십 대부터 육십 대까지 골고루 분포돼 있었다. 함께 일하다 보면 끼리끼리 무리가 형성됐다. 그 무리 안에 쉽게 녹아들 수 있는 마법의 문장이 있었으니….

"선생님은 어쩌다가 노가다판에 오셨습니까?"

이곳엔 열혈 인생을 살다가 벼랑 끝에 내몰린 이들이 적지 않았

> *파상풍이었다. 의사는 '근육 조직이 썩어들어가는 병이니 목숨을 부지하려면 다리를 절단해야 한다.'라고 말했다. 하늘이 무너져 내리는 것 같았다.*

다. 삼류 노름판을 전전하다 병을 얻게 된 쉰다섯의 곰방꾼, 묘령의 여자를 만나 행복을 꿈꿨지만 사기를 당한 사내, 홀어머니의 병원비를 위해 부업으로 노가다에 뛰어든 남자, 돈 안 되는 공부를 접고 일찌감치 돈 되는 일을 선택했다는 사람 등이었다. 노동자끼리는 보통 서로를 위로하지 않았다. 슬픔은 가슴 밑으로 침전할 뿐, 겉으로 드러내지는 않았다.

'하다하다 안 되면 노가다라도 하지.' 천만의 말씀이다. 노가다는 끝이 아니라 새로운 시작을 위한 마지막 몸부림이었다. 상처 없는 삶이란 없고 그것을 이겨내

려 애쓰면서 단단해지는 것이다. 그렇게 굳은살이 박이면 대단하게 아픈 일도 그냥 넘길 수 있게 된다. 그 굳은살을 만드는 게 노동이었다. 그저 죽은 살이 아니라 살아 꿈틀거리는 노동자의 근육인 것이다. 나도 그들처럼 더 나은 내일을 위해 오늘을 버텨가는 중이었다. 그런 나에게 날벼락이 떨어진 것은 얼마 후의 일이었다.

그날은 2층으로 시멘트 포대 자루를 옮기고 있었다. '곰방'은 무게와의 싸움이었다. 계단이 제대로 설치되지 않아 임시로 만든 나무판자를 건너다녔다. 보기에도 위태로웠지만 다들 익숙하게 오르내렸다. 자재를 들고 빼고 옮기는 일을 반복하다 보니 어깨와 팔꿈치, 허리와 다리가 저리고 쑤셨다. 몇 보라도 덜 걸어볼 심산으로 2층에서 1층으로 폴짝 뛰어내렸다. 순간의 어리석은 판단이었다. 철근이 삐죽삐죽 일어난 시멘트 바닥이 나에게 여러 차례 조심하라는 경고를 보냈으나, 이미 일에 익숙해진 나는 그것을 무시하고야 만 것이다. 기다랗고 녹슨 못이 신발 밑창서부터 내 발등, 신발까지 관통해 뾰족하게 솟아있었다.

어머니와 병원에 갔을 때는 이미 코끼리 다리처럼 부어오른 후였다. 검붉게 변한 피부는 화상을 입은 것처럼 뜨거웠고 온몸에 오한이 들었다. 파상풍이었다. 의사는 '근육 조직이 썩어들어가는 병이니 목숨을 부지하려면 다리를 절단해야 한다.'라고 말했다. 하늘이 무너져 내리는 것 같았다. 절망이 깊으면 눈물도 안 난다는 것을 그때 깨달았다. 나는 여전히 가난했으며, 아무것도 이뤄보지 못한 채 한쪽 다리까지 못 쓰게 될 처지였다. 절름발이 아버지의 모습이 떠올랐다. 폐결핵서부터 장애까지…. 아버지처럼 살기 싫어서 안간힘을 썼지만 결국 그의 팔자와 거푸집이 되어가고 있었다. 내가 살아온 시간, 걷던 길, 가야 할 내일이 한순간에 잘려 나가는 느낌이었다.

'팔다리를 자르느냐, 아니면 죽느냐!'

참으로 비극적인 갈림길이었다. 문장 속에는 두 개의 선택지가 있으나 내가 고를 수 있는 것은 하나뿐이었다.

의사를 향해 "그라믄 짤라뿌이소."라고 말했던 것 같다. 순간 눈앞에 별이 반짝했다. 어머니께서 있는 힘껏 내 뺨을 올려붙인 것이었다. 그 길로 어머니는 내 손을 잡고 병원을 나오셨다. 의사와 간호사가 만류했지만, 소용이 없었다. 그때 어머니 얼굴에는 어떤 결연함이 서려 있었다. 나를 굳게 잡은 작은 손에서 단단한 힘이 전해졌다.

어머니는 집에 오자마자 부엌으로 가셨다. 잠시 후 방으로 들어온 어머니의 손에 들린 것은 큰 그릇, 거기엔 곰팡이를 걷어낸 묵은 된장이 담겨있었다. 어머니는 그것을 내 발등에서부터 허벅지까지 다리통 전체에 잔뜩 펴 바르셨다. 그리고는 그 위를 비닐로 칭칭 감아놓으셨다. 요즘처럼 소독의 개념이 정립되기 전에는 상처에 바를 약이 마땅치 않았다. 상처가 좀 크다 싶으면 된장을 바르는 게 고작이었고, 연필을 깎다가 베이는 손가락 상처 정도면 헝겊 조각을 찢어 묶었다. 개구쟁이들은 고운 흙먼지를 뿌려 상처 부위를 말리는 식으로 위험한 지혈을 하기도 했다. 과학이나 의학과는 거리가 먼, 무지몽매無知蒙昧한 민간요법. 물론, 상처 부위에 된장을 바르는 민간요법은 현재로선 절대 권장하지 않는다. '호미로 막을 걸 가래로도 못 막는' 사태가 일어날 수 있다. 다만 그때의 어머니는 지푸라기라도 잡고 싶은 심정이셨을 것이다.

"어서 낫길 기도드려라. 다른 게 기도가 아니다. 긍정적인 상상, 좋은 생각…. 그런 것들이 진정한 기도다."

나는 어머니의 말씀대로, 낙관을 택했다.

비관론자는 대체로 옳고, 낙관론자는 대체로 그르다.
그러나 위대한 변화는 결국 낙관론자가 이룬다.

퓰리처상을 수상한 칼럼니스트 토마스 프리드만의 말이다. 생각해보니 정말 그랬다. 천체의 비밀을 발견한 것도, 지도에 없는 땅을 찾아 항해한 것도 모두 무모할 정도의 낙관을 가진 이들이었다.

나는 방에 누워 끊임없이 상상했다. 전처럼 자유롭게 뛰어다니는 장면을, 윤기가 흐르는 양복을 입은 내 모습을, 행복하게 웃으시는 어머니의 얼굴을….

그리고 그 무모한 낙관은 결국 나를 구했다.

하루가 지났다. 다리는 쑤시고 저렸지만, 발라둔 된장 덕인지 열기가 조금은 가라앉은 듯했다.

이틀째, 간지럽기 시작했다. 참을 수 없을 정도로 간지러웠다. 비닐이 칭칭 감겨 있어서 긁을 수도 없었다. 나중에는 못 참고 다리를 찰싹찰싹 내리치기 시작했는데, 그 마찰에도 전날보다는 아프지 않았다.

　사흘째, 진물이 나오기 시작했다. 땀과 된장과 누런 진물이 한데 녹아 냄새가 지독했다. 어머니가 된장을 갈아주실 때마다 그 역겨운 냄새에 인상을 찌푸려야 했다.

　나흘째, 부기가 조금 빠진 것 같았다. 된장을 두껍게 바른 데다가 비닐이 칭칭 감겨 있어 확실하진 않았지만, 다리가 조금 가벼워진 느낌이었다.

　그렇게 일주일….

　다리의 부기가 싹 빠졌다. 코끼리 다리처럼 두툼했던 기둥이 본래의 모양을 찾아갔다. 진물이 멈추며 상처가 아물기 시작했다.

　어머니는 된장이 치덕치덕 발린 내 다리를 꼭 껴안고 눈물을 흘리셨다. 나도 그동안 참았던 눈물이 한꺼번에 쏟아졌다.

　며칠 더 쉬고 나서는 일어서는 연습에 들어갔다. 다리가 후들거렸다. 일주일 넘는 시간 동안 누워만 있었으니 당연했다. 그러다가 방안을 걸었고, 그다음은 대문 앞까지 나갔다. 햇볕이 따뜻했다. 내가 땅 위를 걷고 있다는 것이, 무사히 살아남아 숨을 쉬고 있다는 것이 실감 났다.

　이것을 기적이 아니면 무어라 부를 수 있을까.

　다시 걷게 된 날, 나는 마을을 오래도록 천천히 걸었다. '살아있음'의 기쁨을 더 이상 뒤로 미룰 수 없었기 때문이다.

03.
코스모스 그녀

    푸른 하늘 아래, 눈꽃이 내린 듯 하얗게 흐드러진 메밀꽃이 장관이다. 상사화와 백일홍이 붉은 양탄자를 깔아놓은 곳도 있다. 꽃들이 온몸으로 가을을 알리고 있다.

    여름꽃이 화려하다면, 가을꽃은 수수한 매력이 있다. 여름꽃은 그 화사함을 뽐내다가 금방 시들어버리는 반면, 가을에 피는 꽃은 오랜 시간 그윽하게 남아있다. 가을꽃이 쉽게 시들지 않는 건, 뜨거운 여름과 모진 비바람을 겪은 후 꽃망울을 틔웠기 때문이 아닐까, 하는 감상에 젖는다. 향기가 진한 것도 가을꽃이다. 가을날의 부드러운 볕, 삽상한 바람, 포근한 기운이 꽃이 가진 향을 응축시키기 때문이다.

    은은한 것들이 가진 힘이 있다. 강렬하진 않지만 오래 가고, 쑥 들어오는 건 아니지만 서서히 스며들어 온통 자신의 색으로 물들

> '개천에서 난 용'이 되고 싶었는지도 모르겠다. 전국이 개천이던 시절에는 사시 합격이 상류층으로 가는 초고속 열차나 다름없었기 때문이다.

인다.
  결국 은은한 것이 더 폭발적이고 맹렬하며 압도적인 것이다.
  계절도 그렇고, 사람도 그렇다.

  화려한 꽃, 찬란한 삶, 세련된 사람도 좋지만 은은하고 수수한 사람만이 가진 매력이 있다. 꾸밈이 없어서 자연스럽고, 그 자연스러움은 편안함을 준다. 까다롭지 않고 무던해서 그 사람과 함께라면 뭐든 수월하다. 부담 없이 내 이야기를 털어놓을 수 있다.
  '그녀'가 그런 사람이었다.
  그녀가 지나간 자리에는 언제나 은근한 온기가 남았다.

  이십 대 청춘. 그 젊음의 한 조각을 오롯이 공부에만 내주고 있던 시절이었다.
  머리를 식히려고 아버지가 보시던 신문을 집어 들었다. 신문 귀퉁이에는 한 변호사의 인터뷰가 실려 있었다. 부당해고를 당한 노동자들을 변호하고, 억울한 누명을 쓴 사람들을 구해주는 인권변호사였다.

"가난한 사람들에게는 인권이라는 게 없습니다. 돈이 없으면 자기 권리를 주장할 수도 없는 것, 그게 현실입니다."

그 문장을 보는 순간, 지난 삶이 스쳐 갔다. 공사판에서 만난 사람들의 사연이 떠올랐다. 변호사의 말처럼, 가난은 목소리를 잃는 것이었다. 권리를 포기하는 것이었고, 인간으로서의 존엄을 지키지 못하는 것이었다. 그 변호사는 법 앞에서 더 작아지는 사람들을 위해 정의를 바로 잡고 있었다.

나는 그날부터 두 가지 시험을 준비하기 시작했다. 늘 해오던 은행 입사 시험 그리고 사법고시였다. 대학 나온 사람들도 몇 년씩 매달려야 겨우 붙는 시험을, 고등학교만 졸업한 내가 독학으로 준비하는 것은 무모한 도전이었다. 그러나, 해보고 싶었다. '개천에서 난 용'이 되고 싶었는지도 모르겠다. 전국이 개천이던 시절에는 사시 합격이 상류층으로 가는 초고속 열차나 다름없었기 때문이다.

속세의 유혹을 이겨내고 오로지 공부에만 몰입하기 위해, 나는 머리카락을 빡빡 민 데 이어 죄 없는 눈썹까지 싹 밀었다. 당시에는 파부침주破釜沈舟의 결의였으나 지금 생각해보면 참 우스꽝스러운 짓이 아닐 수 없다.

그렇게 경마장에서 눈가리개를 한 말처럼 일로매진一路邁進하던 나를 멈춰 세운 건, 고등학교 동창 녀석의 '미팅' 제안이었다. 남자 측의 결원이 생겨서 대타를 찾고 있다고 했다.

"원미경이랑 똑 닮은 여자가 나온단다."

당시 청춘들의 가장 절실하고 긴급한 선결과제는 짝을 만나는 것이었다.

평소였다면 당연히 거절했을 것이다.

시간도 없고, 돈도 없고, 여유도 없었다. 그리고 머리카락과 눈썹도 없었다. 하지만 그날따라 왠지 그 제안을 거절하고 싶지 않았다. 이상했다. 마음 한구석에서 뭔가 꿈틀거렸다. 그건 호기심이었을 수도 있고, 휴식을 원하는 가벼운 마음이었을 수도 있다.

변변한 옷이 없었다. 장롱을 다 뒤져봐도 낡고 남루하고 옷들뿐이었다. 개중에서 그나마 깔끔해 보이는 셔츠를 하나 집어 들었다. 허리가 큰 바지는 줄줄 흘러내렸다. 벨트가 없으니 급한 대로 노끈이라도 가져와 바지를 동여맸다. 신발은 더 심각했다. 고등학교 시절에 샀던 운동화는 이미 다 낡아서 밑창이 분리될 지경이었다. 결국 늘 신고 다니던 하얀 고무신에 발을 구겨 넣었다.

어느 가게 앞에 멈춰서 유리문에 비치는 내 모습을 쳐다봤다. 한 마디로 가관이었다. 삭발했다가 다시 나기 시작한 푸르딩딩한 머리는 촌스러웠고, 눈썹이 사라진 얼굴은 정말이지 괴상했다. 옷은 남루했고 고무신은 말도 안 됐다. 나는 그 모양을 하고 내 생애 첫 미팅을 나갔다.

다방 안은 어두침침했다. 내 꼴을 적나라하게 들키지 않을 수 있으니 어쩌면 다행이었다.

살얼음판 위에 있는 듯, 긴장된 분위기에서 남녀 각 다섯 명이 마주 앉았다. 서로 얼굴도 제대로 마주 보지 못하고 내외하듯 어색하게 앉아있었다. 그러나 흘깃거리는 탐색전은 끊임없이 오갔다. 나는 직감적으로 한 여자에게 마음이 끌렸다.

길가에 핀 이름 모를 가을 들꽃처럼 수수하고 단정했다. 화려하지는 않지만 은은하게 빛났다. 사슴처럼 큰 눈과 하얀 피부가 잘 어울렸다. 무엇보다 희미한 미소를 띤 입매가 보기 좋았다.

짝을 정하는 방식은 간단했다. 여자의 닉네임이 적힌 다섯 개의 쪽지를 남자 측이 무작위로 뽑는 방식이었다. 내 차례가 왔다. 왠지 마음이 가는 쪽지를 한 장 집었다.

'코스모스' 쪽지에 적혀있는 닉네임이었다.

누굴까. 심장 소리가 두근두근 크게 울렸다. 이윽고, 한 여자가 수줍게 손을 들었다. 내가 마음속으로 간절히 바랐던, 그녀였다.

파트너가 정해진 이후에는 각자 다른 테이블로 찢어져 일대일 데이트를 했다. 찻잔이 각자의 앞에 놓였다. 커피에 우유와 설탕을 넣어서 마실 수 있게 갖춰져 있었으나 손 한 번 뻗어보지 못했다. 손이 떨려서 와장창 쏟아버릴 것 같았기 때문이다. 그녀를 마주하는 매 순간이 긴장되고 짜릿했다.

평생 처음 마셔보는 블랙커피를 목마른 염소처럼 들이켰다. 맛은 상당히 떨떠름하고 씁쓸했으나 그녀와 오붓이 함께하는 시간만큼은 달콤했다.

나와 그녀는 다방에서 나와 걷기 시작했다. 어디로 가야 할지 갈피를 잡지 못했다. 데이트라는 것을 해본 적이 없었으니까. 우리는 결국 거리를 걸으며 이야기를 나눴다. 나는 하얀 고무신을 신고, 그녀는 하얀 구두를 신고 있었다. 참으로 이상한 조합이었지만 그녀는 내 옷차림에 대해 아무 말도 하지 않았다.

그녀는 모든 말과 행동이 꾸민 데 없이 자연스러웠다. 그 분위기는 나에게 편안함과 안도감을 줬다. 그래서였을까. 나는 만난 지 한 시간도 안 된 그녀에게 내 이야기를 털어놓기 시작했다. 궁핍한 형편, 아버지의 병, 늘 허기졌던 과거, 신문 배달, 구두닦이, 공사판에서의 일…. 한 번 입을 열자 말이 마구 쏟아졌다. 구구절절하고 기구한 사연이 줄줄이 나왔다.

그녀는 구질구질한 이야기를 듣는 게 취미라도 되는 것처럼 나에게 집중했다. 중간에 내 말을 끊는 일도 없었으며 필요 이상의 안타까움이나 연민을 내비치지도 않았다. 나중에는 미안해졌다. 나조차도 감당하기 무거운 말들을 왜 그녀에게 지껄인 건지…. 나는 뒤늦게 그녀에게 사과했다.

"사연이 편치 않아서 미안합니다."

그녀는 내 사과까지 듣고 나서야 겨우 한 마디를 얹었다.

"대단하세요. 포기하지 않으시는 거요."

그녀의 목소리에는 진심이 담겨있었다. 있는 그대로의 나를 포용한 것이다. 우리는 이후로도 한참 이야기했다. 해가 기울어가는지도 몰랐다. 만난 지 몇 시간 되지 않았지만 오래도록 알고 지낸 사이 같았다.

그날 밤, 나는 잠을 이룰 수 없었다. 천장에 달린 전구가 그녀의 동그란 눈을 닮아 있었다. 자꾸 그녀의 미소가 떠올랐고, 차분한 목소리가 맴돌았다. 그러니 공부도 손에 잡힐 리 없었다. 책을 보면서도 자꾸 그녀가 생각났다. 그 하얀 얼굴이 눈앞에 아른거렸다. 결국 공중전화 부스로 향했다. 동전을 넣고 114에 전화를 걸었다. 그녀가 일러준 회사 이름을 대며 번호도 물었다. 떨리는 손으로 그 번호를 눌렀다. 귀에 전해지는 신호음보다 내 심장 뛰는 소리가 훨씬 컸다. 다른 사람이 받으면 어쩌나 걱정을 했는데, 다행히 수화기 너머로 그녀의 목소리가 들렸다.

"저 윤종운입니다. 왜, 그, 어제…."

"아, 종운 씨?"

그녀의 목소리가 순간 밝아졌다. 나도 모르게 웃음이 났다. 우리는 주말을 기약했다. 전화를 끊고 나서도 한참을 그 자리에 서 있었다. 그녀와 만나길 기다리는 시간조차 애틋한 설렘으로 가득했다. 그녀는 그렇게 내 첫사랑이자 끝사랑이 됐다.

헤밍웨이는 말했다.
'사랑에는 해피엔드가 없다.'
그의 말처럼 사랑에는 슬픈 결말만이 존재할까.
결말이 어떻든 사랑의 기억은 우리의 삶을 좀 더 충만하게 만든다.
사랑 때문에 울고, 웃고, 설레었던 기억이 단 하나도 없다는 건 불행이다.
이랬더라면, 혹은 저랬다면….
사랑에는 늘 아쉬운 후회가 남지만, 그 아쉬움조차 닳아버릴까 소중한 기억이다.

빡빡 밀어버린 눈썹과 흰 고무신과 그녀의 닉네임과 처음 마셔본 블랙커피….
구질구질한 이야기를 듣는 게 취미라도 되는 듯, 내 목소리에 집중하던 그녀의 얼굴과 눈부시게 아름답던 그 미소….
삶이 고될 때마다, 그녀가 남긴 사랑의 기억을 어루만져본다.

04.
우리

한글 배우러 다니는 남평 할머니
받아쓰기 시간에 속마음 다 들켰다.
우리나라를 우리나라로
아버지를 아버지로
어머니를 어머니로 똑바로 잘 썼는데
남편을 쓰랬더니
또박또박 나편이라고 바르게 틀렸다
남편을 써 보라니까요.
다시 말해도
어떻게 영감님을 남의 편이라고 하냐며
그건 잘못된 말이라고
끝까지 나편이란다.

이대흠 시인의 〈남편과 나편〉이라는 시의 일부다.

부부 사이. 때때로 못마땅하고, 번번이 서운하고, 한없이 미울 때도 있다. 그러나 결국 내 편이 되어줄 최후의 우군 역시 내 옆의 이 사람뿐이지 싶다.

반 친구는 클래스메이트, 방 친구는 룸메이트, 길 위의 동반자는 러닝메이트, 영혼의 동반자는 소울메이트라고 한다. 나를 돕는 친구, '헬프메이트'는 외국에서 배우자를 가리키는 말이다. 고맙다, 사랑한다…. 간지러워서 차마 입 밖으로는 꺼내지 못하지만, 40년에 가까운 시간 동안 날 도와준 아내에게 늘 고마운 마음뿐이다. 돌이켜보면 아내는 처음부터 날 위해 많은 것을 희생했다.

가난한 집은 참, 조용할 날이 없었다. 하루가 멀다고 한숨이 터졌다. 좋은 일은 이 앞을 빙빙 돌다 사라졌고, 나쁜 일은 꼭 발길을 멈춰 집안으로 들어왔다.

작은형의 사업 실패…. 그나마 있던 집이 날아갔다. 형은 어디론가 떠났고, 남은 건 아버지와 어머니 그리고 내 앞으로 남겨진 빚더미뿐이었다.

머물 수 있는 곳을 찾고 찾다가 정착한 곳은 보증금 십만 원, 월세 만 오천 원짜리 단칸방이었다. 반지하도 아닌 지하였다. 계단을 타고 깊숙이 내려가야 했다. 문을 열자 곰팡내가 코를 찔렀다. 작은 창문이 예의상 있었으나 빛은커녕 지나가는 사람들의 발만 빼꼼 보였다. 낮에도 형광등을 켜야 겨우 안이 보였다. 다섯 평도 안 되는 방에 한 평 정도 되는 부엌이 딸려있었다. 화장실은 공용

> *나는 창문 밖을 내다봤다. 구두, 운동화, 고무신…. 지나가는 사람들의 발만 보이는 지하 방. 우리는 영원이 단칸방을 벗어날 수 없는 팔자인가 싶었다.*

이었다. 복도 끝에 있는 것을 다른 세 집과 함께 써야 했다.

 짐은 많지 않았다. 이불 몇 채, 옷가지 몇 개, 냄비와 그릇 몇 개…. 그렇게 열심히 살았는데도 그게 전부였다. 아버지는 벽에 기대어 앉아 한숨을 쉬셨다. 어머니는 여느 때처럼 아무 말씀 없이 그저 묵묵히 살림을 정리하셨다. 나는 창문 밖을 내다봤다. 구두, 운동화, 고무신…. 지나가는 사람들의 발만 보이는 지하 방. 우리는 영원이 단칸방을 벗어날 수 없는 팔자인가 싶었다.

 공부가 될 리 없었다. 아버지도 나도 폐결핵에서 완전히 벗어나지 못한 상태였다. 곰팡내가 나는 방에서 누가 한 번 기침을 시작하면, 돌림노래처럼 끊임없이 기침을 주고받아야만 했다. 좁은 방 안에 억눌린 기침 소리만 울려 퍼졌다.
 앉은뱅이책상을 펴고 앉으면 어머니의 이부자리가 좁아졌다. 밤에 공부를 하려면 형광등을 켜야 했는데, 그러면 부모님이 주무시지를 못했다. 양초라도 켜놓고 책장을 넘긴 적도 있었지만, 아무것도 눈에 들어오지를 않았다. 이대로는 안 됐다. 은행 입사 시험과 사법고시를 병행하려면 하루에 열다섯 시간 이상은 공부해야 했다. 그러나 이 방에서는 단 두 시간도 제대로 집중할 수 없었다.

며칠 후 만난 그녀는 내 얼굴을 보고 많이 놀란 기색이었다.
"많이 안 좋아 보여요."
그간 제대로 먹지도, 자지도 못했으니 그럴 만했다. 나는 이사를 하게 된 과정과 지금 묵고 있는 지하 단칸방 이야기를 그녀에게 털어놓았다. 늘 업그레이드되는 구질구질한 사연이 부끄러워 입이 여러 번 다물렸다. 나 자신이 못 견디게 한심했다.

그녀는 한참을 듣고만 있다가 입을 열었다.
"독서실에 다녀보는 건 어때요? 비용은 걱정하지 말아요. 제가 벌잖아요."
나는 고개를 들어 그녀를 봤다. 그녀의 도움을 거절할 수도, 기쁘게 받을 수도 없었다. 고마움, 자존심, 미안함, 수치심… 여러 감정이 뒤죽박죽 섞여 머릿속이 복잡했다.

결국 그녀의 도움을 받아 독서실에 다니기 시작했다. 역 근처의 작은 독서실이었다. 조용하고, 곰팡내도 나지 않았다. 형광등은 밝았고, 책상도 넓었다. 한 달에 이만 원. 적지 않은 돈인 만큼 일분일초도 허투루 쓰지 않을 참이었다. 끼니를 챙기기 위해 집까지 다녀오는 시간이 아까워 도시락을 싸서 다니기 시작했다. 보리밥에 김치, 도시락 아홉 개를 준비했다. 사흘 치 식량이었다. 도시락을 들고 독서실로 가면 사흘간 틀어박혀 일절 외출을 삼갔다. 독서실 한구석에서 담요를 덮고 쪽잠을 잤다. 그 외의 시간은 오로지 공부만 했다. 나중에 가서는 눈이 흐릿해지고, 글자가 물결처럼 요동쳤다. 내내 연필을 쥐고 있던 손에는 경련이 일었다. 아랑곳하지 않고 계속 책장을 넘겼다. 코피가 나서 피투성이 얼굴을 하고 화장실로 달려갔던 기억도 여러 번이다.

그녀는 그런 나를 안쓰러워했다. 내 건강을 챙기기 위해 가끔 저녁 시간에 맞춰 독서실로 찾아왔다. 수제비, 칼국수, 우동, 국밥…. 저렴하지만 따뜻한 국물로 속을 데울 수 있는 음식들이 우리의 주식이었다. 한 달에 한 번은 특식을 먹을 수 있었다. 그녀의 월급날이 돌아오면, 우리는 국제시장에 가서 '수중 전골'이라고 불리는 해물전골을 먹었다. 개조개, 낙지, 오징어, 새우, 바지락, 굴 등 그때그때 조달할 수 있는 해산물과 당면이 들어갔다. 매운 고춧가루 양념을 푼 육수를 팔팔 끓였다. 졸아붙고 농도가 진해져야 국물이 더 맛있었다. 해산물을 얼추 건져 먹은 후 국물을 한 술 떠먹으면 달착지근하고 감칠맛이 돌았다. 진하고 매웠다. 우동 사리도 넣어 먹었다. 그리고 나면 어느새 배는 그득해지고 기분은 한결 나아져 있었다.

> *고민 끝에 그녀를 우리 집으로 불렀다. 내 삶의 진짜 모습을 본다면, 감춰왔던 초라함을 그대로 내보인다면 그녀는 미련 없이 돌아설 것이라고 생각했다.*

그녀는 내 접시에 새우와 낙지를 올려놓기 바빴다. 그녀의 접시에는 먹지 않아 말라붙은 당면 몇 가닥만 올려져 있을 뿐이었다. 계산을 하면서도 그녀는 계속 나를 살폈다. 혹시나 내가 자존심 상해하지는 않을지 눈치를 보는 모양새였다. 그 모습을 보고 있자니, 그녀가 너무나도 가여워지는 것이다. 하필 나 같은 놈에게 꿰여서 궁상만 떨어야 하는 그녀의 처지가, 내가 보기에도 기가 막혔다. 그녀가 나를 위해 애를 쓸수록, 나는 점점 더 보잘것없는 인간이 되어가고 있었다. 그녀의 희생이 내 무능을 비추는 거울이나 다름없었다.

어느 날은 그녀를 자유롭게 놓아주고 싶다는 생각이 들었다. 혼기가 꽉 찬 여자였다. 나를 떠나 더 나은 남자를 만나는 것이 그녀가 행복할 수 있는 유일한 길이란 생각을 했다. 고민 끝에 그녀를 우리 집으로 불렀다. 내 삶의 진짜 모습을 본다면, 감춰왔던 초라함을 그대로 내보인다면 그녀는 미련 없이 돌아설 것이라고 생각했다.

계단을 내려와야 들어갈 수 있는 반지하. 문을 열자마자 한눈에 다 들어오는 자그마한 단칸방. 낡은 장판은 군데군데 벗겨져 있었고, 벽지는 곰팡이가 슬어 퍼렇게 얼룩져 있었다.

그녀의 시선이 이곳저곳에 머물 때마다 내 가난은 더 선명하게 드러났다.

이 방을 보고도 그녀는 평소처럼 태연했다. 반지하 집에는 처음 와본다고 이야기하면서도 마치 익숙한 집인 양 바닥에 주저앉아 회사에서 있던 일을 재잘재잘 떠들었다. 부엌으로 나가 선물로 가져온 과일도 정리했다. 창문으로 보이는 사람들의 신발도 구경하고, 공동화장실도 다녀왔다. 한참을 머물다가 이제 가보겠다며 자리에서 일어설 때, 그녀는 나지막이 덧붙였다.

"부모님은 언제 오셔요? 다음엔 꼭 인사드리고 싶어요."

그녀를 바래다주고 오는 길…. 버스 창문을 열고 손을 흔드는 그녀의 모습을 보며 나는 생각했다. 이 사람을 절대 놓치지 않겠다고.

그날 밤 나는 다시 책상 앞에 앉았다. 결심이 더 단단해졌다. 그녀의 마음에 보답하는 길은 단 하나. 한시라도 빨리 시험에 합격하는 것이었다. 그야말로 미친 듯이 공부했다. 하루에 열여섯 시간씩 궁둥이를 붙이고 앉아있었다. 닥치는 대로 머릿속에 집어넣었다. 작은 것 하나라도 놓칠세라 온 신경을 쏟았다.

몇 년 전, 서울 광화문을 지나다가 한 건물의 대형 글판 속 문장에 마음을 빼앗겼다.

    너에게는 내가 잘 어울린다.
    우리는 손을 잡고, 어둠을 헤엄치고, 빛 속을 걷는다.

아내가 내 초라한 단칸방에 들어섰던 그날이,
그녀와 내가 '우리'라는 말로 묶인 날이 아니었을까, 하는 생각이 든다.
그날부터 우리는 함께 손을 잡고, 어둠을 헤엄치고, 빛 속을 걸었다.

▶ 부모님과 함께 한 나들이(범어사에서, 1987년)

05.
그럼에도 불구하고

'회복 탄력성'.

제자리로 돌아오는 힘, 시련에 굴하지 않고 스스로 회복할 수 있는 능력이다.

우리 삶은 순탄하게만 흘러가지 않는다. 누구나 한 번쯤은 감당할 수 없는 시련과 마주하여 바닥으로 곤두박질치는 듯한 경험을 한다. 지금 겪고 있는 어려움을 돌파할 수 없을 것 같다는 무력감이 든다. 처음 도전하는 일 자체가 버겁거나 과거에 실패한 경험이 떠올라 불안감에 사로잡힌다. 작은 난관에 부딪히면 의욕을 잃고 시작한 일을 끝까지 해내기가 어렵다. 이 모든 역경에 주저앉지 않기 위해 절실히 요구되는 힘이 바로 '회복 탄력성'인 것이다.

선천적으로 몸이 약한 사람도 꾸준한 운동을 통해 건강한 사람이 될 수 있고, 음치도 매일 훈련하면 가창 실력이 향상된다. 마찬가지로 '회복 탄력성' 즉, 마음의 근력도 꾸준한 노력으로 얼마든지 키울 수 있다.

근육질 몸을 가지려면 몸의 지방을 빼고 근육을 키워야 한다. 근육질 마음을 가지려면 시도 때도 없이 고개를 드는 부정적인 생각을 약화하고, 긍정적인 생각이 강화되도록 습관을 들여야 한다.

삶에서 벌어지는 모든 일을 선택할 수는 없어도 그 의미는 우리 자신이 선택할 수 있다.

시련이나 슬픔, 스트레스 없는 삶은 허상에 가깝다.

다만, 같은 일을 겪고도 누군가는 쓰러져 일어나지 못하지만… 누군가는 툭툭 털고 일어나 제자리로 돌아온다. 실패에 유연하게 대처한다. 위기에서 기회를 만들어낸다. 한계라고 생각했던 것들을 뛰어넘는다. 그렇게 마침내 원하는 바를 이룬다.

어쩌면, 삶의 궤도를 결정하는 건, 시련 그 자체가 아니라, 그것을 대하는 방식인지도 모르겠다.

우리는 모두 어둠 속에 살지만 그중 어떤 이는 하늘의 별을 쳐다보는 것이다.

나도 긴 어둠을 헤매며 하늘의 별을 보았다. 그 별은 어둠이 짙을수록 더 선명해졌다.

생계와 공부, 결핵 치료까지…. 세 마리의 토끼를 쫓는 나날은

> 실패에 유연하게 대처한다. 위기에서 기회를 만들어낸다. 한계라고 생각했던 것들을 뛰어넘는다. 그렇게 마침내 원하는 바를 이룬다.

끝없는 악순환의 연속이었다. 일하며 번 돈은 치료비와 책값으로 사라졌고, 무리한 몸은 회복될 겨를이 없었다. 가슴 깊은 데서 올라오는 통증에 몸을 움츠리며, 언제쯤 이 병마에서 자유로울 수 있을까 자문하곤 했다. 당시만 해도 폐결핵은 난치병이었다. 치료는 4년 가까이 이어지면서 결국 군 면제 통보를 받았다. 참으로 복잡한 심경이었다. 작은 안도감도 들었지만, 한편으로는 내 몸이 그만큼 망가져 있다는 현실이 몹시 서글펐다.

그렇게 5년간 치료를 받은 끝에야 완치 판정을 받을 수 있었다. 무려 천팔백 일. 그 긴 터널을 지나 마침내 빛을 본 것이었다.

완치 판정을 받고 나서 얼마 지나지 않아, 농협중앙회의 채용 공고가 붙었다. 시운時運이 좋았다. 하늘이 '그동안 내가 너무 야속하게 굴었지.', 하며 선물을 준비해놓은 것 같았다. 이번만큼은 이 기회를 꼭 잡아야 했다.

필기시험이나 면접은 늘 자신 있었다. 닳도록 봐서 너절해진 책, 독서실 한구석에서 밤을 새워가며 공부한 시간들, 그 시간을 뒷바라지해준 어머니와 그녀의 헌신…. 이 모든 것이 헛되지 않았다. 그러나 매번 마지막 관문에서 나를 가로막는 것이 있었으니, 바로 채용 신체검사였다.

입사 전 지원자의 건강 상태를 확인하는 이 필수 절차는, 결핵 환자였던 나에게 넘을 수 없는 장벽과도 같았다. 아무리 시험을 잘 봐도, 면접에서 좋은 인상을 남겨도, 건강검진서에 찍힌 '결핵' 두 글자가 모든 것을 무너뜨렸다. 그 좌절의 순간들을 몇 번이나 겪었던가.

그러나 이번만큼은 달랐다. 완치 판정서를 손에 쥔 나는 당당했다. 더 이상 두려울 것이 없었다.

시험 당일, 부산의 어느 대형 강당은 수백 명의 지원자로 빼곡히 들어찼다. 1980년대 중반, 은행은 누구나 꿈꾸는 직장이었다. 안정적이고, 사회적 지위도 높고, 처우도 좋았다. 그만큼 경쟁이 치열했다.

책상 위에 놓인 시험지를 받아 드는 순간, 주변의 열기가 피부로 느껴졌다. 연필을 움켜쥔 손들, 긴장한 숨소리들, 시계를 힐끔거리는 시선들…. 모두가 이 한 번의 기회에 인생을 걸고 있었다. 나 역시 마찬가지였다. 심장이 터질 듯 두근거렸다. 그러나 마음 한편에는 평화롭고 단단한 자신감이 자리 잡고 있었다.

당시에도 은행 입사 시험은 수학·상식·논리력 등 다양한 분야의 고난도 문제가 출제되었다. 수학 문제는 복잡한 계산을 요구했고, 논리 문제는 머리를 쥐어짜게 만들었다. 상식 문제는 방대한 범위에서 출제되었고, 시사 문제는 최신 동향을 읽고 파악하고 있어야 풀 수 있었다.

상업부기의 차변과 대변, 경제학의 수요와 공급 곡선, 회계학의 복잡한 분개, 은행법의 조항들, 신문을 오려 정리했던 시사상식들…. 그 모든 것이 머릿속에서 퍼즐 조각처럼 맞춰지기 시작했다. 몇 년간 수없이 보고, 듣고, 풀고, 외웠던 것들은 결코 나를 배신하지 않았다.

얼마 후, 우편함에서 한 통의 봉투를 꺼내 들었다. 발신인은 농협중앙회. 손이 떨려 봉투를 뜯는 것조차 조심스러웠다. 천천히 편지를 펼쳤다.

'합격을 축하합니다.'

그 문장이 눈에 들어오는 순간, 눈앞이 흐려졌다. 편지를 쥔 채 그 자리에 주저앉아 한참을 울었다. 구두닦이를 하며 은행원들과 나눴던 대화, 방앗간에 참새 드나들 듯했던 보수동 헌책방, 5년간의 투병과 절망과 희망 사이를 오갔던 나날들이 주마등처럼 스쳐 지나갔다.

1986년, 나는 농협중앙회 부산지역본부에 입사했고 이듬해인 1987년 4월 14일, 정식 발령을 받았다. 스물다섯의 나이에 '직장인'이라는 신분을 얻게 된 것이었다.

어머니께 소식을 전했을 때, 어머니는 주저앉아 눈물을 훔치셨다. 거기엔 지난 세월의 고생과 안도가 담겨있었다. 평생을 가난과 싸우며 자식들을 거두신 어머니. 벌레에게 잎사귀를 다 내줘서, 이제는 구멍이 송송 뚫린 내 어머니. 다시는 어머니에게서 눈물을 빼지 않겠노라, 나는 굳게 다짐했다.

무뚝뚝한 아버지도 그날만큼은 내 등을 쓰다듬으시며 짧게 한 말씀 하셨다.

"잘했다."

그 단 한마디에 담긴 무게를 나는 알고 있었다. 아버지의 눈가에 어린 작은 미소가, 내 등을 토닥이는 거친 손의 감촉이…. 나에게는 어떤 축하의 말보다 벅찼다.

첫 출근을 앞둔 나는 어머니와 함께 시내의 양복점을 찾았다.

지금은 자취를 감춰가지만 1980년대만 해도 '○○라사', '○○테일러' 등의 간판을 단 양복점이 흔했다.

재단사가 몇 가지 천을 추천했다. 한눈에 들어온 남색의 감을 손으로 만지작거렸다. 부드럽고 은은한 광택이 도는 천이었다. 단정하면서도 품격이 있어 보였다. 재단사가 줄자를 들고 내 몸의 치수를 재는 동안 어머니는 옆에서 연신 미소를 지으셨다. 아들이 어엿한 사회인이 되었다는 사실이 무척이나 대견하셨던 것 같다.

십오만 원이나 되는 양복값을 한 번에 치를 수는 없으니 월부로 샀다. 총 10개월. 매달 만 팔천 원을 내야 했다. 그 가운데 삼천 원은 월부 이자였다.

양복과 함께 검은색 구두 한 켤레도 샀다. 손끝으로 가죽의 결을 쓸어내리자, 그리 오래되지 않은 옛 기억이 났다. 구두 솔질 소리가 귓가에 맴돌았다. 수없이 닦아내던 타인의 구두가 떠올랐다. 구두를 신고 천천히 일어나 거울에 비친 내 모습을 바라보았다.

은행 옆 귀퉁이에서 남의 구두를 닦던 소년이 자라, 자신의 발에 꼭 맞는 구두를 신고 은행 안으로 들어가게 됐다. 그렇게 나는 세상으로 첫발을 내디딜 준비를 하고 있었다.

1980년대 대한민국은 눈부신 경제 성장을 이루고 있었다. 새로운 기업들이 생겨나면서, 양질의 일자리 또한 많아졌다. 그러나 나는 '직장'으로 은행만 한 곳이 없다는 확신이 있었다.

은행은 정직의 상징이었다. 은행원은 돈을 다루지만 본질적으로는 사람의 신뢰를 다루는 직업이었다. 고객이 창구에 돈을 맡길 때, 그 돈에는 단순한 숫자 이상의 의미가 담겨있다. 그건 노력의 결실, 혹은 가족의 미래, 평생의 꿈일 수 있다. 그 돈에 담긴 마음과 미래와 시간을 지켜주는 것. '신뢰'라는 눈에 보이지 않는 재산을 보관하고 관리하는 것. 그것이 은행원에게 주어진 가장 큰 책무인 것이다.

돈이 막히면 경제가 멈추고, 원활히 흐르면 사회 전체가 살아

움직인다. 그 중심에서 은행은 자금의 흐름을 투명하고 공정하게 이어주는 역할을 했다. 한 가정의 저축이 한 기업의 투자로 이어지고, 그 기업의 성장으로 다시 일자리가 생기는 선순환 속에서 은행원은 보이지 않는 연결자로 존재했다.

나는 그런 곳에 몸담을 수 있게 된 것이 못내 자랑스러웠다.

첫 출근 날, 거울 앞에 서서 잠시 숨을 골랐다.

거울 속에는 세상의 먼지를 죄 뒤집어쓴 구두닦이 소년이 아니라 꼿꼿하게 자립한 어른이 있었다.

어느 한 군데 헐겁거나 조이는 데 없이 꼭 맞는 양복이 몸에 자연스레 감겼다.

그리고, 그래서, 그러나….

문장과 문장 사이를 이어주는 접속사는 다음에 오는 문장을 짐작케 한다.

'그리고'는 앞서 말한 내용을 보충하고,

'그래서'는 원인에 따른 결과를 설명하고,

'그러나'는 반전을 예고한다.

나는 '그럼에도 불구하고'라는 접속어로 내 인생의 페이지를 채웠다.

그럼에도 불구하고 버텼고,

그럼에도 불구하고 살았고,
그럼에도 불구하고 떳떳했고,
그럼에도 불구하고 꿈을 꾸며 원하는 것들을 이뤄나갔다.

삶이 버겁고 막막할 때면,
나는 여전히 '그럼에도 불구하고'라는 접속어로 삶을 잇는다.
그것은 단 한 번도, 나를 틀린 방향으로 데려간 적이 없었다.

▶ 단란한 신혼시절(1985년 무렵)

06.
"운이 좋았습니다"

其次致曲 曲能有誠 기차치곡 곡능유성

誠則形 形則著 성즉형 형즉저

著則明 明則動 저즉명 명즉동

動則變 變則化 동즉변 변즉화

唯天下至誠 爲能化 유천하지성 위능화

중용 23장의 문장으로, 속에 담긴 뜻은 아래와 같다.

'작은 일도 무시하지 않고 최선을 다해야 한다. 작은 일에도 최선을 다하면 정성스럽게 된다. 정성스럽게 되면 이내 겉에 배어 나오고, 겉에 배어 나오면 이내 겉으로 드러나고, 겉으로 드러나면 이내 밝아지고, 밝아지면 이내 남을 감동케 하고, 남을 감동케 하면 이내 변하게 되고, 변하면 이내 생육된다. 그러니 오직 세상에서 지극히 정성을 다하는 사람만이 만물을 생육시킬 수 있는 것이다.'

이 장은 22장으로 연결된다.

'오직 세상에서 지극히 정성을 다하는 사람이어야만 자신의 본성을 다 발휘할 수 있다. 자기 본성을 다 발휘하면 사람의 본성을 다 발휘할 수 있게 되고, 사람의 본성을 다 발휘하면 만물의 본성을 다 발휘할 수 있게 되고, 만물의 본성을 다 발휘하면 하늘과 땅의 변화와 생육을 돕게 되고, 하늘과 땅의 생육을 돕게 되면 하늘과 땅에 대등해진다.'

이 장대한 말씀의 뜻을 헤아려보자면,

'아주 작고 사소한 것들로부터 천하의 변화가 시작되니 모든 일에 정성을 다하라.' 정도가 되겠다. 이것은 만고의 진리다.

"농사를 잘 지으려면 어떻게 해야 합니까?"라는 물음에 한 농사꾼은 이렇게 답했다고 한다.

"논과 밭에 발소리를 많이 들려주면 됩니다."

논밭이 발소리를 듣는다…. 아마 그만큼 발걸음을 자주 하라는 뜻일 것이다. 게으름 피우지 말고 부지런히 움직여 정성을 쏟아붓는 것. 그게 비결인 농사의 비결인 것이다.

어디 농사만 그럴까.

세상만사 모든 이치가 같다. 무언가에 들이는 품과 정성…. 그것들이 쌓인 시간은 우리를 배신하는 법이 없다. 당장은 두드러지지 않을 수 있으나 언젠가는 그 노력에 대한 보답이 찾아오기 마

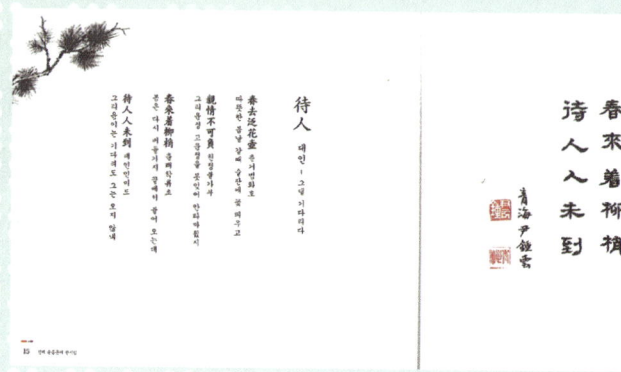

▶ 나는 어릴적 할아버지로 부터 '사서삼경(四書三經)'을 배워 한시를 짓는 것과 시를 쓰는 것은 또 하나의 즐거움이였다.(왼쪽 사진은 나의 시작 노트)

련인 것이다. 은행에 갓 입사한 햇병아리 시절, 나 역시 자박자박 발소리를 내기 바빴다.

은행 신입사원에게 주어진 첫 업무는 '모출납'이었다.

모출납이란 은행 영업점 창구의 현금 출납을 총괄 관리하는 업무였다. 아침이면 금고에서 그날 필요한 시재를 꺼내 각 창구 직원들에게 배분했다. 시재란 현금과 수표, 즉 은행의 심장과도 같은 것들을 가리켰다. 오전과 오후, 정해진 시간마다 창구를 돌며 시재를 전달하고 회수했다. 지점의 문이 열리고 닫히기까지, 나는 돈의 흐름을 추적했다. 들어오는 돈, 나가는 돈 한 푼 한 푼이 모

▶ 나의 작품집인 시집(『지난 세월』)과 한시집(『연가(戀歌)』)

두 기록되고, 점검되고, 확인되어야 했다.

지점의 셔터가 내려가면, 나는 각 창구 직원들로부터 그날의 입출금 현황을 수거했다. 전표 뭉치들이 책상 위에 쌓였다. 그리고 시작되는 대조 작업. 전산 시스템에 등록된 현금의 양과 금고에 실제로 보관 중인 현금의 양이 정확히 일치하는지 확인하는 작업이었다. 상당히 손이 많이 가는 작업인 만큼 단 1원이라도 차이가 나면, 억장이 무너졌다.

어느 날 저녁, 천 원이 모자랐다. 큰 금액은 아니었으나 은행에서 '겨우'라는 말은 통하지 않았다. 나는 그날 밤 열한 시까지 사무실에 남아 전표를 처음부터 다시 확인해야 했다. 수백 장의 전표를 한 장 한 장 넘기며, 계산기를 두드렸다. 손가락이 저리고, 눈이 침침해졌다. 형광등 불빛 아래서 숫자들이 춤을 추는 것 같았다. 작은 실수를 찾는 데 다섯 시간이 걸렸다.

그만큼 모출납은 꼼꼼하고, 정확해야 하는 일이었다. 신경이 곤두섰고, 매일 긴장의 연속이었지만, 나는 그 일이 싫지 않았다. 오히려 숫자가 딱 맞아떨어질 때의 쾌감이 좋았다. 완벽하게 마무리된 하루를 덮으며 느끼는 뿌듯함이 있었다.

그 외에도 신입사원에게는 여러 잡다한 업무들이 주어졌다. 그 가운데 하나가 은행 창구 앞에 비치된 복권을 판매하는 일이었다.

요즘 젊은 세대들은 '복권'하면 당연히 로또부터 떠올린다. 1980년대만 해도 복권의 대명사는 단연 주택복권이었다. 정부가 주도하는 복권의 효시였다.

복권이 처음 세상에 나온 것은 1969년. 그때 나는 고작 일곱 살이었지만, 동네 어른들이 복권 이야기로 떠들썩하던 기억이 어렴풋이 남아있다. 당시 복권 한 장의 가격은 백 원. 짜장면 한 그릇이 오십 원 하던 시절이니, 결코 만만한 금액은 아니었다. 하지만 사람들은 그 백 원에 꿈을 걸었다. 1등 당첨금은 무려 삼백만 원이었다. 당시에는 서울에서 괜찮은 주택 한 채를 이백만 원에 살 수 있었다. 지금 들으면 삼백만 원이 별것 아닌 것처럼 들릴지 모르지만, 그때는 집 한 채를 사고도 남는 돈이었다. 그래서 '주택'

복권이라는 이름이 붙었다.

처음에는 한 달에 한 번만 발행되었다. 매달 복권 발행일이 되면 판매처마다 사람들이 줄을 섰다. 사람들의 열광이 상상을 초월해 품귀 현상이 빚어질 정도였다. 결국 1973년 3월부터는 주 1회 발행으로 규모가 확대되었다. 1등 당첨금도 시대에 맞춰 계속 올라갔다. 1978년에는 천만 원, 1983년에는 무려 일억 원. 서민들에게 1억 원이라는 돈은 꿈에서도 만질 수 없는 숫자였다.

"준비하시고, 쏘세요!"

여전히 사람들 마음속에 남아있는 추억의 문장이다. 주택복권을 국민 복권으로 만든 것은 1981년부터 시작된 텔레비전 추첨 방송이었다. 매주 토요일 저녁, 온 가족이 텔레비전 앞에 모여 앉아 추첨 방송을 지켜봤다. 추첨 방식은 독특했다. 빠른 속도로 회전하는 원판에 당첨 번호들이 빼곡히 적혀있었고, 추첨자가 그 원판을 향해 화살을 쐈다. 화살이 꽂힌 과녁에 적힌 숫자들, 그것이 바로 행운의 당첨 번호였다. 원판이 돌아갈 때면 수백만 명의 심장이 동시에 뛰었다. 그 긴장감과 설렘. 화살이 날아가 과녁에 꽂히는 순간의 희비가 엇갈리는 풍경은 한 시대의 드라마였다. 그렇게 37년간 서민들과 애환을 함께했던 주택복권은 2002년 4월, 역사의 뒤안길로 사라졌다. 그러나 주택복권이 주었던 그 특별한 설렘은, 그 시대를 산 사람들의 가슴 속에 애틋한 추억으로 남아있을 것이다.

당시 내가 다니고 있던 은행 지점에서도 오백 원짜리 인쇄형 주택복권을 비치하고 판매했다. 한 지점당 일주일에 오백 장의 복권이 배정됐고, 그걸 은행원들이 맡아 판매해야 했다. '할당량'이라는 단어만큼 부담스러운 게 또 있을까. 선배 행원들은 암묵적으로 그 일을 신입사원에게 떠넘겼고, 결국 그 업무는 전부 내 차지가 되었다.

처음에는 쉽게 생각했던 것 같다. 은행에 드나드는 고객들이 많으니, 하루에 스무 명만 사가도 금방 동이 나겠거니 했다. 그러나 현실은 달랐다. 대개는 관심이 없었고, 그나마 관심을 보이는 사람들도 한두 장 사는 게 고작이었다.

마지막 주 월요일에 남은 복권을 세어보면, 늘 오십 장에서 백 장 정도가 남아있었다. 그러니 방법이 없었다. 은행 밖으로 나가는 수밖에는 달리 뾰족한 수가 없었다. 성냥팔이 소녀처럼 '복권 팔이 청년'이 되어, "복권 사세요, 복권 사세요." 라도 해야 했다.

선배들의 반응은 가지각색이었지만 보통은 '별 희한한 놈 다 보겠다.'라는 듯 굴었다.

"네가 무슨 보따리장수냐?"

"그렇게까지 할 필요가 있나?"

당시 은행원은 선망의 직업이었다. 딱 그만큼 콧대들이 높았다. 자존심을 내려놓고 길거리를 누비며 복권을 판다는 것이 이해가 안 되는 모양이었다

그러나 뭐 어쩌겠는가. 나는 이미 마음을 먹었다. 구두닦이를 하면서도 부끄럽지 않았다. 땀 흘려 번 돈으로 먹고, 입고, 학비를 마련했다. 이 역시 마찬가지였다. 그렇게라도 복권을 팔아서 내 할 일을 마칠 수 있다면 그 무엇도 부끄러울 게 없었다.

영업의 주 무대는 부산 자갈치 시장이 되었다. 삶의 애환이 녹아 있는 곳. 새벽부터 밤늦게까지 생선 비린내와 사람들의 웃음소리가 뒤섞이는 장소. 나는 그곳이 좋았다. 소박하고, 정직하고, 인정 많은 사람이 모여 있는 곳이었다.

구두닦이를 하며 쌓아온 너스레가 빛을 발했다. 상인들에게 반갑게 다가가 인사를 건넸다. 모두가 나의 '삼촌', '이모', '아지매', '아재'였다. 그렇게 한 번 안면을 트고 나니, 이야기가 수월하게 풀렸다.

매일같이 시장에 들렀다. 자연스럽게 안부를 묻고, 장사 이야기를 듣고, 때로는 무거운 물건을 옮기는 것을 도와주기도 했다.

그러다 보니 자연스럽게 관계가 깊어졌고 나중에는 서로의 사는 이야기까지 털어놓는 사이가 됐다. 누구네 아들이 대학에 붙었고, 저 집 아들은 안타깝게도 백수가 되었으며, 누구네 집 손녀는 가수를 한다고 서울로 갔다는, 그런 이야기들….

그렇게 정다운 시간이 쌓이면서, 내가 들고 있는 복권을 한두 장씩 사주는 사람들이 생겼다.

어떤 아지매는, 딸이 시집간다고 사내놈 하나를 데려왔는데 모아둔 돈이 하나도 없어서 큰일이 났다고 한탄을 했다.

손에 쥔 것이 아무것도 없을 때의 그 막막함. 그것이 주는 무력감과 절망감은 내가 너무도 잘 알고 있는 것이었다. 나는 아지매 옆에 쪼그리고 앉아 괜한 우스개를 던지며 그녀를 위로했다. 돌아가기 전에는 복권 한 장도 선물했다. 만난 지도 얼마 안 된 완벽한 남이지만 왠지 모를 동질감이 느껴졌다. 아지매가 부디 행복하게 살길 바랐다.

하늘이 내 갸륵한 마음을 어여삐 여긴 걸까.

여기서, 기절할 만큼 놀랍고 감탄스러운 일이 하나 생긴다. 내가 아지매에게 건넨 그 복권이 무려 1등에 당첨되었다. 지금 생각해도 대번에 소름이 돋는 일이다.

오지랖이 태평양만 한 은행원이 건넨 복권에서 1등이 나왔다는 소문은 삽시간에 시장 전체로 퍼졌다. 그다음부터는 풍경이 완전히 달라졌다. 내가 굳이 시장에 나가지 않아도, 사람들이 은행으로 찾아왔다.

창구에서 업무를 보고 있으면, 고객들이 복권을 달라고 했다. 내 손때 묻은 복권을 어떤 이는 다섯 장, 열 장씩 사 갔다. 그 속에서 또 2등 당첨자가 나왔다. 이번에는 시장 안에서 작은 음식점을 하는 아재였다. 아재는 당첨금으로 빚을 갚았다고 했다.

발 없는 말이 천 리를 갔다. 이제 소문은 자갈치 시장을 넘어 부산 전역으로 번졌다. 다른 지점의 행원들이 나를 찾아왔다. 그 지점에서 채 판매되지 않은 복권을 떠맡게 됐다. 황당한 제안이었지만 거절할 수는 없었다. 얼결에 떠맡은 복권도 순식간에 동이 났다. 한 지점에서 백 장을 가져오면, 이틀 만에 다 팔렸다. 나중에는 복권이 모자랄 지경이었다. 이후로 내 별명은 '복福 주임'이 됐다.

사람들은 나에게 '비결'을 물었다.
그때마다 나는 '운이 좋았습니다.' 겸손한 답을 내놨다.

운運, 그것은 보통 '그 결과가 미리 정해져 있어 사람의 힘으로는 바꿀 수 없는 것'을 뜻한다. 그러나 역설적이게도 운運이라는 한자는, '옮기다', '움직이다'라는 의미를 지닌다.
즉, 운이란 영영 멈춰있거나 고정된 것이 아니라,
내가 움직일 수도, 스스로 옮길 수도 있는 것이다.

그러니 어쩌면 '운이 좋은 사람'은 자신을 위해 끊임없이 움직이는 사람일지도 모르겠다. 가만히 앉아서 행운이 찾아오길 기다리는 건 아무런 소용이 없는 짓이다. 그 시절의 나는 기세 좋게 움직이며, 내 운을 따뜻한 양지로 옮겨가는 중이었다.

07.
봉투 속의 마음

　　마오쩌둥毛澤東은 모든 권력이 '총구'에서 나온다고 했으나 대한민국 가장家長의 권력은 '월급봉투'에서 나왔다. 월급을 현찰로 받던 1980년대까지만 해도 월급날은 가장들의 목과 어깨가 으쓱해지는 날이었다.

　　"물가는 하늘같이 오르고 애들은 콩나물처럼 자라는데 이 쥐꼬리 같은 월급으로 어떻게 살아!"라고 바가지를 긁던 아내들도, 그날만은 보글보글 찌개를 끓이고 소주 한 병을 내왔다. 모처럼 남편이 아내에게 큰소리를 칠 수 있는 날이었다. 과자나 통닭을 사들고 온 아버지들은 일찍 잠든 아이들을 억지로 깨워 뽀뽀를 '강요'하기도 했다. '월급봉투는 수렵시대에 남자들이 숲에서 잡아온 노루·산돼지와 다를 것 없는 전리품'이라는 말이 딱 들어맞는 것이다.

1980년대까지 이어진 월급봉투 시대. 한 달에 한 번씩 회사 경리부에서는 전쟁이 벌어졌다. 직원 수 삼천오백여 명을 거느린 어느 대형 백화점의 경리부는 월말이 되면 임시 비상 체제에 돌입했다. 수십억 원의 현금과 수표를 7개 은행에서 찾아와야 했고, 그것을 일일이 계산해서 봉투에 나눠 담아야 했다. 작업은 월급날 며칠 전부터 시작되었다. 직원 40명을 임시로 차출해 경리부 큰 사무실에 모았다. 책상마다 현금다발이 쌓이고, 수표가 흩어졌다. 지폐 세는 소리, 계산기 두드리는 소리, 봉투 붙이는 소리가 뒤섞였다. 실수 하나 없이 정확하게 배분해야 했다. 단 백 원이라도 잘못 들어가면 큰 문제가 되었다.

　봉투에는 직원 이름과 함께 본봉, 각종 수당, 상여금, 갑근세, 기타 공제액이 적혀있었다. 경리부 직원들은 밤을 새워가며 하나하나 확인하고, 도장을 찍고, 봉투를 밀봉했다. 손가락에 침을 묻혀 지폐를 세는 동작이 기계처럼 반복되었다. 지폐 세는 숙련된 손놀림은 마치 예술 같았다.

　월급날 아침이 되면 경비가 삼엄했다. 거액의 현금이 회사 안에 있었기 때문이다. 경리부장이 직접 각 부서를 돌며 봉투를 전달했다. 누런 마분지 봉투가 한 사람 한 사람의 손에 쥐어질 때마다, 그 무게감은 한 달간의 노동에 대한 대가이자, 한 가정의 생계를 책임지는 무게였다.

　월급봉투의 추억을 말할 때 빼놓을 수 없는 것이 이른바 '월급

> 월급봉투의 추억을 말할 때 빼놓을 수 없는 것이 이른바 '월급 삥땅', 즉 횡령이었다. 물론 범죄적 의미의 횡령이 아니라, 아내 몰래 용돈을 남기기 위한 소소한 꾀였다.

삥땅', 즉 횡령이었다. 물론 범죄적 의미의 횡령이 아니라, 아내 몰래 용돈을 남기기 위한 소소한 꾀였다. 당시 남자들에게는 일종의 생존 기술이자, 가장으로서의 자존심을 지키는 마지막 보루였다.

고전적인 수법은 봉투 겉면을 변조하는 것이었다. 봉투에 적힌 공제액을 교묘히 부풀려 썼다. 갑근세 15만 원을 18만 원으로, 의료보험료 3만 원을 5만 원으로 바꾸는 식이었다. 볼펜으로 살짝 획을 더하거나, 지우개로 문질러 숫자를 고쳤다. 그렇게 수령액을 줄인 뒤 차액을 빼내는 것이었다. 몇만 원이라도 손에 쥐면, 동료들과 소주 한잔할 여유가 생겼다.

더욱 대담한 방법도 있었다. 1960년대 라디오를 통해 전국적 인기를 끈 드라마 '아차부인 재치부인'의 한 에피소드는 가히 전설이 되었다. 드라마 속 남편은 아예 경리부에서 월급봉투 양식을 하나 구해와 통째로 위조했다. 진짜 월급은 숨겨두고, 가짜 봉투에는 액수를 줄여 적어 아내에게 건넸다. 청취자들은 박장대소하면서도 한편으로는 고개를 끄덕였다. 현실에서도 비슷한 일들이 비일비재했기 때문이다.

1964년 김수용 감독이 만든 영화 〈월급봉투〉는 샐러리맨의 애환을 그대로 그려냈다. 영화 속 주인공은 월급 명세표에 가짜 부의금 항목을 추가로 적어 넣었다. 실제로는 없는 경조사비를 마치 공제된 것처럼 꾸며 차액을 빼돌렸다. 최희준이 부른 영화 주제가는 당대 남자들의 비애를 절절하게 담아냈다. '월급날은 남몰래 쓸쓸해진다, 이것저것 제하면 남는 건 빈 봉투.' 가사는 절절했고, 멜로디는 애달팠다. 이 노래는 거리에서, 술집에서, 가정에서 끊임없이 흘러나왔다. 사람들은 공감하며 따라 불렀다. 당시 한 신문은 이 영화를 소개하며 주인공을 '월급을 횡령해 술값으로 쓰는 평범한 소시민'이라고 표현했다. 그 '평범함'이라는 단어에 모든 것이 담겨있었다. 누구나 그랬다는 뜻이었다.

한동안 경찰관들의 월급봉투에는 특별한 문구가 인쇄되었다. '집으로 바로 가자.' 다섯 글자의 경고문이었다. 월급을 현금으로 받아서 든 남자들이 종종 술집으로 직행하는 바람에, 아예 봉투에 경고문까지 인쇄하게 된 것이었다. 모처럼 목돈을 손에 쥔 남자들은 유혹에 약했다. 동료들이 술 한잔하자고 유혹하면, 발걸음이 술집으로 향했다. 그러면 집에 도착할 때쯤에는 봉투가 상당히 가벼워져 있었다.

더욱 교묘한 '삥땅'도 있었다. 연말정산 환급금이나 연월차수당 같은 것들이었다. 보통의 아내들은 이런 제도 자체를 몰랐다. 남편이 입을 다물고 있으면, 그 돈의 존재 자체를 알 길이 없었다. 남자들은 이 돈을 고스란히 자신의 몫으로 챙겼다.

그러다 가끔 '배달사고'가 터졌다. 어쩌다 입이 싼 동료가 송년회나 회식 자리에서 실수로 발설하는 것이었다.

"형님은 작년에 연말정산 환급받아서 좋으셨지요?" 같은 무심한 한마디가 폭탄이 되었다. 아내가 그 자리에 함께 있거나, 나중에 소문을 들으면 대판 부부싸움이 벌어졌다. 며칠간 집안이 냉랭해졌고, 결국 남편은 사실을 고하고 용서를 빌어야 했다.

1980년대에 들어서는 각 은행이 전산 시스템을 갖추기 시작했다. 컴퓨터가 도입되고, 네트워크가 구축되고, 계좌이체가 가능해졌다. 금융권을 시작으로 월급은 더 이상 봉투가 아니라 통장으로 입금되기 시작했다.

남자들의 탄식이 터져 나왔다.

'가장의 자존심이 무너졌다.', '가장의 근본을 뒤흔드는 변혁이다.' 과장된 표현 같지만, 당시 남자들에게는 진심이었다. 아내가 통장을 관리하게 되면서 돈의 흐름이 투명해졌다. '삥땅'의 짜릿함도, 몰래 용돈을 챙기는 즐거움도 빼앗겼다. 모든 것이 숫자로 기록되고, 확인되고, 투명해졌다. 어떤 남자들은 '감시 체제'라고 푸념했다.

그러나 온라인 시대의 큰 물결은 그 푸념을 무시한 채 도도히 흘러갔다. 편리함과 투명성은 거부할 수 없는 대세였다. 월급을 은행까지 찾으러 갈 필요도 없어졌고, 현금을 분실할 위험도 없어졌다. 경리부 직원들도 밤을 새워 봉투를 만드는 고역에서 해방되었다. 모두가 편해졌지만, 무언가 잃어버린 것 같은 아쉬움이 남았다.

나도 첫 월급을 통장으로 받았다. 봉투를 쥐었을 때의 두둑함이나 지폐를 세는 손맛은 느낄 수 없었지만, 그때의 감격은 잊을 수가 없다.

월급 명세서를 정독했다. 파란색 잉크로 내 이름이 적혀있었고, 그 아래로 본봉, 직책 수당, 상여금, 갑근세, 의료보험료 등의 항목이 빼곡히 이어졌다. 그 숫자 하나하나가 내 노동의 대가였다. 통장에 찍힌 숫자를 정성껏 세었다. 혹시라도 숫자 하나가 빠진 건 아닐까 싶어, 세고, 세고 또 세었다. 그 행위 자체가 즐거웠다.

첫 월급으로 맨 처음 한 것은 월부로 산 양복값을 치르는 일이었다. 그 돈을 떼어내니 제법 큰 액수가 빠져나갔다. 집으로 가는 길에 시내에 들러 부모님께 드릴 선물을 샀다. 품목은 당연히 '빨간 내복'이었다.

난방이 부실하던 시절. 겨울이 되면 방 안에서도 입김이 나올 정도로 추웠다. 연탄이든 석유난로든 보일러든 난방비는 부담스럽기 마련이니 사람들은 옷을 몇 겹씩 껴입었다. 속옷, 내복, 스웨터, 잠바까지. 옷을 껴입을수록 덩치는 불어났고 움직임은 둔해졌다. 마치 동굴 속에서 겨울잠을 자는 곰처럼 부풀어 겨울을 나는 것이다.

그때 출현한 나일론 소재 빨간 내복은 혁명이었다. 얇으면서도 보온성이 뛰어났다. 한 장만 입어도 옷 서너 겹을 입은 것만큼 따뜻했다. 문제는 가격이었다. 당시 빨간 내복 한 벌은 직장인 월급의 10분의 1 수준의 만만치 않은 금액이었다. 그래서 첫 월급을 타면 부모님께 빨간 내복을 선물하는 것이 불문율처럼 되어 있었다. 효도의 상징이었고, 사회인이 되었다는 증표였다.

내가 살던 단칸방도 웃풍이 심했다. 나무로 된 문틀 사이로 바람이 들어왔고, 유리창은 얇아서 찬기가 그대로 전해졌다. 신문지를 뭉쳐서 문틈을 막고, 비닐을 덧대어 보기도 했지만 역부족이었다. 반지하라 빛이 들지 않으니 낮이고 밤이고 할 것 없이 손발을 덜덜 떨어야 했다. 시장 한가운데에 있던 속옷 판매장을 찾았다. 진열대에 빨간 내복들이 가지런히 걸려있었다. 점원에게 부모님의 체격을 설명하고, 신중하게 사이즈를 골랐다. 아버지 것, 어머니 것. 두 벌을 샀다. 포장된 상자를 양손에 들고나오는 길. 마음이 뿌듯했다. 처음으로 드리는 선물이었다. 작고 마르고 병약했던 막내아들이 이제는 부모님을 돌볼 수 있게 된 것이다.

어머니 아버지께 그 빨간 내복을 드리며 기도했다. 건강하게 내

> 첫 월급을 타면 부모님께 빨간 내복을 선물하는 것이 불문율처럼 되어 있었다. 효도의 상징이었고, 사회인이 되었다는 증표였다.

옆에 있어 주시길. 낳고 길러주신 그 은혜에 조금씩 보답할 테니, 제발 오래오래 지켜봐 주시길….

 월급봉투는 사라졌다. 통장도 사라져가는 추세이니 이제 월급은 어플에 뜨는 알람으로만 확인한다. 손에 쥘 수도, 만져볼 수도 없다. 그러나 그 속에 담긴 의미만큼은 여전하다. 한 달간의 노동, 가족에 대한 책임, 미래에 대한 희망 같은 것들이다.
 빨간 내복 또한 사라졌다. 요즘은 첫 월급 선물로 현금 혹은 돈으로 만든 꽃다발 같은 것이 대세라고 한다. 선물의 형태는 조금 바뀌었지만, 그것 또한 감사를 표하는 또 다른 방식인 것이다.
 월급봉투도, 빨간 내복도 결국은 수단일 뿐, 본질은 마음을 전하는 데 있다.
 결국 중요한 것은 '무엇을 주었는가.'가 아니라 '어떤 마음으로 건넸는가.'….
 그 마음이야말로, 시대를 넘어도 변치 않는 가장 값진 가치인 것이다.

08.
당신의
작은 손을 잡고

    세상에서 가장 긴 여행은 타인을 사랑하는 여정이다.
    김수환 추기경은 생전에,
    '사랑이 머리에서 가슴으로 내려오는 데 70년이 걸렸다.'라고 말했다.

    불교엔 이런 말도 있다.
    '하루의 길을 동행하기 위해선, 전생에 이천 겁의 인연을 쌓아야 하고,
    부부로 만나려면 팔천 겁의 인연이 필요하다.'
    여기서 '겁'이란 헤아릴 수 없이 긴 시간을 말한다.
    그 긴 여정과 수천 생을 반복해 만난 인연이, 지금 내 옆에 있는 그 사람인 것이다.

> *아내가 나와 결혼한다고 했을 때, 그녀의 친구, 직장 선후배들은 만류를 넘어 격렬한 반대를 했다. 그녀를 아끼는 만큼 온 정성을 다해 악담을 퍼부었다고 했다.*

아내가 나와 결혼한다고 했을 때, 그녀의 친구, 직장 선후배들은 만류를 넘어 격렬한 반대를 했다. 그녀를 아끼는 만큼 온 정성을 다해 악담을 퍼부었다고 했다.

'신세 망치려고 작정했냐.'는 질타. '팔자를 짚신 꼬듯 한다.'라는 탄식. '뭐 그리 대단한 사내라고 맹목적으로 따르냐.'는 핀잔. '네가 평강공주인 줄 아느냐.'는 비아냥…. 하나같이 가슴에 비수를 꽂는 아픈 말들이었다. 그러나 어느 정도 수긍할 수밖에 없는 말들이기도 했다. 객관적으로 봤을 때 나는 결혼 상대로 최악이었다. 초근목피로 연명하는 집안에서 태어나, 월세 들어 사는 반지하 단칸방에서 노쇠한 부모님까지 부양하고 있었다. 노력 끝에 은행원이 됐지만, 앞날은 여전히 불투명했다.

그녀는 제법 괜찮은 가정에서 자랐고, 교육도 잘 받았으며, 직장에도 다니고 있었다. 외모도 준수했고, 성품도 온화했다. 그런 그녀에게 접근하는 남자들이 없지 않았다. 조건도 나보다 훨씬 나은 사람들이었다. 그래도 그녀는 나를 선택했다. 누가 뭐라고 훈수를 두든, 어떻게 뜯어말리든 흔들리지 않았다. 꼭 불빛에 홀린 불나방처럼, 험난한 불구덩이 속으로 날아든 것이다.

　주변에서는 화려한 결혼설들이 떠돌았다. 누구는 열 돈짜리 금거북을 받고 결혼했다더라. 누구는 패물을 트럭 채로 받았다더라. 누구는 새로 지은 아파트에 들어갔다더라….
　다른 여자들이 패물을 받고 아파트를 받을 때, 내 아내는 대출을 받아야 했다. 결혼하려면 목돈이 필요했기 때문이다. 내가 삼십만 원씩 두 번, 아내는 한 번. 그렇게 총 구십만 원으로 우리는 결혼을 했다.

　금가락지를 두 개 사서 나눠 끼었다. 조금만 힘을 줘도 구부러질 만큼 얇은 반지였다. 결혼식장 비용도 아까웠다. 화려한 예식장에서 수백 명을 초대해 올리는 성대한 결혼식은 우리와는 거리가 멀었다. 근처 성당에서 조촐하게 식을 올리기로 했다. 하객도 많지 않았다. 가까운 가족들과 친구 몇몇이 전부인 소박한 자리였다.
　1987년 12월 13일. 그렇게 우리는 부부가 되었다.

　장인어른은 점잖은 분이셨다. 불편한 상황에서도 노골적으로 불쾌함을 드러내는 분이 아니셨다. 결혼 전, 내가 처음 인사를 드리러 갔을 때도 불편한 내색 없이 반겨주셨다. 그러나 그 침묵 속에 담긴 복잡한 심경을 나는 느낄 수 있었다. 딸에 대한 걱정 그리고 어쩔 수 없는 체념….

귀하게 키운 딸이 고생길로 접어드는 것을 지켜봐야 하는 아버지의 심정. 볕 드는 양지에 고이 내놔도 모자랄 어여쁜 딸을 험지로 떠미는 꼴이니 그 얼마나 참담하셨겠는가.

나는 장인어른 앞에서 한동안 고개를 들 수가 없었다. 무슨 말을 해도 변명이 될 것 같았고, 부러 고개를 추켜들자니 염치가 없었다. 그렇게 한참을 망설이다 겨우 꺼내 놓은 말이,

"저 한 번 믿어주십시오."였다. 꼭 성공해서 당신의 소중한 딸 행복하게 만들어주겠다고. 가난을 내 자식들에게까지 물려주지는 않겠다고. 이 마음 평생 변치 않고 해로하겠다고 장인어른 앞에서 다짐했다.

그러나 현실은 가혹했고, 삶은 고달팠다. 그녀를 행복하게 해주는 길은 너무도 멀고 험했다.

결혼하며 이사를 했다. 신혼집이라고 부르기에는 초라하기 그지없는 방 두 칸의 월셋집이었다. 방은 하나 늘었으나 그놈의 반지하를 벗어날 수는 없었다. 조금 더 큰 방은 부모님이 쓰셔야 했으니 우리는 더 작은 방에서 신혼을 꾸려야 했다. 겨우 네 평 남짓한 방은 장롱 하나, 작은 화장대 하나로도 꽉 찼다. 아내는 반지하든 옥탑방이든 상관없다고 했다. 내 속이 말도 못 하게 썼다.

이후의 상황은 더 가관이었다. 결혼 후 얼마 안 돼서 군식구가

> *불평할 줄도 몰라, 아까운 것도 없어 끝없이 해 바치기만 하는 그 미련한 헌신. 그 꼴을 보고 있는 장모의 심정은 어떠셨을까. 가끔 집 앞으로 찾아오신 장모님은 야윈 딸의 얼굴을 보며 몰래 눈물을 훔치셨다.*

늘었다. 멀리서 일하고 있는 큰 형님의 자식 둘, 이혼한 작은 형님과 그 밑으로 딸린 조카 하나까지…. 방 두 칸짜리 월셋집에 여덟 명이 살이 부딪치며 살았다. 그 좁은 반지하에 식구들이 북새통을 이뤘다.

시부모 봉양과 남편 뒷바라지, 아이들 뒤치다꺼리까지…. 아내의 하루는 그야말로 눈코 뜰 새 없이 바빴다.

아침 일찍 일어나 여덟 식구의 밥을 지었다. 아침상을 치우고 나면 설거지를 하고, 빨래를 했다. 그 시절에는 세탁기도 없었다. 겨울에는 얼음장같이 차가운 물 때문에 손이 다 텄다. 방 두 칸 청소를 하고 장을 보러 갔다. 발품을 팔며 가장 저렴한 것을 골랐다. 한 푼이라도 아껴야 했다. 저녁이면 다시 밥을 짓고, 반찬을 만들었다. 밤늦게까지 다림질을 하고, 양말을 기웠다. 조카 셋의 엄마 역할도 했다. 매일 아침 아이들을 깨워 학교에 보내고 도시락을 싸주고, 준비물을 챙겼다. 아이들이 학교에서 돌아오면 간식을 주고, 숙제를 봐줬다. 옷을 빨아주고, 머리를 감겨주고, 이불을 정리해줬다. 아이들이 싸우면 중재하고, 아프면 병원에 데려갔다. 산수를 가르치고, 받아쓰기를 시켰다. 책을 읽어주고, 일기를 검사했다. 세 아이가 모두 잘 때까지 함께 있었다. 정말이지 마더 테레사가 울고 갈 정도였다.

아내는 그렇게 몇 년을, 허리 한 번 펼 새 없이 보냈다. 단 하루도 편히 쉬지 못했다. 잠시 짬을 내 함께 공원을 걷거나 영화관에 가는 일조차 없었다. 그런데도 아내는 불평불만 한 번이 없었다. 짜증을 내거나, 화를 내거나, 원망하지 않았다. 그 무거운 짐을 두 어깨에 지고 묵묵히 하루를 견뎠다.

지금도 조카들은 그때의 숙모 이야기만 나오면 눈시울을 붉힌다. 숙모가 아니었다면 우리는 인간 구실도 못 했을 거라며 아내를 치켜세운다. 아내는 쑥스러워하며 고개를 저을 뿐이다.

불평할 줄도 몰라, 아까운 것도 없어 끝없이 해 바치기만 하는 그 미련한 헌신. 그 꼴을 보고 있는 장모의 심정은 어떠셨을까. 가끔 집 앞으로 찾아오신 장모님은 야윈 딸의 얼굴을 보며 몰래 눈물을 훔치셨다. 마음이 아파 더 이상 보고 있을 수만은 없으셨는지 목돈까지 내놓으셨다. 장모님이 내민 통장 속에 적힌 숫자는 '일' 하고도 '영' 일곱 개. 천만 원이었다. 지금도 큰돈이지만, 당시에는 엄청난 거금이었다. 당시 서울의 아파트 전세가가 이천만 원 정도 했다. 천만 원이면 그 전세금의 절반이었다. 이 돈이면 반지하도 벗어날 수 있었다. 장모님은 이 돈을 가지고 더 나은 집을 구해보라고 애원하셨다. 그 모습을 보는 나도 가슴이 찢어지는 것 같았다. 장모님의 마음이 고스란히 전해졌다.

그러나 나는 그 돈을 받을 수 없었다. 그 옛날 외할아버지의 유산을 거절하던 아버지의 모습이 떠올랐기 때문이다. 가난할지언정 지킬 건 지켜가며 살겠다고 말하던 아버지의 고집과 자존심. 이래서 피가 무서운 것이다. 나 역시 아버지의 아들이었다. 처가의 도움 없이 내 힘으로 일어서고 싶었다.

한세상 비굴하지 않게 터도 스스로 닦고, 씨도 스스로 뿌리고, 싹도 스스로 틔우고 싶었다.
자신이 있었다. 아니, 자신이 있다기보다는 그렇게 해야만 한다는 책임감이 있었다. 그것이 남편으로서, 사위로서, 아들로서 지켜야 하는 최소한의 염치이자 도리라고 믿었다.

그날 밤, 잠을 이룰 수 없었다. 누구보다 고단한 하루를 보냈을 아내는 고른 숨소리를 내며 잠들어 있었다. 잠든 아내의 얼굴을 보며 생각했다. 이 여자는 왜 나를 선택했을까. 사랑이라는 단어로는 설명이 안 되는 무언가가 있었다.
아내의 손을 조심스럽게 잡았다. 부드럽고 하얗던 손이 어느새 거칠어져 있었다. 아내가 나를 선택한 이유는 사실 그다지 중요하지 않았다. 이 여자가 나를 선택한 것을 후회하지 않게 만드는 것이 중요했다. 아내를 위해서, 태어날 내 아이들을 위해서, 부모님을 위해서, 그리고 태어날 내 아이를 위해서. 나는 더 열심히 일하고, 더 많이 배우고, 더 높이 올라가야 했다. 가난은 죄가 아니지만, 가만히 손 놓고 가난을 물려주는 것은 죄였다. 나는 아내의 손을 꼭 잡고 다시 단단한 각오를 다졌다.

배우이자 자선가, 오드리 헵번은 말했다.
"인생에서 꼭 붙들어야 할 최고의 것은, 서로의 손이다."
'삶'이라는 단어에 'ㅏ'라는 모음 하나만 더하면 '사람'이 된다.
삶이 외롭고, 버겁고, 고되게 느껴지는 순간,
내 옆에 있는 사람으로 인해,
'아, 세상 참 살아볼 만하구나.' 생각이 들기도 한다.
그 시절, 내가 꼭 붙들어야 할 최고의 것은 아내의 손이었다. 그 손을 잡은 덕분에, 나는 시린 날들을 무사히 통과할 수 있었다.

09.
삶, 그 간절함

　　누구나 살면서 무언가를 간절히 바라는 때가 있다. 취업, 진급, 건강, 내 집 마련, 자녀 문제 등 내용은 저마다 다르다.
　　내가 지금 간절히 바라는 그것, 딱 그 하나만 해결된다면 더 이상 바랄 게 없을 것만 같다.
　　그 간절함은, 때론 살아가는 목적이 되기도 하고, 바람이 빠진 삶에 활력을 불어넣기도 한다.
　　시인 이재무는 이런 글을 썼다.

　　삶에서 '간절'이 빠져나간 뒤
　　사내는 갑자기 늙기 시작했다.
　　달아오르지 않으므로 절실하지 않다.
　　절실하지 않으므로 지성을 다할 수 없다.
　　여생을 나무토막처럼 살 수는 없기에,

사내는 '간절'을 찾아 나선다.

시의 골자처럼, 지금 간절하게 원하는 것이 있다면, 그건 정성을 다해 살고 있다는 뜻이기도 하다. 그 시절, 나는 '처절'에 가까운 '간절'을 품고 있었다.

학벌, 재산, 인맥, 배경, 소속, 외모….
흔히 '성공의 기반'이라고 불리는 것들이다. 물론 나는 이중 그 무엇도 가지지 못했다. 대신 성공에 대해 간절함과 열심히 하는 것밖에 모르는 우직함, 그 두 가지를 재료 삼아 내 삶의 기반을 다져갔다.
간절함은 어린 시절부터 뼛속 깊이 새겨져 있었다. 궁핍에서 벗어나고야 말겠다는 의지, 그것 하나로 버텨왔다. 후에는 가난을 대물림하지 않겠다는 각오, 아내와의 약속…. 그것들이 한데 모여 불타는 열망이 되었다. 새벽에 눈을 뜰 때마다, 퇴근길 버스에 앉을 때마다, 그 간절함이 나를 짓눌렀다.
우직함은 나의 본성이었다. 요령을 부릴 줄 몰랐다. 지름길도 찾을 줄 몰랐다. 미련한 성정 때문에 정공법밖에는 다룰 줄 몰랐다. 정직과 성실만이 내가 소화할 수 있는 최고의 방식이었다.

조직에 헌신하는 것은 의무가 아니라 나의 방식이었다. 살아가는 습관에 가까웠다. 계산에 의한 것이 아닌 본성의 연장이었다.
매일 새벽같이 집을 나섰다. 버스는 나처럼 일찍 하루를 여는 사람들로 가득했다. 버스 창밖으로 어슴푸레한 도시가 지나갔다. 가로등 불빛이 외로이 빛나고 있었다. 다른 직원들이 출근하기 한참 전에 은행에 도착했다. 혼자 앉아있으면, 고요함이 나를 감쌌다. 그 시간이 좋았다. 차분하게 업무를 준비하고, 하루 계획을 세웠다. 일에 치여 미뤄뒀던 사색에 잠기기도 했다.

동료들이 출근하기 시작하면 하루가 본격적으로 시작되었다. 창구 업무, 전화 응대, 고객 상담. 쉴 틈 없이 일했다. 퇴근 시간이 되어도 자리를 뜨지 않았다. 채 정리하지 못한 서류를 정리하고, 금융 상품을 공부했다. 늘 밤이슬을 맞으며 퇴근했다.

주말도 없었다. 필요하면 일요일에도 출근했다. 영업점은 쉬었지만, 해야 할 일은 늘 있었다. 금융 관련 서적과 경제 신문, 세법 책자도 꾸준히 들여다보았다. 몸은 머리도 마음도 종일 바쁘게 돌아갔다.

그 시절의 나는 정말로 '일에 미친 사람'이었던 것이다. 급하지 않은 일은 내일로 미루고, 중요하지 않은 고객은 적당히 넘기고, 실적이 안 나는 업무는 슬쩍 피해 가면서 요령을 좀 피워도 좋았을 텐데…. 미련한 성정이 허락을 안 했다. 모든 고객과 모든 업무에 최선을 다했다. 급한 일이든 급하지 않은 일이든, 큰 고객이든 작은 고객이든, 실적이 나든 안 나든 구별하지 않았다.

예금을 유치하고, 적금 상품을 파는 것도 은행원의 업무 가운데 하나였다. 거친 과거 속에서 늘어난 것은 너스레뿐이었다. 구두닦이 시절 배운 말솜씨, 자갈치 시장에서 익힌 친화력…. 내가 가진 유일한 무기를 날카롭게 벼르고 적극적인 영업을 했다. 은행 밖으로 나가 고객을 만났다. 시장 상인, 자영업자, 회사 경리 담당자. 발로 뛰며 영업했다. 명함을 돌리고, 인사를 하고, 관계를 맺었다. 한 번 인연을 맺은 고객은 절대 놓치지 않았다. 생일에 전화를 하고, 명절에 인사를 했다. 작은 것 하나도 기억하고 챙겼다.

물론 실적도 중요했지만, 꼭 그것 때문만은 아니었다.

어떤 고객이 목돈을 모으고 싶어 하면, 가장 훌륭한 적금 상품을 찾아서 설명해줬다. 이자율을 비교하고, 만기를 계산하고, 세금 혜택까지 꼼꼼히 알려줬다.

어떤 고객이 대출을 받아야 하면, 가장 유리한 조건을 찾아줬다. 금리를 비교하고, 상환 방식을 설명하고, 주의할 점을 알려줬다. 그들이 손해 보지 않도록, 억울한 일을 당하지 않도록 최선을 다했다.

그들의 삶이 더 풍요로워지길 진심으로 바랐다. 내가 제안한 적금으로 목돈을 모아 전세금을 장만했다는 소식을 들으면, 그게 꼭 내 일처럼 기뻤다.

고객들은 감사하게도 내 진심을 알아봐 주었다. 다시 찾아왔고, 새 상품에 가입했고, 지인을 연결해주기도 했다.

그렇게 일하다 보니, 윗사람들에게 '믿을 만한 행원'으로 각인되기 시작했다. 노력으로 나 자신을 증명한다는 것은 언제나 기분 좋은 일이었다.

지역본부에도 내 이름이 알려지면서, 인사철이 되면 별별 광경이 펼쳐지기도 했다. 여러 지점장이 나를 데려가려고 기 싸움을 벌이는 것이었다. 자기 지점으로 발령 내달라고, 내가 제대로 키워보겠다고 서로 목소리를 높였다. 마치 한 여자를 가운데 두고 싸우는 여러 남자의 치정극 같았다. 그저 황송했다.

그즈음, 마음 한구석에 남아있던 사법고시에 대한 미련도 완전히 놓았다. 조금 더 여유가 생기면 다시 도전해볼까. 주경야독하면 언젠가는 합격할 수 있지 않을까. 그런 생각을 가끔 했었다.

직업을 바라보는 두 가지 관점이 있다. 첫째가 '생업', 둘째가 '천직'이다. 생업은 생계를 위한 수단이고, 천직은 소명에 가깝다. 그때까지 나는 은행원을 생업일 뿐이라 여겼던 것이다. 변호사가 되어 법과 정의를 바로 세우는 것만이 이 사회에 이바지한 것이라고 생각했다. 어리석었다. 생업과 천직은 따로 존재하는 것이 아니라, 내 관점과 태도에 따라 달라지는 것이었다.

은행원이라는 직업은 내 적성에 잘 맞았다. 숫자를 다루고, 고객을 만나고, 신뢰를 쌓는 것. 그 모든 것이 즐거웠다. 불굴의 사명감도 있었다. 고객들의 돈은 그 자체로 땀의 결실이자 가족의 미래, 희망이었다. 그것을 지켜주고 있다는 데 자부심을 느꼈다. 사업자들에게 자금을 공급하고, 나라 경제를 돌아가게 한다는 관점에서 보면 은행원은 중요한 연결자 역할을 하기도 했다. 은행원도 나름의 방식으로 사회에 기여할 수 있었다.

> **❝**
> 그 시절의 나는 정말로 '일에 미친 사람'이었던 것이다. 급하지 않은 일은 내일로 미루고, 중요하지 않은 고객은 적당히 넘기고, 실적이 안 나는 업무는 슬쩍 피해 가면서 요령을 좀 피워도 좋았을 텐데…. 미련한 성정이 허락을 안 했다.
> **❞**

이곳에서도 얼마든지 성장할 수 있다고 자신했다. 은행 안에도 무한한 가능성이 있었다. 헌법 책, 민법 책, 형법 책…. 밤을 새워 밑줄 그으며 공부했던 책들을 정리했다. 아쉬움은 남았으나 후회는 없었다. 내가 선택한 길을 최선의 길로 만들면 그만이었다.

그즈음, 아내는 출산을 앞두고 있었다. 아내의 배를 쓰다듬으며 아이에게 말을 걸었다.

아버지. 세 글자가 주는 무게감이 묵직했다. 나는 좋은 아버지가 될 수 있을까. 아이에게 부끄럽지 않은 가장이 될 수 있을까.

태어날 아이의 얼굴을 상상하며 더욱 일에 몰두했다. 아이가 태어나기 전에 더 안정적인 터를 다져놓고 싶었다.

내 간절함은 갈수록 커졌다. 온 힘을 다해 앞으로 나아갔다. 간절함이 나를 움직였고, 우직함이 나를 지탱했다

간절함은 결국 삶의 태도를 가른다. 생각, 말, 행동 속에 간절함이 있는 사람은 눈빛부터 다르다. 그것은 도전을 낳고, 실패를 딛게 하는 용기가 된다. 그 절실함만이 결국 무언가를 이뤄내는 것이다.

10.
본전 인생

돈이 있으면 시간이 없고, 시간이 있으면 돈이 없는 것….
누군가는 이것을 인류 최대의 딜레마라 말했다.
그러고 보면, 사는 게 다 그런 것 같다.
일해서 돈을 벌면 건강을 잃고,
젊음을 잃으면 연륜을 얻는다.
사랑을 얻으면 우정을 잃는 경우가 태반이다.
결혼하면 자유를 잃는 대신 안정을 얻는다.
하나를 잃으면 하나를 얻고. 또 다른 하나를 얻으면 또 다른 하나를 잃는

정확한 '본전'….
플러스와 마이너스 사이에서 흔들리다가, 결국에는 0에 수렴하고 마는 것…
그게 인생이 아닌가 싶다.

'일득일실一得一失' 하나를 얻으면, 하나를 잃는다.

어떤 것을 얻고 어떤 것을 포기할 것이며,

무엇을, 어떻게 감내할지는 본인의 선택에 달렸다.

물론 어느 쪽을 선택하든 후회는 남으니, 되도록 적게 후회할 쪽을 선택하는 것이 우리가 할 수 있는 최선이다.

더 많이 갖기 위해, 더 높이 올라가기 위해 아등바등 애썼던 사이…. 내가 잃었던 또 다른 하나는 무엇일까. 그건 아마, 내 아이들과의 시간일 것이다.

1989년, 첫 아이가 태어났다.

아무리 일에 치여 살아도 아이가 탄생하는 순간만큼은 아내 곁에 있어 주고 싶었다. 그 고된 시간을 혼자 견디게 하고 싶지 않았다. 남편으로서 아버지로서 마땅히 함께해야 한다고 생각했다. 그래서 예정일에 맞춰 어렵게 휴가를 냈다. 병원 침대에 누운 아내의 배는 이미 터질 듯 불러 있었다. 진통이 몇 시간째 이어졌다. 나는 고통으로 몸부림치는 아내의 손을 잡고 '조금만 참아.' 따위의 전혀 도움이 되지 않을 말들만 늘어놨다. 그것 외에는 할 수 있는 게 없었다.

그러나 하루가 다 지나도 아이는 나오지 않았다. 병원 복도를 서성이며 초조하게 시간을 보냈다.

다음 날은 회사에 중요한 업무가 있었다. 한 달에 한 번 돌아오는 한국전력의 월급날이었다. 우리 지점은 한전의 월급을 처리하는 업무를 맡고 있었다. 막대한 금액이 오가는 중요한 일이었다. 정확하게, 시간에 맞춰 처리해야 했다. 다른 사람에게 넘길 수도 없었다. 절차를 정확히 아는 사람이 나뿐이었고, 책임자 역시 나였다. 어쩔 수 없이 출근을 해야 했다.

나는 아내에게 연신 미안해하며, 중요한 일이 있어 회사에 가야 한다고, 그 일만 마치면 금방 돌아오겠다고 안심시켰다. 아내는 알겠다며 고개를 끄덕였지만, 눈빛에는 서운함이 어려 있었다.

회사에 도착하자마자 일에 파묻혔다. 한전으로 가져갈 서류와 수표를 검토하고, 금액을 확인하고, 전산에 입력했다. 일 원의 오차도 용납되지 않았다. 모든 신경을 일에 쏟았다.

시간이 어떻게 흘렀는지도 모르겠다. 점심때가 지나고 어느덧 오후에 접어들었다. 동료들과 업무를 조율하고, 지점장에게 보고하고, 다시 서류를 들여봤다. 정신없이 할 일에 몰두했다.

그러다 번쩍! 하고 정신이 들었다.

그제야 아내의 얼굴이 떠올랐다. 배가 잔뜩 불러 숨을 가쁘게 내쉬던 아내! 그녀가 지금 어떤 상태인지, 아이는 나왔는지 확인 한 번을 안 했다.

가족을 위해 일한다면서, 정작 일하느라 가족을 잊은 우매한 놈이 바로 나였다.

황급히 시계를 봤다. 오후 두 시가 넘어가고 있었다. 헐레벌떡 병원으로 전화를 걸었다. 손이 떨렸다. 혹시 무슨 일이 생기지는 않았을까, 괜한 조바심이 들었다.

"오전 열 시쯤 순산하셨어요. 아들이네요. 축하합니다."
간호사의 목소리가 멀게 들렸다. 산모와 아이 모두 건강하다는 말에 안심은 했지만, 씻을 수 없는 죄책감이 몰려왔다. 아내가 나를 가장 필요로 하던 순간, 나는 아내 곁에 없었다.

지점장에게 급히 양해를 구하고 병원으로 향했다. 택시 뒷좌석에 앉아 조급히 손을 모았다. 창밖 풍경이 쉼 없이 스쳐 갔다. 아내의 얼굴을 어떻게 얼굴을 마주해야 할지, 뭐라고 입을 떼야 할지…. 생각하면 할수록 머릿속은 되레 하얗게 비어갔다.

아내는 퉁퉁 부은 얼굴로 누워있었다. 출산의 고통을 겪은 흔적이 역력했다. 많이 서운했을 것이다. 배신감마저 느꼈을지 모른다. 휴가까지 내고 병원에 붙어있더니, 정작 중요한 순간에는 사라졌다. 회사 일이 나보다, 아이보다 중요한가. 그런 생각이 들었을 것이다. 변명의 여지가 없었다.

뾰로통한 얼굴에 입술까지 몇 발 나와 있는 걸 보는 데 순간 웃음이 터졌다. 사랑스러웠다고 보는 게 맞을 것이다.

남녀 사이는 보통 찌릿릿하는 충동과 설렘으로 시작한다. 시간이 지나면 설렘은 익숙함으로 변한다. 그것이 일종의 우정, 동지의식으로 발전되지 않으면 관계는 황폐해진다. 우리 부부에게는

> 아무리 일에 치여 살아도 아이가 탄생하는 순간만큼은 아내 곁에 있어 주고 싶었다. 그 고된 시간을 혼자 견디게 하고 싶지 않았다. 남편으로서 아버지로서 마땅히 함께해야 한다고 생각했다.

같은 목표가 있었다. 가난을 벗어나 아이들을 잘 키우자. 오래오래 행복하자. 이 다짐들은 우리 두 사람을 단단히 묶어줬다. 관리만 잘하면 유통 기한이 길어지는, 아니 날이 갈수록 더 깊어지는 동지 의식이 있었다. 그것은 사랑보다 더 애틋한 감정이었다.

요람에는 갓 태어난 아들이 누워있었다. 주먹만 한 얼굴, 솜털만큼 가벼운 무게. 조심스럽게 아이를 안아 올렸다.

그 애를 품에 안는 순간 세상이 고요해졌다. 아이의 작은 숨소리도 또렷하게 들렸다. 작은 난로를 품은 것처럼 가슴 깊숙한 데까지 따뜻해졌다. 낯설고도 경이로웠다. 이 아이를 위해서라면 무엇이든 할 수 있을 것 같은 기이한 용기가 피어났.

'이제부터는 너를 위해 살아야겠다.'는 결심이 마음 깊은 곳에서 울렸다. 이 작은 몸과 마음에 흠집 하나 안 나게 키우고 싶었다.

그러기 위해서는 돈이 필요했다. 현실적으로 돈이 있어야 아이를 잘 키울 수 있었다. 좋은 환경, 좋은 교육, 좋은 기회…. 모든 것이 돈으로 이어졌다. 그래서 나는 더 열심히 일해야 했다. 더 많이 벌어야 했다. 더 높이 올라가야 했다. 아이를 위해서라는 명분이 생겼다. 일에 매진하는 것이 정당화되었다.

열심히 일하는 것도 사랑이라고 생각했다. 돈을 벌어 안정된 삶을 주는 것, 그것도 사랑의 한 방식이라고 여겼다. 지금 생각해보면, 나는 사랑을 주는 방법을 몰랐던 것이다.

큰아들과 아홉 살 터울을 두고 늦둥이 딸이 태어났다. 내 생일에 태어난 축복이었다.

그러나 나는 딸에게도 충분한 애정을 쏟지 못했다. 돌이켜보면 참 면목이 없다. 아장아장 첫걸음을 딛기 시작할 때, 처음 '엄마·아빠'를 소리 낼 때, 학교에 입학할 때, 열이 나서 끙끙거릴 때…. 나는 그 모든 순간을 함께하지 못했다.

'일득일실一得一失' 하나를 얻으면, 하나는 잃는다.
나는 그 시절, 아이들과의 추억을 쌓지 못한 것을 후회한다.
만약 그때의 내가 일 대신 아이들과의 시간을 택했더라면, 지금의 후회는 없을까?
어느 쪽을 선택하든 가보지 못한 길에 대한 미련은 남기 마련이다.
그러니 나는 그 또한 후회했을 것이다.
결국 내가 할 수 있는 일은 단 하나….
미래를 사는 내가, 오늘을 후회하지 않도록 지금 이 순간에 최선을 다하는 것이다.

중년기

4부

바람에 버텨서다

1. 오래 달리기
2. 갈대는 바람을 품고 산다
3. 구방심求放心
4. "만다꼬"
5. 젖은 낙엽
6. 맞바람의 힘
7. 다시, 시작
8. '욕심'과 '본심'
9. 그들의 신발을 신고
10. 뿌리의 마음

> 모두가 자신의 맞바람이
> 더 세다고 불평할 때,
> 나는 맞바람을 견딜 수 있게 해주는
> 수많은 뒤바람을 떠올린다.

01.
오래달리기

'체력은 곧 국력이다.'
'몸도 튼튼, 마음도 튼튼, 나라도 튼튼'
1970년대에 등장한 슬로건이다.

정부는 지덕체智德體가 겸비된 전인 교육의 일환으로 전국 소년 체전 등 여러 체육 시책을 마련했다. 그 가운데 하나가 '체력장'이었다.

체력장의 종목은 여러 가지였다.
윗몸 앞으로 굽히기, 윗몸일으키기, 왕복달리기, 턱걸이, 던지기, 멀리뛰기….
그 가운데, 모두가 질색했던 종목은 단연 '오래달리기'였다.
천 미터. 학교 운동장 크기에 따라 여섯 바퀴에서 여덟 바퀴를 돌았다.
모두 죽기 살기로 달려도 맨 뒤로 처지는 아이는 늘 있었다.

> 내 시간을 아끼지 않고 진심을 다했다. 그 모습을 보며, 누구는 '비효율적'이라고 비웃었고, 누구는 '시간 낭비', '공회전'이라고 깎아내렸다. 그래도 나는 내 방식을 고수했다.

1등과 꼴등 사이의 거리는 점점 벌어졌다.

그러나 서너 바퀴를 더 돌고 나면, 꼴찌가 꼭 1등처럼 보이곤 했다. 시작점 근처에서는 누구 혼자만 뒤처지는 것 같았는데…. 몇 바퀴를 돌다 보면, 어느새 다 같이 뛰고 있었다.

인생이라는 달리기 역시 그렇다.

누가 선두를 달리고 있는지, 꼴찌를 하고 있는지…. 그건 그리 중요하지 않았다. 설령 한 바퀴를 뒤처지더라도 아무 상관이 없다.

진정으로 중요한 것은, 단념하지 않고 계속 달리고 있는 두 다리, 즉 '근성'인 것이다.

금융권은 어느 조직보다 경쟁이 치열했다. 특히 승진을 향한 내부 경쟁은 피를 말리는 전쟁이었다. 행원 천 명 가운데 단 한 명만이 임원의 자리에 오를 수 있었다. 치열한 생존경쟁 속에서 개인의 비전을 찾지 못하고 도중에 하차하는 이들도 많았다. 대부분 재취업이 가능하거나, 집안이 든든한 부류였다.

이 전장에서 살아남으려면 전략이 필요했다. 출세를 위해 저마다 자신만의 요령과 처세술을 익혀나갔다. 그러나 나는 앞서 고백했듯이, 적당히 해 넘기는 잔꾀나 영악한 수완, 나를 곱게 포장하는 기교 따위에 무지했다. 그것도 무능이라면 무능이었다. 그 무능을 채우는 방법은 기본에 충실한 정도正度와 원칙주의를 고수하는 것뿐, 달리 방도가 없었다.

'기본'이란 무언가의 밑바탕이 되는 토대이자 근본이다. 은행원이 갖춰야 할 기본 덕목은 '정직'과 '청렴', '윤리 의식'과 '친절'이었다. 나는 그것에 집중하기로 했다.

고객을 상대하는 일에 성심을 다하는 것은 그 무엇보다 중요했다. 예금, 적금 같은 상품은 단순해 보이지만, 사실 그 안에는 복잡다단한 조건들이 미로처럼 얽혀있다. 이자율, 만기, 중도해지 수수료, 세금 우대…. 금융에 대한 이해 없이는 손해를 보기 십상이었다.

서민의 피땀 어린 돈에 불이익이 얼룩지지 않도록 나는 그들에게 최적화된 상품을 찾아주려 애썼다. 내 시간을 아끼지 않고 진심을 다했다. 그 모습을 보며, 누구는 '비효율적'이라고 비웃었고, 누구는 '시간 낭비', '공회전'이라고 깎아내렸다. 그래도 나는 내 방식을 고수했다.

다행히 그 진심은 고객들의 마음에 닿았다. 한 명의 고객이 다른 지인을 소개해주었고, 그 지인은 또 다른 지인을 데려왔다. 입소문은 조용하지만 확실했다. 나의 성심은 결국 숫자로 증명되었고, 내 업의 큰 자산이 되었다.

점심시간이나 퇴근 후에도 나는 고객을 유치하기 위해 영업에 나섰다. 다른 은행원들의 영업 상대가 그저 내방 고객에 그쳤다면, 나는 내 발로 고객을 찾아다니며 새 활로를 뚫었다. 상가를 돌고, 공장을 누볐다. 끊임없이 발품을 팔았다.

지금 그 시절을 돌이켜보면, 요령 피울 틈 없이 움직이는 것이 내 요령이었다고 볼 수 있겠다.

농협은행에는 '승진 고시'라고 불리는 승진 시험이 있었다. 이름만 들어도 혀를 내두를 만큼 지독한 관문이었다. 농협법, 농협론, 농협회계, 농협실무 등 과목이 많은 데다 분량까지 방대해서, 최소 1년은 공부해야 겨우 준비를 마칠 수 있었다. 매년 1,500명이 넘는 응시자 가운데 합격자는 300명에도 채 못 미쳤다.

어떤 이는 은행 근처 여관에 방을 잡고 몇 달씩 시험공부에 매달리기도 했다. 아예 휴가를 내고 공부에만 매진하는 진풍경도 연출되었다. 승진 고시를 통과할 자신이 없으면 그보다 쉬운 자격시험에 합격한 뒤 몇 년간 우수한 고과를 받아야 승진할 수 있었다. 그러나 그 길은 더디고 불확실했다.

공부는 엉덩이를 오래 붙이고 있는 사람이 이길 수밖에 없는 싸움. 재능도 중요하지만, 결국 끈기가 결과를 가름했다. 나는 끈질긴 것으로는 누구에게도 지지 않을 자신이 있었다. 영업 실적도 나쁘지 않아, 지점 내에서는 가장 먼저 승진할 인물로 거론되는 날이 많았다. 1997년에는 한 신설 점포의 개설 준비 요원으로 차출되기도 했다. 큰 프로젝트인 만큼 승진에 한 발짝 더 다가갈 수 있는 절호의 기회였다. 나는 그렇게 근거 있는 자신감을 가지고 장밋빛 미래를 그렸다. 그러나, 그 낙관을 나무라기라도 하는 듯, 내 길 위에 커다란 장애물이 나타났다.

지점 내 갈등이 수면 위로 떠 올랐다. 알게 모르게 벌어지는 파워게임, 인사권을 둔 줄다리기, 파벌과 암투….

나는 그 모든 것과 무관하게 살아왔다고 믿었다. 그러나 흑과 백으로 갈라져 싸우는 세상에서, 이도 저도 아닌 회색은 모두를 적으로 돌리는 색이었다.

이쪽에서는 딴지를 걸고 저쪽에서는 견제구가 들어왔다.

고래 싸움에 등 터진 새우와 다름없었다. 그 새우는 번번이 물을 먹어야 했다.

돌이켜보면 참 순진했다. 그저 열심히 내 일하고, 내 공부하다 보면 승진은 자연스럽게 따라오는 것이라고 믿었다. 성실함, 그거 하나면 충분하다고 생각했다. 그러나 조직은 그렇게 단순하지 않았다. 보이지 않는 라인, 암묵적 규칙이 중요한 세계였다.

결과적으로 나는 함께 들어온 동기들보다 승진이 늦었다. 나중에 들어온 후배들에게도 뒤처졌다. 그들이 더 높은 곳을 향해 오를 때, 나는 여전히 제자리였다. 그때의 박탈감은 말도 못 했다. 가슴에 구멍이 뚫린 것 같았다. 밤이면 포장마차에 홀로 처량하게 앉아 소주잔을 기울였다. 한 잔, 두 잔, 석 잔…. 취기가 올라와도 마음의 구멍은 도통 메워지지 않았다. 만취해 비틀거리며 집으로 향하는 날이 많아졌다.

노력에 따른 보상이 주어지지 않은 건 처음이었다. 면역이 없었다. 의지만으로 되는 일이 아니었다. 그걸 깨닫고 몇 달은 속이 아팠다.

회사에서는 괜히 주눅이 들었다. 나보다 직급이 높아진 후배를 볼 때면 가슴 어딘가가 무너져 내렸다. 동료들의 미묘한 동정이 느껴질 때마다 자존심에 커다란 흠집이 났다.

그래도 속없는 사람처럼 웃었다. 아무렇지 않은 듯 내 할 일을 이어갔다. 아무 일도 없던 듯 구김 없는 얼굴로 사람들을 대했다.

일전 한 푼 안 생기는 자존심 끌어안고 징징거리다가 땅을 치며 후회하고 싶진 않았다. 나는 호주머니에 자존심을 집어넣고 지퍼를 채웠다. 가끔 그것이 속에서 꿈틀거리며 튀어나오려 할 때마다 가만가만 달랬다.

그 모든 것은 단 하나, 가족을 위해서였다.

> *노력에 따른 보상이 주어지지 않은 건 처음이었다. 면역이 없었다. 의지만으로 되는 일이 아니었다. 그걸 깨닫고 몇 달은 속이 아팠다.*

집의 현관문을 열고 들어서는 순간, 회사에서의 굴욕과 좌절은 조금씩 녹아내렸다. 미련할 만큼 무던한 아내는 만년 대리가 된 남편을 묵묵히 내조했다. 회사나 미래에 대한 이야기는 일절 꺼내지 않고 그저 "열심히 해줘서 고마워요."라고 다독였다. 그래서 나는 아내에게 더 미안했고, 더 애틋했다.

〈텔레파시〉라는 유행가의 가사처럼, 어머니는 내 '눈빛만 봐도' 마음을 읽을 줄 아셨다. 지친 마음 달래려 창밖을 쳐다보고 있으면, 어느샌가 다가오셔서는 다 큰 아들의 머리를 쓰다듬어 주셨다. 두 사람의 사랑은 그렇게 깊고 고요했다.

그리고 아이들이 있었다.

"아빠!" 하며 달려오는 모습. 숙제를 도와달라며 책을 펼쳐 보이는 진지한 얼굴. "안녕히 다녀오세요!" 대문 밖까지 들리는 씩씩한 목소리….

덕분에 그 시절을 버텼다.

마라톤 마니아로 알려진 한 소설가는 이런 말을 했다.

> 지지 않는다는 말이
> 반드시 이긴다는 것을 뜻하진 않는다.
> 지지 않는다는 것은
> 결승점까지 가면
> 내게 환호를 보낼 수많은 사람이 있다는 걸 안다는 뜻이다.

내가 들인 노력을 내가 알고, 내가 사랑하는 사람들이 안다면 그것으로 충분했다.

비단 마라톤에만 해당하는 말은 아니다. 인생사 숱한 곡절을 그런 마음으로 통과한다면 좌절할 이유가 없다.

내가 사랑하는 사람들은 늘 나의 완주를 응원했다.

그러므로 그 시절의 나는, 누구도 이기지 못했지만, 누구에게도 지지 않았던 것이다.

02.
갈대는
바람을 품고 산다

연약한 갈대가 거센 바람에 맞서 살아남기 위해서는 튼튼한 기둥을 만들어야 한다.

그러나 갈대가 자라는 곳은 무르고 질퍽한 땅….

게다가, 여느 나무처럼 줄기 속을 꽉 채우기엔 가진 것이 너무도 없다.

그래서 갈대는 바람에 맞서는 법이 아니라,

바람을 사랑하는 법을 배웠다.

줄기 속을 모두 비워, 바람에도 꺾이지 않는 몸을 갖게 된 것이다.

바람을 마주 보면 역풍이 되지만, 방향을 조금만 달리 해도 내 등을 밀어주는 순풍이 된다.

바람에 맞서기보다는, 그 바람에 몸을 맡겨야 할 때가 있다고…

갈대와 가을이 나에게 넌지시 알려주는 것 같다.

>
>
> *정부는 자산부채이전(P&A) 방식으로 5개 은행을 해체했다. 인수 은행이 우량자산과 부채만 떠안는 구조였다. 고용 승계 의무는 없었다. 필수 인력을 제외한 대다수가, 한순간에 거리로 내몰렸다.*

1997년 11월, 대한민국에 몹시도 살벌한 칼바람이 불어왔다. IMF 구제금융 이후 금융기관의 구조조정이 본격화한 건 1998년 6월부터다. 당시 금융감독위원회는 경기, 대동, 동남, 동화, 충청 은행 등 다섯 개 은행을 시장에서 퇴출한다고 발표했다. 소위 '은행 불패'의 신화가 무너진 것이다. 20세기 대한민국 금융계를 풍미했던 서울 기반의 5대 시중은행 '조상제한서'(조흥, 상업, 제일, 한일, 서울)도 일장춘몽一場春夢으로 끝났다.

은행의 대규모 감원 움직임은 1998년 초부터 감지됐다. 여러 대기업의 잇따른 부도로 금융권에 부실 경고등이 켜지며 은행마다 지점 통폐합과 감원이 이어졌다. 제일은행 퇴직자들의 이야기를 담은 일명 〈눈물의 비디오(내일을 준비하며)〉가 만들어진 것도 이 시기다. 그해 6월, 다섯 개 은행이 무더기로 문을 닫게 되면서 국내 금융권은 구조조정의 소용돌이로 빠져들었다. 약 9,000여 명의 은행원이 직장을 잃었다.

정부는 자산부채이전(P&A) 방식으로 5개 은행을 해체했다. 인

수 은행이 우량자산과 부채만 떠안는 구조였다. 고용 승계 의무는 없었다. 필수 인력을 제외한 대다수가, 한순간에 거리로 내몰렸다.

어떤 이는 해고 사실을 받아들일 수 없다며 속옷을 싸 들고 농성장으로 향했다. 차마 가족들에게 실직 사실을 알리지 못해 출근하는 척 나와 공원으로 '출근'한 사람들도 있었다. 경제력을 상실한 가장은 그렇게 집 밖을 맴돌았다. 노숙인을 위한 무료 배식소에 은행원 출신이 줄을 잇고 있다는 소식도 심심치 않게 들려왔다. 가장이 무너지자 가족의 유대도 약해졌다. 별거하다가 자녀가 결혼한 뒤 합의 이혼하는 부부가 속출했다. 자녀들은 부모의 부담을 덜어주기 위해 입대하거나 대학을 휴학하고 학비를 벌었다. 금융권 구조조정이 남긴 대한민국 현대사의 씁쓸한 한 페이지였다.

살아남은 은행들도 감원의 칼바람에서 자유롭지 못했다. 조직을 재편하는 과정에서 수백 개 점포가 문을 닫았다. 2001년 8월, IMF 관리체제를 벗어날 때까지 금융권 전체에서 약 9만 명이 일터를 잃었다. '금융계 잔혹사'였다.

그때, 은행이 '평생직장'이라는 개념이 사라졌다. 그 자리를 '명예퇴직'이라는 완곡어가 채웠다. 정년까지 가보지도 못하고 40대에 명예퇴직하는 이들이 늘면서 '사오정(45세 정년)'이라는 서글픈 신조어도 탄생했다. 나 역시 앞길을 치열하게 고민해야 했다. 열 살 난 아들과 갓 태어난 늦둥이 딸을 떠올렸다. 가난은 죄가 아니다. 그러나 발버둥 치려는 노력조차 해보지 않고 가난을 물려주는 것은 죄였다.

거친 바람은 땅에 두 발 붙이고 서 있는 것조차 버겁게 했다. 이 광풍을 어떻게 통과할 것인가. 문득 바람결 따라 누운 갈대가 떠올랐다. 나는 그 갈대처럼, 바람에 몸을 맡겨보기로 했다.

경제난으로 실물경제가 뿌리째 흔들리는 와중에, 부동산 경매는 역설적으로 대호황 조짐을 보였다. 물량이 넘쳐났다. 매물이 넘치면 가격이 떨어지는 것은 자명했다. IMF 사태 이전의 경매 낙찰가는 시가의 70%에서 90%. 이 경계가 무너지는 것은 시간문제였다. 경매에 나온 물건은 한 번 유찰될 때마다 약 20%씩 가격이 낮아졌다. IMF형 경매는 초기부터 평균 낙찰가율이 10%나 떨어져 있었다.

넘쳐나는 것은 물건만이 아니었다. 전문 인력도 양성되고 있었다. 대학원 특별과정이 개설되는가 하면, 경매 상담사들의 개업도 줄지어 이어졌다. 경매 전문 컨설팅 업체들의 발걸음도 부산했다.

경매는 채권자가 빚을 회수할 수 있는 장치이기도 했다. 낙찰가가 합리적으로 유지되도록 경매가 대중화한다면 두루 유익한 제도가 될 수 있었다. 실제로 경매 참가자들의 성향도 바뀌고 있었다. 내 집 마련이나 자영 농지를 장만하려는 사람이 조금씩 늘어나는 추세였다. 이 같은 변화는 경매를 둘러싼 이미지 변화와 맥

> 거친 바람은 땅에 두 발 붙이고 서 있는 것조차 버겁게 했다. 이 광풍을 어떻게 통과할 것인가. 문득 바람결 따라 누운 갈대가 떠올랐다. 나는 그 갈대처럼, 바람에 몸을 맡겨보기로 했다.

을 같이한다. 경매에 대한 평판이 바뀌기 시작한 것은 1994년 1월 1일, 호가제(응찰자가 경매 법정에서 직접 값을 부르는 방식)에서 입찰제(비밀 용지에 써내는 방식)로 경매 형식이 바뀌면서부터다. 호가제 때는 조직 폭력배가 경매를 합법 사업으로 적극 활용하는 양상마저 보였다. 미리 경매 법정 여기저기에 '아이들'을 풀어 놓았다가 높은 값을 부르는 응찰자 옆구리에 슬그머니 흉기를 들이대며 법정 하한가로 거액의 부동산을 거저먹기도 했던 것이다.

입찰제로 인해 재미를 보지 못하게 된 폭력배가 썰물처럼 빠져나가며 경매가 '남의 피땀으로 재산 모으기'라는 오명을 벗게 된 것이다. 문제는 IMF형 부도로 인해 낙찰 가격이 터무니없이 추락할 가능성이 있다는 점이었다. 금융기관의 담보 부실이 야기하는 문제는 국가 경제 위기로까지 확대된다. 낙찰가가 저당권자인 금융기관의 대출 원금도 보전하지 못할 때, 가뜩이나 부실한 금융계의 밑천이 더욱 궁색해질 것은 뻔했다. 개인 파산·기업 부도·금융 부실이 '복합 불황'을 촉발할 가능성도 커지고 있었다. 낙찰가 폭락은 실물경제의 한 부분이 무력하게 붕괴하는 것을 의미했다. 다수의 일반인이 건전한 경제 활동 차원에서 경매에 참여하면 경쟁이 활발해져 낙찰가도 제 위치를 찾을 수 있었다. 경매 대중화는 부도 사태의 여파를 줄이는 유력한 보완책 가운데 하나였던 것이다.

나는 그 바람에 몸을 맡겼다. 결혼 후 조금조금씩 모아둔 돈으로 2000년부터 부동산 경매시장에 뛰어들었다. 사법고시를 준비할 때 공부했던 것들 특히 민법 그중에서도 채권각론 등이 상당한 도움이 됐다. 매일 퇴근 후 치열하게 발품을 팔았고, 맹렬하게 공부했다. 그리고 이 선택은, '가난의 대물림'이라는 무시무시한 굴레에서 벗어나는 결정적 계기가 됐다.

고대 그리스의 철학자, 아리스토텔레스는 말했다.
'우리가 바람의 방향을 바꿀 수는 없지만, 돛을 다르게 펼 수는 있다.'

어떤 인간도 바람을 통제할 수는 없다.
거친 광풍은 늘 예고 없이 들이닥쳐 우리의 방향을 흔들어 놓는다.
그 시절, 나의 최선은 바람에 몸을 맡기고, 돛을 다르게 펴는 것이었다. 그렇게 나는, 불어오는 바람에 절대로 지지 말자 다짐하며 조금씩 더 앞으로 나아갔다.

03.
구방심求放心

맹자에 '구방심求放心'이라는 말이 있다.

구원할 구求, 놓을 방放, 마음 심心.

흩어지고 달아나려는 마음을 도로 되찾아오는, 더 커다란 마음을 뜻한다.

맹자는 한탄했다.

"사람들은 도망간 닭이나 개는 찾으러 다니면서, 잃어버린 마음은 찾을 생각을 안 한다. 그러니 슬프구나!"

맹자가 탄식할 만도 하다. 우리 마음은 걸핏하면 어딘가로 도망가기를 좋아한다. 중심에서 달아나려는 '원심력'. 그것을 제어해줄 든든한 '구심력'이 필요해질 때, 우리는 고향을 찾게 된다. 고향 주위를 공전하다가, 때맞춰 어떤 불가항력에 이끌려 돌아가는 것이다.

여기서 '때'란 언제인가.

> 사람의 정을 '오지랖'이라 깎아내리며 싹
> 둑싹둑 잘라내는 일이 허다한 요즘 세상에,
> 양산 사람들은 기꺼이 마음을 나눠줬다.

 초심을 잃어버렸을 때. 고되고 지친 상황에서 도망치고 싶을 때. '이 정도면 됐지.' 하며 타협하고 싶을 때….
 그 흐트러진 마음을 잡아주는 건 '고향' 그 자체이거나, '고향 같은 사람들'이다. 장소와 사람이 구심력이 되어 나를 단단히 받쳐준다.
 그런 의미에서 볼 때 내 고향은 바로 이곳, 양산이다.

 양산으로 온 건 2002년경. 드디어 꿈꾸던 과장으로 승진해, 양산 동쪽 웅상에 터를 마련했다. 풍요롭고 따뜻한 시골은 도시의 복잡한 이해관계와 완벽히 대비됐다. 양산의 푸짐한 정은 도시에서 입은 상처를 치유하는 약이 되었다.
 어르신들이 밭에서 따주시는 호박 한 개, 오이 한 개, 파 한 줌이 얼마나 귀한 것인지 안다. 당신의 자식에게 먹이려고 키운 작물은 값으로 매길 수 없는 귀한 마음이 들어있다. 어르신들은 그 보배를 '정'이라는 명목으로 번번이 나눠주셨다.
 막 자라고 있는 열무를 냉큼 뽑아서 주시기도 하고, 딱 맛있게 영근 호박과 가지를 뚝 따서 주시기도 하셨다. 어찌나 손들이 크

신지, 먹는 속도보다 받는 속도가 빨라 곤란할 때도 많았다. 장날이 되면 닭까지 잡아다 주셨다. '뼈까지 쪽쪽 빨아먹고 기력을 보충하라.'며 신신당부까지 잊지 않으셨다. 여름이면 잘 익은 수박 한 통을 잘라 은행으로 가져오셨다. 다 같이 둘러앉아 먹는 시원한 수박은 여름을 가장 다정하게 나누는 수단이 됐다.

두 명이 식당에 가서 '남길 것 같으니 밥은 한 공기만 달라.'해도, 양산의 식당 아지매들은 기어이 두 공기를 내온다. '겨우 그거 먹고 어찌 힘을 쓰겠냐.'며 으름장을 놓으신다. 셋이 가서 이것저것 맛보려고 네 가지 음식을 시키면, 하나는 알아서 안 주신다. 왜 안 주냐고 항의하면 주인 할매는 되레 큰소리를 치신다.
"쩌것도 다 못 묵겠구만, 와 헛돈을 쓰노?"
모르는 이의 지갑 사정까지 헤아려주시는 것이다. 대도시에서는 상상도 못 할 '정'이었다. 사람의 정을 '오지랖'이라 깎아내리며 싹둑싹둑 잘라내는 일이 허다한 요즘 세상에, 양산 사람들은 기꺼이 마음을 나눠줬다.

오늘의 내가 있는 건, 양산의 그 '정' 때문임을 새삼 깨닫는다.
한 사람이 올곧게 살아가기 위해서는 수많은 조건이 필요하다. 그 가운데 잊어서는 안 될 중요한 가치가 바로 누군가로부터 받는 '정'인 것이다.
실하게 영근 호박과 가지. 다 함께 빙 둘러앉아 먹던 수박. 어르신들의 애정 섞인 잔소리….

　작은 물결이 모여 큰 물결이 되고, 그 힘은 결국 거대한 제방을 허문다. 비록 작고 사소한 정일지라도, 무언가를 이뤄낼 힘을 주기엔 충분했다.

　'구방심求放心'

　나는 그렇게, 내 달아난 마음을 양산에서 찾았다.

▶ 손녀와 함께

04.
"만다꼬"

　· · ·
만다꼬, 말라꼬, 머할라꼬.

'뭐하러', '뭐 한다고', '뭘 하려고'에 해당하는 경상도 사투리다. 이 정겨운 말은 주로 이렇게 쓰인다.
"만다꼬 그래 쎄빠지게 해쌌노?"

이 말은, 자칫하면 나태와 게으름을 정당화하고 인생무상人生無常 허무주의를 불러일으킬 수 있다. 그러나 다른 한편으로는 '삶에 힘을 좀 빼라.'는 뜻으로 풀이할 수도 있다. 몸에 힘이 잔뜩 들어가 매사 긴장하고 여유 없이 살아온 삶에 대한, 일종의 경고인 것이다.

불필요한 힘을 빼고 나면, 똑같은 상황도 더 유연하게 대처할 수 있고, 여유로운 결론을 내릴 수 있다. 그렇게 죽기 살기로 하지 않아도 이미 잘하고 있고, 앞으로도 잘할 수 있는데…. '만다꼬'

> 아내의 말은 오히려 원동력이 되었다. 멈춘 걸음을 재촉하는 힘이 되었다. 나를 믿어주는 아내를 더 떳떳하게 만들어주고 싶었다. 내가 올라가고 싶은 것이 아니라, 아내를 더 높은 곳에 올려주고 싶었다.

그렇게 아등바등 사느냐는 걱정인지도 모르겠다.

나는 매 순간 전력투구했다. 효율성과 최적화가 시대정신이 됐으니, 거기에 나를 맞춰야 했다. 속도에 취해 달리려고만 했다. 그래야 안심하고, 그래야 뭔가를 이룰 수 있을 것 같았다.

그렇게 속도를 선택하니 풍경이 사라졌다. 직선의 길은 빨랐지만, 그만큼 고달프고 고단했다. 길 굽이 굽이에 숨어있는 작은 즐거움도 발견할 수 없었다. 열한 살에 신문 배달을 시작한 이후로 구두닦이, 막노동 등 단 하루도 쉴 새 없이 일만 했다. 조금의 여유도 허락되지 않은 삶이었다. 힘을 뺄 때와 힘을 줄 때를 구분하지 못했으니, 불혹에 찾아온 무기력은 어쩌면 예견된 '슬럼프'였는지도 모른다. 너무나도 뒤늦은 사춘기였다.

목표를 잃어버린 인생은 닻이 꺾인 배와 같았다.
더 이상 항해하고 싶지 않았다. 회사도 그만두고 싶었다. 일하고 싶지 않았다. 모든 것이 못 견디게 지겹고 지루했다.

그렇게 점차 시들해져 가는 나를 잡아준 것은 아내였다.

아내는 마치 얇은 얼음판 위를 아슬아슬하게 걷는 사람을 보듯, 나를 봤다. 점점 웃음을 잃어가는 남편을 보며, 그가 어떤 마음일지, 무슨 상황일지 가늠만 해봤을 것이다. 아내는 늘 그랬듯 나를 기다려줬다. 보이는 것 뒤에 감춰져 있는 것까지 전부 보듬어줬다. 아내의 그 단정한 눈빛을 마주하면 그나마 속이 좀 편안해졌다.

"당신 지난 세월, 내가 보증합니다. 살림이 안 펴서 밥만 간신히 먹고 살아도 덕분에 떳떳했어요. 누구 앞에서도, 잠자면서도 떳떳했어요. 한세상 비굴하지 않게 터도 당신 스스로 닦고, 씨도 스스로 뿌리고, 싹도 스스로 틔웠어요. 이 나이 되니 그게 더 자랑스러워요. 세월 가는데 당신이라고 안 늙을 재간 있나요. 원하는 대로 해요. 이제라도 당신 원하는 대로 삽시다. 대신 앞으로 뭘 하고 싶은지는 더 생각해보자구요. 하고 싶은 게 없다는 건 불행한 일이잖아요."

아내의 말은 오히려 원동력이 되었다. 멈춘 걸음을 재촉하는 힘이 되었다. 나를 믿어주는 아내를 더 떳떳하게 만들어주고 싶었다. 내가 올라가고 싶은 것이 아니라, 아내를 더 높은 곳에 올려주고 싶었다.

나는 다시 내 목표를 잡아가기 시작했다.

대신 지쳐서 나동그라지는 일이 없도록, 태도를 조금 달리하기로 했다. 힘을 뺄 때와 줄 때를 구분하기 시작한 것이다.

  산을 오르는 방법에는 여러 가지가 있다.
  오로지 정상만을 목표로 묵묵히 오르는 것을 좋아하는 사람도 있고, 길벗과 도란도란 대화를 즐기며 오르는 사람도 있다. 또, 산 중턱에 있는 식당에서 마시는 막걸리… 그 자체가 목적인 사람도 있을 것이다.
  누구에게나 자신의 방식, 자신의 길이 있으니 어느 쪽이 좋다, 나쁘다 할 수는 없다.
  '행복'이라는 목적지만 정확히 알고 있다면, 가끔은 모로 가도 좋았다.
  대각선으로, 가장자리로 가지 않았다면 경험하지 못할, 소중한 것들도 분명 존재하기 때문이다.
  고로, 나는 정상에 오르지 못하더라도, 낙심하거나 좌절하지 않을 것이다.
  산 중턱에서 불어오는 바람도 충분히 좋다.

05.
젖은 낙엽

낙엽은 한 잎, 두 잎 지는 게 아니라, 어느 소슬한 바람 한 자락에 담벼락 무너지듯, 와르르 쏟아진다. 아닌 게 아니라, 어제까진 단풍이 더 많았는데 하룻밤 새 낙엽 쪽으로 확 기울었다. 무성했던 잎사귀들이 속절없이 작별을 고하는 때다.

가을비가 추적추적 내린 길가를 걷는다.
바닥에 철썩 들러붙어 쓸어도 쓸어도 쓸리지 않는 젖은 낙엽은 어딜 가나 천덕꾸러기 신세다. 바스락거리는 소리 한번 내지 못하고, 조용히 사람들의 발걸음을 받아 내는 모습이 어떨 때는 참 애처롭다.
어디선가, '젖은 낙엽처럼 구차하게 살지 말자.'라는 이야기를 들은 적이 있다.
대다수가 젖은 낙엽을 군색하거나 버젓하지 못한 것으로 보는 모양이다. 그렇게 생각하니 그것이 더욱 가엾어진다.

젖은 낙엽은 쓸어도 쓸어도 쓸리지 않는 강인함이 있다. 어떻게든 세상에 착! 달라붙어 있는 그 모습이 대견하기도 하다. 그래서 때로는 나뭇가지에 매달린 알록달록한 단풍보다, 젖은 낙엽의 빛깔이 더 선명하고 아름다워 보인다.

내가 난데없이 '젖은 낙엽' 예찬론을 펼치는 이유는, 그것이 내 모습과 많이 닮았기 때문이다.

과장 승진 6년 만에, 지점장으로 올라갈 기회가 주어졌다. 그러나 그 자리를 노리는 사람은 수도 없었고, 전국에서 단 한 명만이 그 자리에 앉을 수 있었다. 당시 우리 지점의 1년 목표는 3억. 단순히 그 숫자를 채우는 것은 성에 차지 않았다. 나는 은행에 10억을 벌어다 주겠다는 높다란 목표를 세웠다. 언뜻 무모한 숫자였지만, 그만큼의 각오를 다지고 싶었다.

고객들의 마음을 얻기 위해서는 지성至誠을 다하는 것밖에 방도가 없었다. 영업시간이 끝난 후에도 시장과 공장 등 여러 사업체를 돌며 필사적으로 전심전력全心全力했다.

그 옛날, 사법고시를 앞두고 과감히 눈썹을 밀었던 것처럼, 이번에도 특단의 의지가 필요했다. 지점 근처에 원룸을 얻어 기거하며 1년 내내 집에 들어가지 않았다. 아내가 일주일에 한 번 깨끗이 세탁한 속옷과 밑반찬을 가져다줬다. 아이들의 얼굴도 그때만 겨우 볼 수 있었다.

영업의 본질은 '사람'이다. 사람과의 신뢰를 구축하는 일이다.

단기적인 계약보다 장기적인 신뢰가 중요했다. 눈앞의 실적보다 오래 이어질 관계를 쌓고 싶었다. 한 번 거래하고 끝나는 고객이 아니라, 평생 함께할 수 있는 동반자를 찾아야 했다.

영업에서 가장 중요한 건 '진심', 그리고 그것을 담는 '말'이다.

말은 생각이 가장 먼저 모습을 갖추는 첫 번째 형태인 만큼, 사람의 깊이나 진심, 삶의 모습이 드러냈다. 나는 최대한 공손하게 기본적인 안부를 여쭙고, 그날그날의 이야깃거리를 찾았다. 상대의 불편함을 미리 생각하고 배려했다. 고객을 만나는 작은 순간에도 정성을 다하고, 제안서 한 줄에도 마음을 담았다.

어떨 때는 새벽 4시에 일어나 시장으로 향했다. 상인들은 분주하게 새벽 장사를 준비하고 있었다. 일주일 내내 새벽을 상인들과 함께하며 그들이 말하는 고충을 들었다.

보온병에 따뜻한 한방차, 녹차, 커피 등을 준비해 '모닝커피'를 대접하며 시장 곳곳을 순회했다. 처음엔 낯설어하시던 분들도 시간이 지나자 하나둘 마음을 열기 시작했다.

"만다꼬 여까지 와서 설치노?"

호통을 치시던 건어물 가게 할머니는, 어느 날 막걸리 한 잔을 권하시며 말씀하셨다.

"묵고 산다고 고생이 많다. 요 한잔하고 가라."

그 막걸리 한 잔이 어찌나 개운하던지! 살면서 마셔본 술 중에 가장 달았다.

"어떻게 사는 것이 잘사는 것인가?"
인류 최대의 난제일 것이다.
이 원론적인 질문에 대해 내가 살아가며 깨달은 답은 하나다.
'정성을 다해 사는 것 외에 다른 방도는 없다.'

아침에 일어나서 잠자리에 들기까지… 밥 먹고, 일하고, 사람을 만나고, 말 한마디를 하는 것에도 정성을 다해야 한다. 그렇게 공을 들이고, 마음을 기울인 것들은 반드시 티가 났다.

나는 그렇게 하루하루 정성을 쌓아갔다. 새벽 시장에서 나눈 커피 한 잔, 공장을 찾아가 건넨 안부, 밤늦게까지 고민하며 작성한 제안서 한 장. 그 모든 것이 쌓여 신뢰가 되었고, 신뢰는 결국 성과로 이어졌다. 결국 모든 것이, 작은 정성으로 시작된 것이다.

1년이라는 시간이 빠르게 흘렀다.
집을 그리워한 날들, 아이들과 떨어져 지낸 순간들, 새벽 시장을 헤매던 숱한 아침들….
그 시간들은 나를 배신하지 않았다.
2008년, 과장이 된 지 6년 만에, 나는 양산 기업금융지점의 지점장이 되었다.

  어떤 분야든 지름길은 없다. 내게 주어진 하루, 일주일, 365일을 두 발로 꾹꾹 정성스레 밟아가야 하는 이유다.

▶ 세월이 흘러 한때는 부산의 가장 빈민가였던 내 고향 감천동은 지금 한국의 산토리니, '감천문화마을'로 거듭나 세계 유수 언론의 주목을 받고 있다. 미국 CNN방송과 프랑스 '르몽드', 중동의 알자지라 방송에 까지 극찬리에 보도되어 세계적인 관광지로 발돋움하고 있다.

06.
맞바람의 힘

투명한 컵에 담긴 물. 그 속에 검은 찌꺼기가 둥둥 떠다닌다.

어떤 사람은 그것을 건져내기 위해 젓가락을 가져온다. 온 신경을 불순물에 집중해도 탁해진 물은 쉽게 투명해지지 않는다.

이 물을 정화하는 가장 빠르고 효과적인 방법은, 탁한 물 위로 계속 깨끗한 물을 붓는 것이다. 물이 넘쳐 오르면 불순물 역시 밖으로 흘러나간다.

머릿속을 정화하는 과정도 이와 비슷하다.

나쁜 기억을 지우는 건 어렵다. 좋은 기억을 많이 만드는 게 그보다 쉬운 방법이다.

마음에 이물질이 들어왔을 때도, 그것에 집중하며 괴로워하기보다는 한시, 책, 음악, 여행, 음식, 산책, 사람…. 내가 사랑하는 것들을 넘치도록 쏟아부어야 한다.

좋은 것들로 인생을 채워갈수록, 우린 더 맑아질 수 있다.

> 마음에 이물질이 들어왔을 때도, 그것에 집중하며 괴로워하기보다는 한시, 책, 음악, 여행, 음식, 산책, 사람… 내가 사랑하는 것들을 넘치도록 쏟아부어야 한다.

그리고 이와 같은 방법은 조직 내에서도 통한다. 나는 불순물이 둥둥 떠다니는 조직을 투명하게 정화하고 싶었다.

회사에서 업무상 비용지출은 개인카드로 지출 후 비용처리를 거치는 것이 일반적이다. 일상적으로 지출하는 판관비, 소소한 용품 구매, 출장경비 등을 일일이 처리하는 불편을 덜기 위해 '법인카드'가 발급되곤 한다.

이처럼 법인카드의 목적이 절차의 간소화와 원활한 비용처리에 있다 보니, 용처와 사용 금액을 세세히 들여다보지 않는 것이 일반적이다. 혹여 개인의 쌈짓돈처럼 사적인 용도로 사용되더라도 그냥 넘어가는 경우가 많다. '과거부터 관행적으로 이뤄진 일'이기 때문이다. 그러나 그 '관행'이라는 변명은, 나에게는 그다지 설득력이 없었다.

법인카드를 남용해 사리사욕을 채우는 행위는 회사 공금, 더 나아가 국민의 혈세를 자기 돈으로 여기는 범죄나 다름없다. 나까지 도덕불감증에 빠져 범죄를 관행으로 받아들일 순 없었다. 그것은 분명, 엄벌이 필요한 악습이었다.

　나 역시 그런 선례들을 많이 봐왔다. 어떤 지점장은, 금요일에 주유소에서 기름 5만 원을 넣고는 그다음 주 월요일에 또 5만 원을 채웠다. 주말 출장은 없었다. 쉬는 날 영업에 나가는 성실한 부류도 아니었다. 지점장 차가 화물차도 아닌데 기름이 그토록 빨리 닳은 이유, 뻔했다. 주말에 가족들과 서울 나들이를 다녀왔다는 얘기를 스스로 떠벌렸다.
　그 정도면 양반이었다. 차마 입에 담을 수 없는 곳에서 법인카드를 사용한 이도 있었다. 내가 다 수치스러워 사용처는 굳이 언급하지 않겠다. 이른바 카드깡으로 돈을 빼돌리다 적발된 사례도 있었다. 법인카드로 어머니 생일잔치를 열어드린 '효자'도 있었다. 다들 그 얌체 짓을 알고 있지만 묵인하는 분위기였다.

　그대로 두고 볼 순 없었다. 오랜 폐습을 끊어야 개혁이 시작되는 것이다.
　내가 고안한 정화법은 선례를 반면교사反面敎師 삼은 '솔선수범率先垂範'이었다. 나는 책임자로 일했던 10년 동안 단 한 번도 법인카드를 사용하지 않았다. 심지어 업무 목적으로도 사용하지 않았다. 영업 다니며 사용한 접대비용, 유류비, 직원들의 사기를 높이기 위한 회식비용까지 전부 내 주머니에서 조달했다.

모난 돌이 정 맞는다고, 나를 고깝게 보는 시선도 많았다.

잘못된 것을 바로잡으려는 실천은 대개 좋은 소리를 듣기 어렵다. 쏟아지는 눈총을 받으며 모두가 '예'를 말할 때 홀로 '아니오'를 외쳐야 하는 상황이 이어졌다. 자연스레 '성격이 모났다.'라는 평판을 듣기도 했다.

그렇게 말하는 사람들은 이미 본인의 모순을 알고 있었다. 덕과 용기가 부족해서 선을 깎아내리고 있다는 것을.

당시 나에게 거창한 이념은 없었다. 단지 불합리한 일에 침묵하면 나 자신에게, 가족에게 부끄러울 것 같았다.

모난 돌들의 투쟁을 통해, 세상은 더 나은 곳으로 변화해 왔다고 믿는다. 거창할 것도 없지만 혼자라고 위축되고 겁낼 것도 없었다.

법인카드는 문구류 등 떨어진 비품을 구매하거나 내방 고객들의 선물을 마련하는 데만 쓰였다. 볼펜, 수첩, 수건, 반찬통, 사탕, 커피 등의 작은 선물이었다. 고객의 손에 그 작은 것이라도 들려 보내야 마음이 놓였다. 선물 그 자체보다, 고객 덕분에 번 돈을 고객에게 되돌려준다는 의미가 컸다. 그들이 가져간 건, 소소한 물건 너머에 있는 내 소박한 진심이었다.

그러던 어느 날, 30억 신용대출을 해줬던 회사에 부도가 났다. 그때부터 직원들은 불안에 떨기 시작했다. 본부에서 대출의 적정성·

부조리 여부를 조사해, 부실 대출의 책임을 물을 수 있기 때문이다.

그간의 선례에서는 대개 '꼬리 자르기'로 위기를 모면하곤 했다. 이는 가진 계층이나 기관·단체가 잘못에 대한 책임을 아랫사람에게 전가하거나 희생양을 만들어, 기득권과 조직을 유지하는 수법이다. 국립국어원의 '우리말샘'에 올라 있을 만큼 만연한 풍조였다.

이생진 시인은 그 심정을 〈욕지거리-도마뱀〉이란 시에서 읊었다.

> 내 손에 남은 도마뱀의 꼬리
> 그 꼬리에 남은 몇 마디 욕지거리
> 흙 속에 묻어도 기어 나오는 욕지거리
> 도마뱀은 다른 꼬리가 생겨서 잊고 있을 때도
> 나는 그 욕지거리가 마음에 걸렸다.

나는 욕지거리가 마음에 걸리는 것을 원치 않았다. 투명하고 명쾌하게 살아가고 싶었다.

부디 나를 반면교사反面敎師 삼지 않고 타산지석他山之石으로 여기길 바랐다.

불안에 떠는 직원들을 모아놓고 나는 각서를 썼다.

> 지점장은 지점의 경영과 운영을 총괄한다.

이번 사태의 모든 책임과 권한 또한 지점장에게 있다.
정직, 해직, 변상금 청구 등 본사의 조치가 있을 경우 그 모든 책임은 지점장이 진다.'

진심은 언제나 통했다. 그 이후로 나와 직원들은 '우리'가 됐다. 이후로도 나는 직원들의 사기를 높이기 위해 애를 썼다. 그들에게 가파른 목표를 설정해주지 않았다. 대신 내가 더 열심히 영업에 나섰다. 성실만큼 대단한 요령이 없다는 것을 내가 직접 보여주고 싶었다. 노력에는 반드시 보상이 따른다는 것도 스스로 깨우치게 하고 싶었다.

과하고 불필요한 요식행위는 과감히 지웠다. 위용을 보여주는 대신 친밀감을 쌓으려고 애를 썼다. 직원들의 올라간 사기만큼 지점의 성과도 덩달아 올랐다. 본사에서 주는 상을 총 64번 받았다.

상을 받아서 좋은 게 아니라, 기뻐하는 직원들을 봐서 좋았다. 참 신기하게도 피 한 방울 섞이지 않은 그들이 내 형제, 내 새끼들 같았다.

지금도 그때 직원들과 분기마다 모임을 갖는다.

'윤사모', 윤종운을 사랑하는 모임이라는 다소 유치한 이름까지 지어 너스레를 떠는 모습이 제법 깜찍하다.

'자서전을 쓰는 중인데 돌이켜보니 가난으로 궁상떨었던 기억밖에 없더라.'

자조 섞인 푸념을 늘어놓으니, 왜 쓸 게 없냐며 본인들이 더 목소리를 높인다. 한 시간에 한 번씩 전화가 온다.

"법인카드 안 썼던 책임자는 대한민국에 지점장님밖에 없을 걸요?"

"그때 저희한테 써준 각서도 꼭 책에 쓰십시오. 제가 나중에 확인할 겁니다."

재잘재잘 기분 좋은 응원을 보탠다.

이 친구들은, 앞으로도 내 등 뒤를 든든하게 받쳐주는 뒷바람 같은 존재가 될 것이다.

우리나라에서 미국에 갈 때, 미국에서 우리나라로 올 때.

거리는 같지만 비행시간은 약 두 시간 정도 차이가 난다.

서쪽에서 동쪽으로 흐르는 제트기류로 인해 미국으로 가는 비행기는 뒷바람의 혜택을 입고, 미국에서 돌아오는 비행기는 맞바람의 저항을 받기 때문이다.

재미있는 건, 많은 사람이 뒷바람으로 인한 시간 단축은 생각지 않고, 맞바람으로 인한 시간 지연만 항의한다는 것이다.

같은 원리는 인생에도 적용된다.

삶을 더 부드럽고 편안하게 만들어주는 뒷바람의 힘에는 둔감하면서, 삶을 더 어렵고 거칠게 만드는 맞바람의 힘에는 예민하다.

감사할 대상보다는 원망할 대상을 찾는 데 더 능하다.

모두가 자신의 맞바람이 더 세다고 불평할 때,

나는 맞바람을 견딜 수 있게 해주는 수많은 뒷바람을 떠올린다.

그들이 있어, 내 삶은 순항하지 않을 수 없다.

07.
다시, 시작

2000년대 발사된 우주선의 추진 로켓 폭은 143.51센티미터였다. 과학자들은 더 큰 추진 로켓을 원했지만, 로켓을 옮기는 기차 철로의 폭에 크기를 맞춰야만 했다. 그 선로의 폭은, 약 2000년 전, 로마 도로의 폭을 기준으로 정해졌다.

결과적으로 2000년 전 로마의 마차가 2000년 후 우주선에까지 영향을 미친 것이다.

컴퓨터 자판 배열도 그렇다.

현재의 자판은 1868년 발명한 수동 타자기에서 출발했다. 너무 빠르게 치면 감당이 안 되는 수동 타자기에 맞춰서, 일부러 불편하게 배열한 것이다. 그 후 새 자판 체계가 나왔지만, 사람들은 결국 익숙한 불편을 택했다.

한번 기준과 규칙이 정해지면, 그것을 바꾸기가 얼마나 어려운지를 보여주는 단적인 사례다. 사람들은 늘 새로운 변화보다 익숙한 불행과 불편을 선호한다.

익숙함, 그것은 대체로 긍정적인 가치이다.

'업무에 익숙하다.'는 말은 노련하고 능숙하다는 뜻과 같고, 익숙한 인물에게선 안정감을 느낀다. 예측 가능한 내일, 통제 가능한 오늘. 익숙함이 주는 그 안정감 속에서 우리는 편안과 안전을 느낀다.

그렇다면 이 익숙함은, 과연 절대적인 가치일까.

참 좋아하던 일도 어느 날 문득 갑갑하게 느껴질 때가 있다. 매일 먹는 집밥이 너무 맛있어서 행복하다는 사람 별로 없다. 가까운 사이일수록 서로 무심해지기 일쑤다. 모두 익숙함이라는 타성에 젖어있을 때 생기는 일이다. 그리고 그 타성은, 공허함을 만든다.

기대되지 않는 아침, 기계처럼 반복되는 일상, 어디로 가는지도 모른 채 달리는 우리네 삶….

한 스님은 말했다.

"수행이란 가부좌를 한 채 면벽하는 것만이 아닙니다. 습관의 벽을 무너뜨리는 일도 꼭 필요한 수행입니다."

나는 너무 오래 가부좌를 틀고 있었다. 편안했지만 기대되지 않았다. 안전했지만 허전했다.

그래서 나는 그 익숙함을 허물어버리기로 했다.

한 번도 가보지 않은 길, 익숙하지 않은 것에 관심과 호의를 가져보는 것. 그것이 첫 번째 과제였다.

> 한 스님은 말했다. "수행이란 가부좌를 한 채 면벽하는 것만이 아닙니다. 습관의 벽을 무너뜨리는 일도 꼭 필요한 수행입니다."

2012년 9월 1일. 치열했던 26년간의 직장 생활을 마무리했다. 은행에서 보낸 약 만 일의 날들이 파노라마처럼 스쳤다. 원 없이 일했고 모든 것을 다 바쳤다. 소중한 인연들을 만났고 수많은 도움을 받았다. 참으로 감사한 일이었다. 인생이란 내 한계를 극복하는 여정이라는 것을, 이곳에서 깨달았다. 나의 세월과 깨달음을 헛되게 하지 않으려면 앞으로의 삶이 중요했다.

누군가는 그것을 '여생'이라 말하며 그저 편안하게 보내는 데 방점을 찍을지 모르지만, 나에게 퇴직은 끝이 아니었다. 새로운 삶, 새로운 시작, 새로운 출발이었다.

쉰 넘어 걷는 낯선 길이 두렵지 않았다면 거짓말이다. 그러나 두려움보다는 기대가 더 컸다. 구두를 닦으며 은행원을 꿈꿨던 그때 그 소년처럼, 다시 한번 무언가에 도전할 수 있다는 데 감사했다. 그 시작점은 양산에 위치한 '청정냉동'이었다.

'냉동 보세창고.' 말 그대로 보세구역 안에 있는 냉동창고를 뜻한다.

보세保稅란 수입 물품이 세관의 통관을 마치기 전에 일시적으로 보관되는 상태다. 즉, 보세창고란 아직 관세를 내지 않은 외국 물품이 머무는 구역인 것이다. 대개 냉동·냉장 시설로 되어 있어서 냉동식품, 수산물, 육류, 과일, 의약품 등 온도 유지가 필요한 물품을 보관할 수 있다.

관세청의 관리 아래, 물건은 출고될 때까지 그 자리를 벗어나지 못한다.

말하자면 '국경과 국경 사이의 경계지대'. 세상 어디에도 속하지 않은 시간의 창고다.

나는 그곳에 단순히 냉동식품을 쌓아둔 것이 아니라, 품질에 대한 약속과 고객의 믿음을 함께 저장했다.

냉동은 곧 신뢰였다.

한 번 녹아버린 신뢰는 다시 얼릴 수 없다는 걸 누구보다 잘 알았다. 은행에서 26년간 쌓아온 것도 결국 신뢰였다. 숫자가 아닌 사람이었고, 계약이 아닌 약속이었다.

각 나라에서 온 식재료들은 각각 다른 온도, 습도에서 최상의 상태로 유지되어야 했다. 이 일은 단순한 관리가 아니라, 마치 사람의 관계처럼 끊임없는 관심과 책임을 요구하는 일이었.

영하 18도에서 보관되어야 하는 냉동 새우, 영하 25도를 유지해야 하는 참치, 영상 2도에서 숨 쉬어야 하는 신선 과일. 물건마다 각각의 온도를 요구했고, 나는 그 모든 소리에 귀 기울여야 했다.

거래처가 언제 찾아와도 그 안의 온도와 물건의 상태가 한결같다는 확신. 돈으로 살 수 없는 신뢰. 그것이 내가 청정냉동을 통해 쌓아가고 싶은 것이었다.

창고를 인수하고 난 뒤, 나는 그곳에 딸린 작은 사무실에서 1년을 기거했다.

침낭 하나, 난로 하나 가져다 놓고 사계절을 보냈다. 녹록지 않은 생활이었지만 이상하게도 힘이 들지 않았다. 오히려 살아있다는 느낌이 들었다.

필요하면 내가 기계 수리를 하고 용접도 했다. 지게차도 운전했다. 유튜브를 보며 독학으로 배우기도 하고, 베테랑들에게 노하우를 전수받기도 했다. 손에 묻은 기름때가 자랑스러웠다.

새벽에 일어나 창고 온도를 점검했다. 밤새 기계가 멈추지는 않았는지, 온도가 올라가지는 않았는지 살폈다. 한겨울에도 난방을 최소화했다. 창고 온도에 영향을 줄 수 있기 때문이다. 추위는 내가 견디면 그만이었다.

이제는 기계 돌아가는 소리만 들어도 상태를 알게 됐다. 컴프레셔의 낮은 진동음, 냉각팬의 일정한 리듬. 그 소리가 내게는 자장가처럼 들렸다.

직원들이 물었다.

"왜 이렇게까지 하세요?"

나는 웃으며 답했다.

"내가 제일 늦게 와서 제일 먼저 가면, 열심히 하라는 말이 설득

> 정성이 지극하면 하늘도 감동해 도와준단 뜻이다. 그러나 사실 하늘은 내 일에 전혀 관심이 없을 것이다. 그러니 하늘이 나를 도왔을 리도 없다. 나를 도운 건, 내 간절한 마음과 의지였다.

력이 있겠어? 내가 제일 열심히 할 테니까 딱 그 반만큼만 해줘."

정직과 성실은 내가 소화할 수 있는 최선의 방식이었다. 이번에도 나는 그것들을 무기 삼아 적자였던 회사를 1년 만에 흑자로 전환시켰다.

지성地性이면 감천感天이란 말이 있다.
정성이 지극하면 하늘도 감동해 도와준단 뜻이다.
그러나 사실 하늘은 내 일에 전혀 관심이 없을 것이다. 그러니 하늘이 나를 도왔을 리도 없다.
나를 도운 건, 내 간절한 마음과 의지였다.
하늘이 아니라 내가, 기적이 아니라 노력이, 운이 아니라 땀이 이뤄낸 결과였다.
늘 그랬듯 이번에도 나의 '간절'이 승기를 잡은 것이다.

08.
'욕심'과 '본심'

화무십일홍花無十日紅
열흘 붉은 꽃은 없다는 말처럼,
모든 절정은 결국 쇠락하고야 마는 한때의 영화다.
그러나 이 오랜 진리가 무색하게도,
열흘을 넘어 백일 내내 붉은 꽃을 피우는 나무가 있다.
배롱나무, 목백일홍木百日紅이라고도 불린다. 여름 볕 아래 피기 시작한 꽃잎이 초겨울에도 붉고 곱다.
나무에 얽힌 전설도 눈물겹다.
옛날 어느 어촌 마을에 머리가 셋 달린 이무기가 살았다. 이무기가 해마다 예쁜 처녀 하나씩 잡아가자, 동네 사람들 속이 타들어 갔다. 그러던 어느 날 이무기가 점찍은 처녀를 짝사랑하던 청년이 "내가 대신 가겠소!" 하고 나섰다. 청년은 처녀 옷을 입고 제단에 앉아 이무기를 기다리다, 이무기와 격투에서 목을 두 개 베어내는 데 성공했다. 하지만 이무기도 호락호락한 상대는 아니었다. 남은 한 개 목으로 눈물 콧물 쏙 빼며 도망쳤단다.

처녀는 청년에게 청혼하며 사랑을 고백했지만, 청년은 아직 끝나지 않았다며 "이무기의 마지막 목까지 베고 오겠소!" 하고 바다로 떠났다.

떠나기 전, 청년은 자신만만하게 말했다. "이무기를 처치하면 배에 흰 깃발을, 실패하면 붉은 깃발을 걸겠소."

100일 후 청년의 배가 돌아왔다. 멀리서 붉은 깃발이 펄럭이고 있었다. 처녀는 무너져내리는 가슴을 어찌하지 못하고 그 자리에서 자결했다. 그런데 이게 무슨 일이란 말인가! 청년은 멀쩡히 살아있었다. 이무기를 처치하고 돌아오는 길에, 이무기의 피가 배에 튀어 깃발이 붉게 물들었을 뿐이었다. 해피엔딩으로 끝날 수 있었던 로맨스가 깃발 물감 하나 잘못 선택한 바람에 비극으로 끝난 셈이다.

청년은 통곡하며 처녀의 무덤 옆에 나무 한 그루를 심었는데, 그 나무가 바로 배롱나무란다. 처녀가 청년을 기다리던 그 100일의 시간만큼 붉은 꽃을 피우게 됐다는 것이다.

꽃말 역시 '떠나간 님에 대한 그리움'….

그래서일까. 배롱나무를 보면 어쩐지 하늘에 계신 어머니가 생각난다.

엄밀히 말하면 한 송이가 백일 간 피어 있는 것은 아니다.

꽃이 지면 다시 피고, 다시 지면 또다시 피고…. 여러 꽃망울로

붉음을 이어간다.

  자신의 꽃잎이 시들어가는 걸 보면서도, 온 힘을 다해 다음 꽃을 피워내는 배롱나무….

  그 모습이 꼭 어머니 같다.

  다 줬으면서, 더 줄 것이 없어 애태우시던, 나의 어머니 같다.

  살아생전, 어머니는 늘 당부하셨다.

  "막내야 니는 베풀면서 살아야 된데이. 누구든 이겨 먹으려고 하지 마라. 조금 손해 본 듯이 살아야 잘 산기라."

  어머니는 늘 같은 자리에서 따뜻하고 성실하게 주변을 돌보는 분이셨다. 지역 사회에 행사가 있으면 가장 먼저 나서 후원하고, 어려운 이웃을 그냥 지나치는 법이 없었다. 항상 낮은 자세로 주변을 둘러보고 살 것을 강조하셨다. 그 소중한 가르침은, 내가 나눔을 실천하는 계기가 됐다. 아내 역시 어머니를 옆에서 배운 것이 많았는지 '나눔 욕심' 만큼은 뒤지지 않는다. 모전자전母傳子傳에 부창부수夫唱婦隨이기도 하다.

  철강왕 앤드루 카네기는 말했다.

  "부자인 채로 죽는 것은 정말 부끄러운 일이다."

  실제로 그는 천문학적인 재산 9할을 사회에 환원했다. 기부와 나눔의 의미는 '누구나' 알지만 '아무나' 실천에 옮기기는 못한다.

게다가 그것이 십수 년 고생 끝에 땀과 눈물로 일궈낸 부라면, 선뜻 남을 위해 내놓기는 쉽지 않을 수 있다. 그러나 개인의 부는 공공의 도움에서 오는 것. 나 역시 수많은 이들의 도움 덕분에 여기까지 올 수 있었기에 그 빚을 사회에 돌려주는 것이 마땅했다. 그런 의미에서 본다면 나에게 기부란 '의무'이자 '명예'인 것이다.

그래서인지 나의 셈법은 더하기나 곱하기보다는 빼기나 나누기에 빠르다. 어려운 이웃을 보면 흰 고무신을 신고 입학식에 서 있던 어린 소년이 생각나고, 돌아가신 부모님이 생각나고, 형제들이 생각난다. 지난 과거가 눈에 밟혀 도무지 외면할 수가 없다.

소년소녀가장을 보호하는 그룹홈에 해마다 식료품과 생필품을 나눴다. 학교에는 장학금을 기부했고, 독거 어르신들 댁에 연탄 봉사와 도시락, 이불 나눔을 이어갔다. 가끔은 직접 모셔 식사를 대접하기도 했다. 그 공로를 인정받아 경남사회복지공동모금회로부터 쑥스러운 감사패를 받기도 했다.

어느새 내 이름 앞에는 과분한 별명이 붙었다. '흙수저 기부왕'. 양산 시민들이 지어주신 별명이기에 묵중한 의미로 다가온다. 나눔은 언뜻 남을 위한 일 같지만 결국 나를 사람답게 만드는 일이다. 앞으로도 나는 '흙수저 기부왕'으로, '사람다운 삶'을 살기 위해 치열한 노력을 이어갈 것이다.

사람에게는 두 가지 마음이 존재한다. 하나는 '본심'이고, 나머

> 나의 셈법은 더하기나 곱하기보다는 빼기나 나누기에 빠르다. 어려운 이웃을 보면 흰 고무신을 신고 입학식에 서 있던 어린 소년이 생각나고, 돌아가신 부모님이 생각나고, 형제들이 생각난다.

지 하나는 '욕심'이다.

태어나는 순간에는 본심만 있지만, 살다 보면 욕심이 들어와서 본심을 밀어내고 자리를 차지한다.

그럼 그 '본심'이라는 것은 무엇이냐….

인간 본래의 마음, 순리를 따르는 마음이다.

경쟁에서 질까 봐 잠을 이루지 못하는 건 욕심, 결국 잠이 드는 건 본심.

배불러도 계속 먹는 건 욕심, 배부를 때 멈추는 건 본심.

싫은데도 거절하지 못하는 건 욕심, 마음이 가는 대로 하는 건 본심이다.

그렇게 생각하면,

움켜쥔 걸 놓지 않는 것은 욕심이고,

가진 걸 나누는 것은 본심이 아닐까.

욕심만 챙기면 순리와 멀어지고, 순리와 멀어지면, 삶이 힘들어지는 법….

기부는 결국, 나의 본심으로 돌아가는 길인 것이다.

내 어머니를 닮은 배롱나무 또한, 한 송이 한 송이를 움켜쥐려 하지 않는다.
꽃이 지면 놓아주고, 다시 새로운 꽃을 피워낸다.
그 무엇도 붙잡으려 하지 않기에, 욕심내지 않기에 더 오래 머문다.
참으로, 인간의 본심을 닮은 나무가 아닐 수 없다.

ⓒ이남동

▶ 내가 살았던 감천동은 CNN방송이 선정한 '아시아에서 가장 예술적인 마을'로 과거와 현재가 공존하는 K-관광의 중심지로 전 세계인이 찾는 관광명소가 된지 오래이다.

09.
그들의 신발을 신고

　　경기도 남양주시 별내동. 한 횡단보도 앞에 의자가 하나가 놓여 있다.

　　노인들에게 잠시 쉴 공간을 제공하는 일명 '장수의자'다. 이것은 한 파출소장의 아이디어로 탄생했다.

　　무단횡단을 하다가 교통사고를 당하는 노인들이 잦아지자, 파출소장은 직접 노인정에 찾아가 그 이유를 물었다.

　　어르신들의 대답은 간결했지만, 그 안에는 오랜 고충이 응축되어 있었다.

　　"젊은 사람들이야 신호등 그거 금방 바뀐다고 생각하지. 늙은이들한텐 그 몇 분 서 있는 것도 고역이라니까."

　　허리는 굽고 무릎은 시리고…. 세월의 무게가 온몸을 짓누르는 그들에게는 단 몇 분도 고역이었던 것이다.

　　그 순간, 파출소장은 깨달았다. 문제는 노인들이 아니라, 노인들의 불편함을 외면해온 우리 사회의 무심함이었다는 것을…. 어

> 문제는 노인들이 아니라, 노인들의 불편함을 외면해
> 온 우리 사회의 무심함이었다는 것을…. 어르신들에게
> '무단 횡단하지 말라.'고 백번 떠드는 것보다, '무단횡단
> 하지 않는 환경을 만들어주는 것'이 더 현명한 대처였다.

르신들에게 '무단 횡단하지 말라.'고 백번 떠드는 것보다, '무단횡단하지 않는 환경을 만들어주는 것'이 더 현명한 대처였다.

'그렇다면 횡단보도 앞에 어르신들이 앉아 계실 수 있는 의자를 설치하자.'

아이디어와 설계, 설치 장소 등 구체적인 안이 준비됐지만, 실현까지는 너무도 험난했다. 경찰서에는 관련 예산이 없었고, 지자체는 복잡하고 긴 절차를 요구했다. 청탁금지법, 일명 김영란법으로 누군가에게 부탁을 할 수도 없는 노릇이었다.

여러 공장에서는 "매출 보장이 어렵다."라며 제작을 거부하기도 했다. 결국 그는 한 업체에 특허권을 넘기는 조건으로, 재료비만 지불하고 의자를 만들 수 있었다.

그런 우여곡절 끝에 탄생한 의자 열 개가 별내동 교차로 곳곳에 자리 잡았다. 파출소장은 노인이 많은 지역과 사고 발생지 등을 찾아다니며 설치 장소를 선정했고, 설치 후에도 관리를 도맡았다.

주민들의 목소리에 귀를 기울이며, 불편함이 없도록 세심하게 살폈다. 소식이 퍼지자 여러 지자체에서 벤치마킹을 위해 찾아왔다.

'경청'과 타인에 대한 '이해'가 만들어낸 따뜻한 기적이었다.

요즘은 어딜 가나 갈등으로 얼룩져 있다. 세대 간, 계층 간, 지역 간, 이념 간의 골은 점점 깊어만 간다. 그러는 사이, 상대의 목소리는 듣지 못한다.

누군가를 진정으로 이해하는 일은 쉽지 않다. 그것은 많은 시간과 노력을 요구하는, 고된 여정이다. 상대의 일상 속으로 들어가 그가 처한 상황을 머릿속으로 그려보는 것. 눈으로 보고, 귀로 듣고, 머리로 깨닫고, 마음으로 느끼면서, 천천히 그 사람이 되어가는 것.

아메리카 원주민의 오래된 격언이 있다.

> 다른 사람의 신발을 신고 멀리 걸어가 보기 전에는
> 그 사람에 대해 판단해선 안 된다.

타인의 고통은 그의 신발을 신고, 그가 걸어온 길을 함께 걸어봐야만 비로서 이해할 수 있다는 뜻이다.

나는 기꺼이, 양산 시민들의 신발 속에 발을 넣고 싶다. 그들이 걸어온 길을 함께 걷고 싶다. 그들의 고충과 기쁨, 슬픔, 희망까지, 온몸으로 느끼고 싶다.

돌이켜보면, 나는 늘 약자들과 동행했다. 아버지는 다리가 불편한 신체적 약자였고, 우리 가족은 생계가 어려운 경제적 약자였다. 덕분에 자연스럽게 깨달았다. 세상에는 도움의 손길이 절실한 이들이 수없이 많다는 것을. 그리고 다짐했다. 늘 약자의 편에 서겠다고. 경제적 약자에게는 도움을 주고, 사회적 약자의 곁에서 지키며, 법률적 약자의 편에서 생각하겠다고.

오랜 시간 양산을 지켜온 '양산 지킴이'로서, 나는 서민들의 애로사항과 고충을 이해할 수 있었다. 그들의 아픔을 가까이에서 목격하며, 함께 울고 웃었다.

그러던 어느 순간, 새로운 깨달음이 찾아왔다. 개인적인 기부와 선행 역시 의미 있지만, 지역민 다수가 희망하는 일들을 위해 앞장서는 '공적인 봉사'를 할 수 있다면…. 그것이야말로 지역과 국가를 위한 일이며, 더 많은 이들에게 실질적인 도움을 줄 수 있는 길이 아닐까. 이것이 내가 정치를 시작하게 된 결정적인 계기였다.

정치는 권력이 아니라 '섬김'이어야 하고, 지배가 아니라 '봉사'여야 한다는 믿음. 그 믿음이 나를 그곳으로 이끌었다.

한 해 농사가 끝난 농촌의 겨울은 유난히 길다.

들판은 텅 비고, 찬바람만이 황량한 땅 위를 스친다. 그래서 시골 사람들은 겨울에 할 일을 미리 준비해둔다. 어르신들이 가장 먼저 준비하는 것은, 놀랍게도 '즐겁게 몸을 움직이는 일'…. 집안에서 종일 시간을 보내다 보면, 몸은 굳고 마음은 어두워진다. 여기저기가 쑤셔온다. 고독이 뼛속까지 스며든다.

그래서 어르신들은 함께 모여 몸을 움직인다. 국민체조로 몸을 풀고, 흥겨운 막춤을 추기도 한다. 누군가 노래를 시작하면, 다른 이가 장단을 맞춰준다. 그렇게 그들은 긴 겨울을 견뎌낸다. 혼자가 아니라 함께, 고립이 아닌 연대로.

나도 그들 곁에 선다. 눈으로 보고, 귀로 듣고, 머리로 깨닫고, 마음으로 느껴본다.

그들을 알기 위해, 그들을 이해하기 위해, 양산 시민들의 신발 속에 조심스럽게 발을 넣어본다.

정치인은 멀리 있어 닿을 수 없는 인물이 되어선 안 된다.

정치는 횡단보도 앞 의자처럼, 약자의 작은 불편함을 해결해주는 세심함이다. 겨울 마을회관에서 어르신들과 함께 몸을 흔드는 소박한 연대이기도 하다.

그들의 삶 속으로 들어가, 그들의 걸음걸이를 배우고, 그들이 마주한 장애물을 함께 넘는 여정…. 그 길은 결코 쉽지 않다. 때로는 발에 물집이 잡히고, 길을 잃기도 한다.

그러나 시간이 지나면, 진정한 이해가 싹트고, 진실한 공감이 자란다. 그래서 나는 걷는다. 그냥 걷는 게 아니다.

오늘도 양산 시민들의 신발을 신고,
그들과 함께 길을 걷는다.

10.
뿌리의 마음

비가 억세게 쏟아져도,
들판에 꼿꼿한 풀들을 보면, 나무와 다를 게 하나 없다.
아스팔트를 사이에 핀 이름 모를 꽃이나
자갈밭을 뚫고 올라온 잡초 역시 비바람에도 굳건하다.
그러고 보면 자연 속 모든 것들은 열악한 상황에도 주어진 삶을
포기하는 법이 없다.
그렇게 뿌리 내린 것들은 쉽게 흔들리지 않는다.
환경이 척박할수록 뿌리는 더 깊은 땅을 향해 몸을 묻는다.

나 역시 자연의 일부이기에, 사나운 풍파 속에서 뿌리를 내렸다.
때로는 아스팔트 틈새의 꽃처럼, 때로는 자갈밭의 잡초처럼….
가장 고된 순간에 깊은 뿌리를 내렸다.
보이지 않는 땅속 깊은 곳에서 자라난 힘…. 그 힘이, 결국 나를
이곳으로 데려왔다.

이 책은 그 시간의 기록이다.
실패와 좌절, 방황과 고민, 도전과 극복, 희망과 의지….
이 사사롭고도 장대한 시간을 지켜봐 준 당신에게 감사를 전한다.

> 아름다운 마무리는 처음의 마음으로 돌아가는 것입니다.
> 일의 과정에서, 또 먼 길을 가던 도중에서 잃어버린 초심을 회복하는 것입니다.
> 아름다운 마무리는 그렇게 삶의 순간순간마다
> 나는 누구인가? 나는 어디로 가고 있는 것인가? 끊임없이 묻는 것입니다.

법정 스님의 말씀이다.
아름다운 마무리를 위해, 윤종운의 첫 마음을 되새겨본다.

> 나는 누구인가.
> 나는 어디로 가고 있는가.

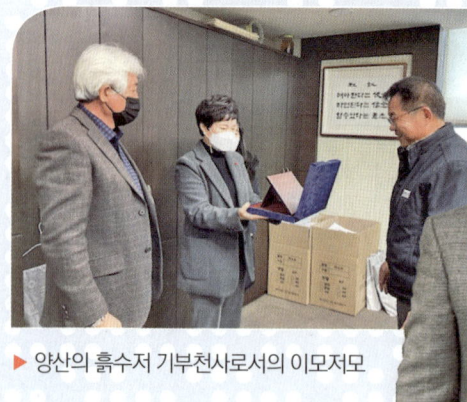

▶ 양산의 흙수저 기부천사로서의 이모저모